지배받는
지배자

지배받는 지배자

—미국 유학과 한국 엘리트의 탄생

김종영 지음

2015년 5월 11일 초판 1쇄 발행
2016년 7월 8일 초판 6쇄 발행

펴낸이 한철희 | 펴낸곳 돌베개 | 등록 1979년 8월 25일 제406-2003-000018호
주소 (413-756) 경기도 파주시 회동길 77-20 (문발동)
전화 (031) 955-5020 | 팩스 (031) 955-5050
홈페이지 www.dolbegae.com | 전자우편 book@dolbegae.co.kr
블로그 imdol79.blog.me | 트위터 @Dolbegae79

책임편집 김진구
표지 디자인 정계수 | 본문 디자인 김동신·이은정
마케팅 심찬식·고운성·조원형
제작·관리 윤국중·이수민
인쇄·제본 한영문화사

ISBN 978-89-7199-668-3 (93330)

책값은 뒤표지에 있습니다.

이 도서의 국립중앙도서관 출판시도서목록(CIP)은 e-CIP 홈페이지
(http://www.nl.go.kr/ecip)에서 이용하실 수 있습니다(CIP제어번호: CIP2015010634).

※ 이 저서는 2009년 정부(교육과학기술부)의 재원으로 한국연구재단의 지원을 받아 수행된 연구임
(NRF-2009-413-B00002).

지배받는 지배자

미국 유학과 한국 엘리트의 탄생

김종영 지음

돌베개

은산이와 현아에게

책을 펴내며

한국 대학과 지식 공동체의 모순을 극복하기 위하여

긴 여정이었다. 15년 전 이 연구 프로젝트를 시작해 이제야 끝마칠 수 있어서 대단히 기쁘다. 당시 막스 베버의 『직업으로서의 학문』을 읽을 때는 전혀 눈에 띄지 않았지만 지금의 시점에서 강렬하게 와닿는 구절이 있다. 베버는 이 책의 말미에 『파우스트』의 구절을 인용한다. "악마 그는 늙었다. 그러므로 그를 이해하려면 너도 늙어야 한다는 것을 염두에 두어라." 베버는 학문이라는 악마 앞에서 달아나지 말고 그 길의 끝까지 가서 그 힘과 한계를 파악해보라고 청년들에게 충고한다. 세월이 나에게 가르쳐준 것은, 이 인용구가 함축하듯, 학문과 세계에 대한 좀 더 냉철한 시각이다.

이 책은 미국 유학 지식인의 트랜스내셔널 궤적을 통해 지식권력의 글로벌 작동을 해부한다. 한국 대학과 사회의 지식권력은 미국을 빼고 이해될 수 없다. 하지만 해방 이후 지금까지 그 누구도 미국 대학의 헤게모니와 한국 대학과 지식인의 문제를 정면으로 다루지 못했다. 어떻게 이 직무유기가 오랫동안 지속되었던 것일까? 미국 유학파는 미국 대학의 헤게모니가 구축되고 유지되는 데 공모자 역할을 해왔다. 이 책의 제목이 암시하듯 이들의 트랜스내셔널 위치성은 모순적이다. 비록 미국 대학의 글로벌 헤게모니에 종속될지라도 이들은 그 덕분에 한국에서 특권을 누려왔다. 비유학파는 상대적으로 열등한 학문적 위치와 자원 때문에 미국 유학파의 헤게모니에 쉽사리 도전하지 못했다. 따라서 한국 대학과 사회에서 상식으로서의 미국 대학의 헤게모니를 다루지 못한 점은 이해될 만하다. 지식사회학자로서 이 책을 통해 오랫동안 방치되었던 한국 학계의 과제를 이제야 수행했다는 점에서 홀가분하다.

나는 왜 이 주제를 오랜 시간 붙들고 있었나? 무엇이 나를 그토록 괴롭혔고, 나는 또 무엇을 열망했나? 그것은 아마도 견딜 수 없는 한국 대학과 지식 공동체의 모순들을 극복하고 싶은 욕망이었을 것이다. 한국 지식인들만큼 서로를 불신하는 사람들도 드물다. 한국 대학과 학계에서 학문적 질서보다 비학문적 질서가 지배적이며, 이것이 악순환을 겪고 있기 때문이다. 이 땅에서는 학문은 멀고 학연은 가깝다. 한국 지식인들은 한국 사회의 비합리성을 끈질기게 비판해왔다. 그런데 아이러니하게 진보든 보수든 한국 지식인 중 자신이 속한 대학과 지식 공동체에 가혹하게 비판을 가하고 변혁을 요구한 사람은 드물다. 미국 대학의 헤게모니는 한국 대학과 지식 공동체의 전근대성 때문에 난공불락의 요새가 된다. 전근대성은 합리성의 결핍을 의미한다. 한국 지식인은 미국 대학과 학문과의 만남을 통해 한국 대학의 전근대성과 천민성을 처절하게 깨닫는다. 따라서 이 책은 미국 대학의 헤게모니 속에서 한국 지식인의 트랜스내셔널 궤적을 살펴 한국 대학과 지식 공동체의 구조적, 조직적, 문화적 모순과 결핍을 드러내고 공유하고자 한다. 그리하여 그 모순과 결핍을 넘어서고자 시도할 것이다. 이 극복 프로젝트의 성패는 한국 지식인의 지난한 집단적 투쟁에 달려 있을 것이다. 그때가 되면 학연은 멀고 학문은 가깝게 되리라.

공부는 사회적인 것이다. 이 연구를 하면서 많은 사람들에게 빚을 졌다. 우선 이 연구의 모든 면접자들interviewees에게 깊이 감사드린다. 그들의 진술하고 친절한 답변이 없었다면 이 연구는 불가능했을 것이다. 특히 10여 년이 지나 다시 만난 면접자들에게 감사를 표하고 싶다. 내 연구의 필요에 의해 다시 인터뷰를 요청했을 때 그들은 기꺼이 손을 내밀어주었다. 한국 대학의 여러 교수님들은 자신들의 민낯을 드러내면서 한국 대학과 학계의 실상을 솔직하게 말씀해주셨다. 미국 유학파 한국 직장인들을 인터뷰할 때는 Q대학 동문회의 도움이 컸다. 2단계 연구를 진행할 때 미국에서 인터뷰를 한다는 것은 힘든 일이었다. 워낙 넓은 나라여서 어디서부터 면접자를 찾아야 할지 몰랐다. 캘리포니아에서는 L박사 부부, 뉴욕에서는 C교수와 유엔의 노수미 팀장님, 일리노이에서는 시카고 한인회의 도움이 컸다.

배움의 여정에서 많은 도움을 주신 선생님들을 빼놓을 수 없다. 김경만 선생님과 김무경 선생님의 가르침으로 사회학자의 길을 걸을 수 있었다. 과학사회학자로서 물리학과 사회학을 공부하신 앤드루 피커링Andrew Pickering 선생님은 인식의 지평을 넓혀주셨다. 노먼 덴진Norman Denzin 선생님은 연구가 곧 삶이자 정치이자 예술임을 가르쳐주셨다. 20여 년 만에 다시 만난 미셸 마페졸리Michel Maffesoli 선생님은 인식의 큰 전환점을 마련해주셨다. 댄 쿡Dan Cook 선생님은 15년 전 이 연구를 시작하는 데 도움을 주셨다. 성태기 선생님은 세계와 삶을 이해하는 데 언제나 큰 통찰을 보여주시고 위안을 주셨다. 연구를 완성하기 위해 미국에서 연구년을 보낼 때 낸시 에이블먼Nancy Abelmann 선생님으로부터 여러 편의를 제공받았다. 뉴욕시립대의 민병갑 선생님은 미국에 살고 있는 한인에 대한 많은 정보를 제공해주셨다. 트랜스내셔널 교육에 대해서는 김지훈 선생님으로부터 여러 조언과 정보를 얻었다. 이 자리를 빌려 이분들께 깊이 감사드린다.

경희대 사회학과는 연구를 수행하는 데 좋은 여건을 만들어주었다.

동료들인 이창순, 황승연, 송재룡, 박희제, 김중백, 김은성, 김현식 교수님께 감사드린다. 경희대 대학원생들로부터도 많은 도움을 받았는데 특히 김희윤, 김지원, 고강섭, 전현식, 장문원, 정상근, 박진홍, 임훈민 학우들에게 고마움을 표시하고 싶다. 한국의 과학기술과 사회에 대해 오랫동안 같이 고민해온 한국과학기술학회 선생님들께도 감사드린다.

이 책을 출판하는 데 큰 도움을 주신 돌베개 출판사 한철희 대표님과 편집부 김진구 님에게 깊이 감사드린다. 책의 상업성보다 학문적 가치와 소명의식을 높이 평가해주신 한철희 대표님의 진정성에 고마움을 표하고 싶다. 오랜 시간 읽힐 수 있는 책이 되기를 바라는 마음을 돌베개 편집진이 책에 잘 담아주었다. 이 책은 2009년 정부(교육과학기술부)의 재원으로 한국연구재단의 지원을 받아 수행된 연구(NRF-2009-413-B00002)의 결과물이다. 이 연구와 관련하여 '서구 중심주의, 지식체제, 그리고 한국의 사회과학' 프로젝트를 이끄셨던 류석진 교수님께도 깊이 감사드린다. 이 책의 2장은 『한국사회학』 42권 6호(2008)에, 3장은 『경제와 사회』 85호(2010)에 발표되었던 글을 책의 형식에 맞게 수정한 것이다.

가족은 나에게 항상 큰 버팀목이었다. 연구 기간 변함없이 지원해준 현아에게 고마움을 전한다. 책을 쓰는 동안 농구 시합 파트너가 되어준 은산이는 항상 웃음 띤 얼굴로 재빠르게 드리블하며 나에게 활력을 주었다. 지금까지 무한한 사랑을 베풀어주신 부모님께 감사를 표하고 싶다. 오랜 기간 동생을 위해 항상 따뜻하게 배려해준 두 누이와 매형들께도 고마움을 전한다.

연구를 완성하는 시점에 만감이 교차한다. 아무리 학문적 지배의 글로벌 구조가 견고하다 할지라도 한국과 미국의 많은 연구실에서 쉼 없이 탐구에 매진하는 연구자들을 만났을 때 희망을 발견할 수 있었다. 넓은 미국을 여행하면서 지친 사회학자를 친절하게 맞아준 면접자들을 잊을 수 없다. 숱한 난관에도 학문의 길을 포기하지 않고 자기 분야에서 탁월한 업적을 쌓은 교수님들과의 대화에서 한국 지식인의 도전과 영광 그리고 비애를 느낄 수 있었다. 서울의 글로벌 기업에서, 뉴욕의 월스트리트에서, 캘리포니아의 실리콘밸리에서, 시카고의 산업단지에서 열심히 일하는 한국 인재들을 통해서 한국인의 열정과 투지를 느낄 수 있었다. 비록 단 한두 번을 만났을지라도 그 인연을 소중하게 여겨준 양국의 한국인 지식인들에게 다시 한 번 고마움을 표한다. 그들 모두가 이 책의 저자다.

차례

1

지배받는 지배자

미국 유학과 한국 엘리트의 탄생

인천에서 출발하는 샌프란시스코행 비행기에 올랐다. 강민 씨와 선애 씨 부부를 인터뷰한 지도 벌써 13년이 지났다. 당시 나는 유학생이던 그들의 유학 동기와 유학 생활에 대해 연구를 하고 있었다. 그들은 졸업 후 미국에 정착하여 직업을 가지고 이민자로서 살고 있다. 그들은 어떻게 변해 있을까? 졸업 후 실리콘밸리에 잘 정착했을까? 미국 생활에 만족하고 있을까? 기대와 궁금증이 밀려들었다. 두 편의 영화를 보고 두 끼의 식사를 하고 나자 샌프란시스코 공항에 도착했다. 6월 말이라 관광객이 꽤 많았고, 렌터카를 빌리려는 사람들이 길게 줄을 서 있었다.

1시간을 기다린 끝에 차를 빌려 공항에서 남쪽에 위치한 서니베일로 향했다. 캘리포니아의 태양이 눈부셨다. 101번 고속도로와 실리콘밸리의 대표적인 도로 엘 카미노 레알을 따라 이 지역의 부촌인 팰로앨토, 세계적인 명문인 스탠퍼드 대학교, 구글 본사가 있는 마운틴뷰를 거쳐 호텔에 도착했다. 호텔 바로 앞에는 대형 한국 마켓과 여러 가게들이 있었다. 그 다음 날 함께 저녁식사를 하기 위해 애플 본사가 있는 쿠퍼티노 근처 부부의 집으로 향했다.

강민 씨 부부와 아이들이 반갑게 맞아주었다. 준비한 장난감 선물을 건네고 집 안을 둘러보았다. 수영장이 있는 넓은 단층집, 서울에선 좀처럼 보기 어려운 집이었다. 식사를 하고 지난 13년 동안 어떻게 미국에 정착했는지에 대한 이야기를 들었다.

강민 씨는 1997년 미국으로 유학 와서 2003년에 컴퓨터공학으로 박사학위를 받고 3년 정도 연구소에서 일하다, 2006년부터는 실리콘밸리의 세계적인 IT 기업에서 근무하고 있다. 그의 가족은 한국 교회를 다니며 한국인 친구들과 여가를 보낸다. 종종 한국을 방문하고, 한국 드라마와 뉴스를 인터넷으로 상시적으로 접한다. 그는 연구원 시절 연봉 6만

6,000달러(6,600만 원, 1달러=1,000원으로 계산)를 받다가 실리콘밸리 기업에선 15만 달러(1억 5,000만 원)의 연봉을 받았다. 최근 그는 다른 IT 기업으로부터 30만 달러(3억 원)의 계약 보너스와 16만 달러(1억 6,000만 원)의 연봉을 제안받고 직장을 옮겼다. 현재 그의 모습은 13년 전 힘들게 유학 시절을 보내던 모습과 너무나도 달라져 있었다.

　　대한민국 서울. 12년 전에 인터뷰한 박동준 씨를 다시 만났다. 1999년 당시 유학생이었던 그는 나의 첫 면접자였다. 그는 지금 서울 모 대학의 교수가 되어 있었다. 그는 연구실로 찾아온 나를 반갑게 맞아주었다. 그의 교수 연구실은 꽤 넓었다. 나는 12년 전을 기억하느냐고 물어보았다. 그러자 그는 또렷이 기억한다면서 그 인터뷰가 벌써 12년이나 되었냐고 물으며 세월이 너무 빠르다는 말을 덧붙였다. 박 교수는 1997년 미국으로 유학을 가서 2003년 박사학위를 받고 박사후postdoc('포닥') 연구원을 2년 하다가 2005년 지금의 국내 대학에 임용되었다. 그는 한국 대학이 최근 경쟁체제로 급변하면서 생존을 위해 연구를 꾸준히 해야 하는 상황이라고 말했다. 자신도 계약 연장과 승진을 위해 영어 논문 출판에 매진하고 있다고 했다. 소위 'SCI 논문'(톰슨 로이터 사가 만드는 저명한 학술지 색인)을 써야만 한국 대학에서 인정받고 살아남을 수 있기 때문에 연구의 고삐를 늦추지 않고 있었다. 그는 한국에서 대학교수로 임용된 이래 7년 동안 방학만 되면 바로 미국으로 떠난다. 한국에서는 생활이 바빠 연구에 집중하기 어렵기 때문에 방학 동안만이라도 미국으로 가서 그동안 밀린 연구를 몰아서 진행한다는 것이다. 미국에서 같이 공부하던 학자들과 직접 교류하며 자극을 받으면 연구 생산성이 훨씬 좋아진다고 말했다. 연봉 8,000만 원 정도를 벌면서 현재의 직업과 생활에 만족하면서 살고 있었다.▪

▪　이 책에서 언급하는 이름은 모두 가명이다. 실명을 사용할 경우에는 사전 허락을 받았다. 1장 처음의 이 에피소드는 필자가 두 시기에 걸쳐 수행한 종단적 질적 면접에 기반하고 있다.

'지배받는 지배자'는 프랑스 사회학자 피에르 부르디외Pierre Bourdieu의 계층 이론에서 '지식인'을 일컫는 말이다.[•] 그에 따르면 현대 사회의 지배층은 자본가 계층과 지식인 계층으로 양분되어 있다. 이 중에서도 경제적 영역을 지배하는 자본가 계층이 문화적 영역을 지배하는 지식인 계층보다 우위에 있다. 자본주의 사회에서는 돈이 지식보다 우선한다는 것이다. 지식인은 지배층에 속하지만 이런 이유로 지배층이면서도 지배를 받는 모순적인 집단이다.

이 책은 미국 유학생의 트랜스내셔널 사회적 궤적transnational social trajectories을 다룬다. 사회적 궤적은 성장, 교육, 직업을 추축으로 한 개인의 생애 과정을 말한다. 즉 이 책은 미국 유학생들이 한국과 미국 사이에서 어떻게 교육받고 졸업 후 어떻게 직업생활을 영위하는지를 분석한다. 이 궤적은 한편으로는 학벌, 계급, 인종, 젠더와의 복잡한 함수관계 속에서, 다른 한편으로는 대학의 글로벌 위계와 직업의 트랜스내셔널 기회 구조 속에서 이루어진다.

'트랜스내셔널'transnational(초국가적)이란 표현은 특정 사회 현상을 한편으로는 국가 간의 연결이라는 관점에서, 다른 한편으로는 국가의 틀을 넘어서는 관점에서 이해해야 한다는 의미다.[•] 트랜스내셔널에서 트랜스trans는 연결, 변형, 초월을 동시에 뜻한다.[•] 그러므로 미국 유학에서 트랜스내셔널리티transnationality(초국가성)는 한국과 미국 사이에서 교육과 직업 기회 간의 연결, 변형, 초월을 의미한다. 미국 유학 지식인은 유학을 통해, 그리고 추후에 한국 또는 미국의 대학이나 기업에서 일하면서 정체성, 아비투스habitus, 로컬리티의 변형과 '양다리성'을 경험한다. 트랜스내셔

[•] *Current Research*, Paris: Ecole Pratique des Hautes Etudes, 1972, p.23; David Swartz, *Culture and Power: The Sociology of Pierre Bourdieu*, Chicago: The University of Chicago Press, 1997, p.223. 지식인 연구에 대한 전반적인 개관에 대해서는 강수택, 『다시 지식인을 묻는다: 현대 지식인론의 흐름과 시민적 지식인 상의 모색』, 삼인, 2001; Charles Kurzman and Lynn Owens, "The Sociology of Intellectuals", *Annual Review of Sociology* 28, 2002, pp.63~90을 참조하라.

[•] Peggy Levitt and Naday Jaworsky, "Transnational Migration Studies: Past Developments and Future Trends", *Annual Review of Sociology* 33, 2007, pp.129~156; Steven Vertovec, *Transnationalism*, Oxon: Routledge, 2009; 윤인진, 「디아스포라와 초국가주의 고전 및 현대연구 검토」, 『재외한인연구』 28, 2012, 7~47쪽.

널리티에서 로컬리티, 맥락, 관계는 중요하다. 분명 미국 학위는 일본, 영국, 프랑스에서보다 한국에서 가지는 효과와 의미가 훨씬 크고, 미국 학위자들은 다른 지역보다 한국과 미국 간에 뿌리내리는 경향이 강하다. 이런 로컬리티, 맥락, 관계를 고려하면서 한국의 문화적 엘리트가 미국 대학에서 어떻게 교육받고 어떤 직업을 갖는지를 다루고자 한다. 나는 부르디외의 계층 이론을 교육과 대학의 지정학적 관점으로 비틀어서 미국 유학파 지식인들을 '지배받는 지배자'로 명명한다. '트랜스내셔널 미들맨 지식인'으로서 그들은 한국 사회에서 교육적, 문화적 헤게모니를 가지고 있지만, 한편으로 미국 대학의 글로벌 헤게모니의 지배를 받는다. 곧 한국에서의 지배자의 위치는 미국 대학이 제공한 학위와 지식 속에서 가능하고, 따라서 이는 대학과 학문의 트랜스내셔널 권력 관계 안에서 이해되어야 한다.

이 책은 한국 학계와 지식인의 미국 중심성을 지식 생산의 물질적, 문화적 조건 속에 위치시키는 동시에 행위자들의 경험과 전략을 강조한다. 지난 20년 동안 한국의 인문사회과학자들은 한국 학계의 서구 지향성을 담론 중심적인 입장에서 비판했다.▪ 이들이 간과했던 것은 학문적 지위와 활동의 물질적, 조직적, 문화적 조건에 대한 사회학적 분석이었으며, 이 책은 한국 지식인의 서구 지향성을 학문권력의 트랜스내셔널 간극 속에서 지식계층 내의 계급 투쟁 또는 지위 투쟁으로 이해한다. 다시 말해 학문자본의 글로벌 생산, 위계, 분배에 따라 한국 지식인의 계층화가 이루어지는데 서구(특히 미국) 대학과 한국 대학의 격차가 중요한 역할을 한다. 여기서 주체의 행위성이 또한 중요한데, 이 책은 한국 지식인들

▪ 한국 문헌에서 트랜스내셔널은 '초국적'이라는 번역어로 많이 쓰인다. 초국적이란 말이 국가 간의 연결, 끼임, 변형이라는 다중적인 의미를 동시에 잘 전달하지 못한다는 생각에 이 책에서는 트랜스내셔널이란 영어 표현을 그대로 사용한다.

▪ 강정인, 『서구중심주의를 넘어서』, 아카넷, 2004; 김경일 외, 『우리 안의 보편성: 학문 주체화의 새로운 모색』, 한울아카데미, 2006; 윤지관, 「영어의 억압, 그 기원과 구조」, 윤지관 편, 『영어, 내 마음의 식민주의』, 당대, 2007; 조혜정, 『글 읽기와 삶 읽기 1: 바로 여기 교실에서』, 또하나의문화, 1995. 아시아 사회과학에서 서구중심주의를 비판한 대표적인 저서로 Syed Alatas, *Alternative Discourses in Asian Social Science*, London: Sage Publications, 2006을 참고하기 바란다.

이 자신의 위치와 지식을 어떻게 전략적으로 구성해나가는지를 밝힐 것이다. 주의할 점은 교육, 대학, 학문의 권력 관계를 미국 대 한국이라는 이분법적 구도로 환원시키지 않는다는 것이다. 미국 대학은 한국 지식계층에게 지배자인 동시에 해방자인데, 이는 미국 대학의 조직적, 도덕적 우위가 한국 학문 공동체의 천민성pariahhood과 전근대성pre-modernity을 폭로하고 개혁을 이끌기 때문이다. 여기서 한국 지식인은 한미 간의 대학과 지식 생산의 트랜스내셔널 구조뿐만 아니라 국내 학벌, 계급, 젠더, 인종에 따라 전략적으로 자신의 위치와 궤적을 구성해나간다. 즉 이 책은 한국 지식인의 트랜스내셔널 탄생을 다중적인 권력 관계 속에서 파악한다. 이 연구는 일종의 엘리트 연구studying up(상층 연구)인데 그 대상은 한국에서 가장 똑똑한 교육·문화 엘리트들이다.[*] 이제까지 한 번도 학계에서 본격적으로 다루어지지 않은 미국 유학파 지식인에 대한 분석은 대단히 중요하다. 왜냐하면 학벌사회의 피라미드에서 꼭짓점에 위치한 엘리트 지식인 집단의 탄생에 대한 이해로부터 한국 대학과 학계의 모순을 해체하고 그 체제를 재구성하는 단초를 찾을 수 있기 때문이다. 또한 최고 지식 엘리트들의 취약성과 불완전성을 드러냄으로써 지식인 계층의 민주적이고 개방적인 권력 관계 재편을 상상할 수 있을 것이다.

트랜스내셔널 미들맨 지식인

이 책은 한국 지식인의 트랜스내셔널 탄생을 미국 대학의 글로벌 헤게모니, 트랜스내셔널 위치 경쟁, 트랜스내셔널 직업 기회들 사이의 역학 관계 속에서 이해한다. 나는 미국 유학파 한국 지식인을 '트랜스내셔널 미

[*] 엘리트 연구의 전반적인 개관은 Shamus Khan, "The Sociology of Elites", *Annual Review of Sociology* 38, 2012, pp.361~377를 참조하라. 엘리트와 교육에 관해서는 Adam Howard and Ruben Gaztambide—Fernandez(eds.), *Educating Elites: Class Privilege and Educational Advantage*, New York: Rowman & Littlefield Publishers, 2010을 보기를 바란다.

들맨 지식인'으로 규정하는데, 왜냐하면 이들은 지식인의 글로벌 계층화에서 미국 대학의 지식인들보다 열등한 위치를 점하지만 한국의 국내 학위자들보다는 우월한 위치를 점하기 때문이다. 나의 이러한 이해는 미들맨 소수자middleman minority 이론에서 영감을 받았지만 한국 지식인의 트랜스내셔널 계층화를 이해하기 위해 이를 기계적으로 대입시키는 것이 아니라 지식인이라는 새로운 대상과 지식 생산이라는 새로운 주제에 맞게 창조적으로 해석한다.

미들맨 소수자 이론은 경제적 행위와 인종 간의 관계에 대한 설명으로 지배층과 피지배층의 '지위 간극'status gap의 중간에 위치하여 이 둘 간의 경제적 활동을 연결하며 이익을 보는 계층을 일컫는다.[•] 미들맨 소수자들은 지배 집단이 생산하는 상품에 대한 무역과 유통을 담당하여 피지배자들에게 판매하는 역할을 담당한다. 중세 유럽의 유대인, 동남아시아의 중국인, 아프리카의 인도인, 미국의 한국인 등이 이러한 미들맨 소수자의 대표적인 예라고 할 수 있다.[¶] 이들은 생산자와 소비자를 연결시켜주는 중간자적 '경제적 역할'을 수행한다.[■] 이들의 경제활동의 특징은 산업화 이전의 자본주의와 유사한데, 보편적인 경제 원칙에 의거하기보다는 특정 경제활동 영역을 독점하거나 친족 체계에 기반한 채용 등에서 이러한 현상을 볼 수 있다. 산업화 이전의 자본주의에서는 사회계급이 양극화되는 경향이 있는데 이 간극을 미들맨이 채워주며, 이는 지배계급과 피지배계급 사이의 완충buffer 역할을 한다. 이 과정에서 미들맨은 이민국인들의 적대감host hostility을 경험하는 경우가 많다. 유럽에서 있었던 유대인 탄압과 학살이 대표적인 사례다. 에드나 보나시치Edna Bonacich는 세계체제론에 입각하여 전근대적인 미들맨 이론을 현대 미국 사회에서 소상공

[•] Edna Bonacich, "A Theory of Middleman Minorities", *American Sociological Review* 38(October), 1973, pp.584~594; Walter Zenner, *Minorities in the Middle: A Cross-Cultural Analysis*, Albany: State University of New York Press, 1991.

[¶] Pyong Gap Min, *Caught in the Middle: Korean Communities in New York and Los Angeles*, Berkeley: University of California Press, 1996, p.18.

[■] David O'Brian and Stephen Fugita, "Middleman Minority Concept: Its Explanatory Value in the Case of the Japanese in California Agriculture", *Pacific Sociological Review* 56, 1982, pp.458~474.

업small business에 종사하는 아시아인들에게 적용하였다.[ ] 이들은 백인과 흑인 사이, 즉 백인이 지배하는 대기업 회사와 임금 수준이 낮은 흑인 사이를 소상공업을 통해 연결한다. 아시아인들은 중간에서 이익을 누리지만 피지배층의 보복의 대상이 되기도 한다. 1992년에 있었던 LA 폭동 때 한인과 흑인의 갈등이 대표적인 예다. 미들맨 소수자들은 지배계층에게 지배받으면서 피지배계층을 지배하는 모순된 위치에 놓인다. 이민국의 적대감에 대응하여 이들은 인종적으로 단결하며ethnic solidarity 동일한 거주 지역, 모국의 언어 유지, 본국인끼리의 결혼 등을 통해 모국의 정체성과 문화를 고수하려고 한다. 그런데 이는 또한 이들에 대한 적대감을 부추기기도 한다. 따라서 미들맨 소수자 이론은 미들맨의 중간자적 경제적 역할, 이민국인들의 적대감, 같은 인종끼리의 단결 간의 순환적인 관계를 설명한다.[ ]

'트랜스내셔널 미들맨 지식인' 이론은 한국 지식인의 계층화를 지식 생산의 글로벌 위계 안에 위치시킨다. 미국과 한국 사이의 '중간에 끼인 존재'로서 이들은 글로벌(미국 또는 서구) 지식 집단과 로컬(한국) 지식 집단의 '지식 간극'knowledge gap의 중간에 위치하며, 지식 매개자의 역할을 담당한다. 이런 종류의 지식인은 역사적으로 오랫동안 존재해왔다. 신라시대 당나라로 유학했던 불교 지식인들(유학을 사이에 두고 원효와 의상의 갈라진 운명은 가장 드라마틱하게 역사적으로 알려져 있다), 조선시대 유학과 실학을 배우러 명나라와 청나라로 떠났던 지식인들, 일제강점기 일본에 유학했던 근대 지식인들은 트랜스내셔널 미들맨 지식인의 역사적 전형이라고 볼 수 있다. 미국 유학은 지식 생산의 트랜스내셔널 이해관계에 놓이게 되고, 한국 지식인은 미국 대학과 한국 대학의 지식 간극의 중간에서 자신의 이익을 추구한다. 이들은 서구의 지배적인 주류 지식인 집단에 비해 그 수와 영향력이 작고, 학문의 아류일 가능성이 크며, 학문 생산의 질

[ ] Edna Bonacich, "Making It in America: A Social Evaluation of the Ethics of Immigrant Entrepreneurship", *Sociological Perspectives* 30(4), 1987, pp.446~466.

[ ] Pyong Gap Min, 앞의 책, p.19.

이 떨어지는 '지식인 소수자' 집단을 이룬다.

트랜스내셔널 미들맨 지식인은 대학의 글로벌 위계 속에서 탄생한다. 미국 대학은 지식 생산의 글로벌 헤게모니를 장악하고 있으며, 한국 대학은 상대적으로 열등한 위치를 차지한다. 대학은 지식과 지식인의 생산이라는 이중의 역할을 담당하며, 이는 서로 연결되어 있다. 지식 생산은 특정한 기술사회적 하부구조 안에서 이루어지며, 지식인은 이 생산 과정의 주체다. 여기서 미국 대학은 한국 대학보다 월등히 우월한 지식 생산 구조를 가짐으로써 세계 지식체계를 선도해나간다. 미국 대학과 한국 대학은 지식 생산 능력에서 큰 격차를 보이는데, 한국인 유학생들은 이 간극에서 트랜스내셔널 기회를 포착한다. 트랜스내셔널 미들맨 지식인은 어떤 의미에서 지식 생산의 경제적 지위를 뜻하며, 지식인의 계급적 질서에서 중간적 위치에 있음을 의미한다. 미들맨 소수자가 식민지적, 전근대적 상황에서 출현하듯 트랜스내셔널 미들맨 지식인은 한국 학계의 지적 식민성과 전근대성 속에서 탄생한다.

미국에서 교육받은 한국 지식인들은 귀국하거나 미국에 정착한다. 트랜스내셔널 이동의 상황에서 한국으로 돌아오는 지식인은 미국에서 생산된 지식을 한국으로 수입하는 역할을 하며, 이를 한국 실정에 맞게 변형, 적용시킨다. 이들의 한국에서의 지식 생산은 일반적으로 미국의 연구 중심 대학보다 독창성, 중요성, 파급력이 떨어지는데, 이는 연구 자원의 부족, 연구 인력의 전문성 부족, 연구 인정 체계의 파편화, 연구 집중 강도의 약화, 연구 문화의 파벌화와 정치화, 한국 학문 공동체의 천민성pariahhood으로부터 기인한다. 따라서 트랜스내셔널 미들맨 지식인의 주요 생존 전략은 미국에서 생산된 지식을 빨리 받아들여 한국의 로컬 지식인들에게 판매하는 것이다. 미국에서 훈련받은 한국 지식인들은 영문 저널 투고, 국내외 특허 출원, 연구의 글로벌 네트워킹에 참여하여 세계적인 지식 생산에 기여함에도 불구하고 중요하고 독창적인 연구 성과를 내지 못하고 세계 지식체계의 주변에 머무르는 경향이 있다.

유학 후 미국에 정착하는 경우 한국 지식인들은 미국의 대학과 기업에서 미국인들과 같이 지식 생산에 참여하게 된다. 일부는 탁월한 지식 생산을 하지만 대부분은 지식 생산의 상층부에 진입하지 못한다. 무엇보다 이들에게 중요한 것은 지식 생산의 탁월함이라기보다 이민 사회의 전문가로서 살아남는 것이다. 따라서 이들의 궤적은 백인 중심의 미국 전문가 사회의 인종적, 언어적 질서 속에서 제약을 받는다. 또한 이들은 영어가 완벽하지 못하기 때문에 지식 생산의 과정에서 커뮤니케이션 장벽에 부딪히게 되고, 이로 인해 지식 생산의 리더십을 제대로 발휘하지 못하는데, 이는 곧 연구와 사회 네트워크 확장의 어려움을 뜻한다. 이러한 언어자본과 사회자본 확충의 어려움 때문에 미국 사회에서 보이지 않는 장벽을 경험하면서 이들의 학문적, 전문가적 야망은 떨어지게 된다. 상당수의 지식인들은 한국으로 돌아와서 주류적인 위치를 점하려고 하는데 이는 트랜스내셔널 기회와 연관된다. 미국에 정착한 한국 지식인들도 미국 지식 생산 체계의 상층부를 차지하기 힘들기 때문에 중간자적 역할을 수행하는 데 그친다. 이들이 차지하는 위치에 따라 중간자적 역할은 달라진다. 예컨대 대학에서는 학문적 리더들과 추종자들 사이, 기업에서는 상층부 요직과 하층부 생산직 사이의 중간에 위치하게 된다.

한국과 미국 사이에 끼인 미들맨 지식인은 끊임없는 정체성 혼란을 경험한다. 한국에 정착한 지식인들은 미국과 한국의 학문 공동체 사이에서 '양다리'를 걸침으로써 어디에 소속되어 자신의 연구와 삶을 헌신할지 고민한다. 미국 유학을 통해 형성된 이들의 리버럴 아비투스는 한국

▪ Antonio Gramsci, *The Antonio Gramsci Reader*, David Forgacs(ed.), New York: New York University Press, 1988, p.348.

사회를 여전히 지배하고 있는 유교적, 가부장적 질서와 충돌한다. 미국에 정착한 지식인들은 '트랜스내셔널 이방인 엘리트'로서 전문가적 성공을 거두지만 백인 중심의 인종적 질서와 영어 중심의 언어적 질서에서 소외감을 느낀다. 이들은 경제적으로는 주류에 속하지만 사회적, 정치적으로는 비주류에 속하는 모순을 경험한다.

미국 대학의 글로벌 헤게모니

가르침과 배움은 지배-피지배의 관계다. 안토니오 그람시Antonio Gramsci가 말하듯이 모든 헤게모니적 관계는 교육적 관계다.[•] 미국은 '가르치는 나라'이고, 한국은 '배우는 나라'다. 학문을 배운다는 것은 또한 제도적 공간인 대학 내에서의 지배의 관계 속으로 들어간다는 것을 의미한다. 대학은 위계를 가지며 고로 이 배움의 구조에서 탄생한 지식인들도 계층화되어 있다. 대학은 학문의 성지temple인 동시에 일종의 분류 기계sorting machine 또는 체sieve다.[•] 대학은 우수한 곳과 그렇지 못한 곳으로 나뉘며, 대학에서 배출된 졸업생들도 마찬가지다. 현대 사회는 학력주의 사회credential society이기 때문에 같은 대학을 졸업한 사람들 사이에는 유사종족pseudoethnicity 관계가 형성된다.[•] 이 종족들은 대학의 서열에 따라 차등화되는데 이는 한국인들이 광범위하게 경험하는 학벌사회의 전형적 특징이다. 학벌사회는 곧 또 다른 인종주의를 의미하며, 이 인종 차별의 주요 기제는 대학의 서열화다.

　대학은 개인에게 사회적 지위를 부여하는 '학위'라는 특정 상품을 공급한다. 학위는 제도화된 문화자본의 형태로서 지위재positional goods다.

[•]　Mitchell Stevens, Elizabeth Armstrong, and Richard Arum, "Sieve, Incubator, Temple, Hub: Empirical and Theoretical Advances in the Sociology of Higher Education", *Annual Review of Sociology* 34, 2008, pp.127~151.

[•]　Randall Collins, *The Credential Society: A Historical Sociology of Education and Stratification*, New York: Academic Press, 1979.

지위재의 가치는 대학의 명성과 밀접하게 관련되어 있다. 즉 명성이 높은 대학일수록 수여되는 학위의 가치가 높다. 어떤 대학이 더 높은 명성을 가지는가? 근대 대학은 '연구 중심 대학의 승리'로 요약할 수 있으며, 이러한 관점에서 바라볼 때 새롭고 중요한 지식을 생산하는 대학일수록 명성이 높다.[*] 세계적인 명성을 떨치는 학자들은 연구 중심 대학에 속한 경우가 많으며, 이는 그 대학 명성의 중요한 척도가 된다. 학문과 과학은 글로벌한 활동이며 대학의 명성도 이에 따라 글로벌하게 형성된다.

미국의 연구 중심 대학들은 서열에서 가장 높은 곳을 차지한다. 대학의 글로벌 순위는 이를 단적으로 표현하는 지표다.[*] 교수진의 연구 능력을 중심으로 구성되는 상하이 자오퉁 대학上海交通大學의 글로벌 대학 순위 지표에서 미국 대학은 TOP 100위 중 절반을 차지한다. 위로 올라갈수록 미국 대학의 지배력은 더욱 강화된다. 예를 들어 2014년 TOP 20위 대학에는 미국이 16개교, 영국이 3개교(옥스퍼드, 케임브리지, 유니버시티 칼리지 런던UCL), 스위스가 1개교를 차지하고 있다. 한국 대학은 단 한 곳도 TOP 100위 안에 든 적이 없다. 2014년 순위에서는 서울대학교만이 TOP 200위권에 들었을 뿐이고, 300위에서 500위 사이에 9개의 국내 대학이 포진하고 있다. 글로벌 대학 순위 100위 안에 북미와 유럽의 대학이 91곳, 일본이 3곳을 차지하고 있다.

미국 대학이 세계적인 지배력을 가지게 된 역사적, 구조적 원인으로 정부의 막대한 지원, 탈중심적인 경쟁 체제, 사람과 아이디어에 대한 개방성, 선도자의 이점first-move advantage 등을 들 수 있다.[*] 첫째, 2차 세계대전을 전후로 미국 연방정부가 미국 대학에 쏟아부은 연구비와 지원은 역사상 유례를 찾아보기 힘들다. 1950년대와 1960년대의 미국 대학의 팽창기는 일명 황금기로서 유럽으로부터 글로벌 헤게모니를 완전히 빼앗아온

[*] Randall Collins, *The Sociology of Philosophies: A Global Theory of Intellectual Change*, Cambridge: Harvard University Press, 1998, p.783.

[*] Ellen Hazelkorn, *Rankings and the Reshaping of Higher Education*, New York: Palgrave Macmillan, 2011; Jung Cheol Shin, Robert Toutkoushian, and Ulrich Teichler(eds.), *University Rankings: Theoretical Basis, Methodology and Impacts on Global Higher Education*, New York: Springer, 2011.

시기였다. 연방정부 차원뿐만 아니라 주정부 차원에서도 교육의 질과 경쟁력을 확보하기 위해서 대학에 막대한 지원을 해왔다. 둘째, 미국 대학 체제는 전국에 우수한 연구 중심 대학이 퍼져 있는 탈중심적 구조decentralized structure이며, 이는 극심한 경쟁을 유발한다. 이 책 8장에서는 이러한 경쟁 체제가 어떻게 연구의 탁월함으로 이어지는지를 설명한다. 셋째, 미국 대학은 사람과 아이디어에 대단히 개방적이다. 미국은 과학 분야에서 1930년까지 단 4명의 노벨상 수상자를 배출했다. 유럽의 정치적 격변으로 인해 1933년부터 1944년까지 12명의 노벨상 수상자와 약 8,000명의 탁월한 과학기술자들이 유럽에서 미국으로 이주했다.￣ 이는 미국의 과학 발전에 큰 기여를 했다. 향후에도 미국은 외국 인재들에게 문호를 개방해왔다. 넷째, 공고해진 미국 대학의 지배력은 선도자의 이점을 가지는데, 이는 다른 외국의 대학들이 지배적 위치를 점하는 데 장벽으로 작용한다. 외국의 우수한 연구자와 학생들은 미국 대학을 택하는 경향이 있으며, 이는 상당 부분 미국 대학이 갖는 선도자의 이점에 기인한다고 볼 수 있다.

한국 대학은 미국 대학에 비해 열등한 위치에 놓인다. 한국 대학은 미국 대학에 비해 규모가 작고 폐쇄적이며 후발주자로서의 단점을 지닌다. 위에서 소개한 대학의 글로벌 순위가 여실히 보여주듯이 한국에서 연구 중심 대학은 지극히 적으며, 이는 정부의 미약한 지원과도 관계가 있다. 한국 대학은 미국 대학과 경쟁할 수 없는 재정적 열악함을 경험해왔다. 또한 한국 대학은 몇몇 대학에 명성과 자원이 집중되어 있고 학벌 체제로 인한 폐쇄성을 특징으로 한다. 이러한 중앙 집중적인 체제는 미국 대학의 탈중심적인 체제와 정반대로 경쟁을 제한하고, 연구 활동의 창조성과 생동성을 저해한다. 이러한 대학 구조는 폐쇄적인 학벌 중심 또는 파벌 중심의 학문 문화를 낳고, 학문 공동체의 신뢰를 현격하게 떨어뜨린다. 5장과 6장

￣　Charles Clotfelter, "Introduction", in Charles Clotfelter(ed.), *American Universities in a Global Market*, Chicago: The University of Chicago Press, 2010, pp.6~10을 볼 것.

■　James Adams, "Is the United States Losing Its Preeminence in Higher Education", in Charles Clotfelter(ed.), *American Universities in a Global Market*, Chicago: The University of Chicago Press, 2010, pp.38~40을 볼 것.

에서는 한국 대학 공동체의 폐쇄성과 경직성을 보여주며 이것이 학문 활동에 어떤 해를 주는지를 설명한다. 또한 미국 대학의 글로벌 헤게모니가 완고하게 버티고 있는 상황에서 한국 대학이 글로벌 리더로 진입하는 데는 후발주자로서 구조적인 단점을 안고 있다. 지난 70년 동안 유지된 미국 대학의 글로벌 헤게모니를 한국 대학이 단숨에 극복하는 것은 불가능한 일이다. 따라서 미국 유학 현상은 대학의 글로벌 위계의 간극 속에서 발생한다. 대학이 사회적 지위를 부여한다는 점에서 대학 간의 간극은 졸업생의 지위의 간극을 의미한다. 글로벌 서열이 낮은 한국 대학에서 글로벌 서열이 높은 미국 대학으로의 트랜스내셔널 이동이 바로 미국 유학이다. 미국 대학의 글로벌 헤게모니는 강의실에서부터 자연스럽게 형성된다. 한국에서 명성이 높은 대학일수록 미국 박사학위를 가진 교수진이 많다. 미국의 교과서, 이론, 방법론은 학과 커리큘럼을 지배한다. 유학생들은 자연스럽게 세계 학문의 중심이 어디인지를 알아차린다. 미국 대학의 글로벌 헤게모니는 유학 생활에서도 체화된다. 한국 대학과 비교가 안 될 정도로 거대한 도서관, 실험실, 체육관 시설 등의 인프라에 유학생들은 압도된다. 세계적인 석학과 한국에서 읽었던 교재들의 저자를 직접 만난다는 것은 특별한 경험이다. 미국 대학의 우수성에 대한 자각은 강제가 아니라 자발적인 동의에 의해 체화된다.

미국 대학의 글로벌 헤게모니는 서로 연결된 네 가지 차원에서 이루어진다. 연구와 지식 흐름의 중심, 영어의 글로벌 역할과 지식 커뮤니케이션의 글로벌 허브, 세계 각지의 우수한 인재들을 끌어들이는 글로벌 흡인력global attractor of talent, 미국 대학의 학문적 규범의 지배로 인한 학문적 실행의 이상적인 장소가 그것이다.[*]

미국은 2차 세계대전 이후 연구와 지식 생산에서 세계의 중심이 되

[*]   Simon Marginson, "Global Field and Global Im-
agining: Bourdieu and Worldwide Higher Education",
British Journal of Sociology of Education 29(3), 2008,
p.308.

어왔다. 지식 생산의 양과 질에서 미국은 한국을 압도한다. 2011년 기준으로 국가별 SCI 논문 출판을 보면 미국은 35만 4,486편의 논문으로 전체 논문의 21.49퍼센트를 차지했다.[￭] 그다음으로 중국 15만 7,545편(10.31퍼센트), 영국 9만 7,834편(6.4퍼센트), 독일 9만 3,541편(6.12퍼센트), 일본 7만 6,099편(4.98퍼센트) 순이며, 한국은 4만 4,718편(2.71퍼센트)으로 전체 11위다. 논문의 인용 횟수에서 미국은 전체의 25.53퍼센트를 차지하여 출판된 논문의 비율보다 연구자 공동체에서 더 많은 인정을 받았다. 반면 한국은 지난 10년간 논문이 2.6배 증가했지만 5년 주기 논문 1편당 인용된 횟수가 3.77회로 전체 30위였다.[￭] 이는 SCI 논문의 수가 크게 증가했지만 질적인 부분에서는 여전히 취약하다는 점을 보여준다. 우수한 연구자의 가장 중요한 지표가 되는 '많이 인용된 연구자'highly cited researchers의 국가별 분포를 보면 차이는 더 극명하다. 2007년 기준 미국은 3,837명의 인용된 연구자를 보유하고 있으며 영국 444명, 일본 246명, 독일 243명, 캐나다 175명 순이며, 한국은 단 3명에 불과하다.[￭] 2005년 기준 미국 연구자들의 상위 1퍼센트가 논문을 차지하는 비율은 55퍼센트에 달한다.[￭] 세계적인 명성을 가진 연구자가 미국에 가장 많으며, 그 수는 다른 나라에 비해서 압도적이다.

연구는 커뮤니케이션에 기반한다. 영어는 학문과 연구 영역에서 지배적인 언어다. 한국인에게 영어는 '권력어'이며, 한국 연구자들에게도 마찬가지다.[￭] 특히 이공 계열에서는 영어로 논문을 쓰는 것이 보편화되었으며, 인문사회 계열에서도 빠르게 확산되고 있다. 무엇보다 SCI로 대표되는 '영어 논문'은 학위 취득 후 교수직과 연구원직에게는 필요불가결한 문화자본이다. 특정 언어자본의 능숙한 구사가 학문적 실력과 긴밀하게 연관되어 있다. 영어가 모국어가 아닌 연구자들에게는 절대적으로

[￭] 안병민, 「우리나라 과학기술논문(SCI) 발표 현황」, 『KISTEP 통계브리프』 2, 2013, 3쪽.

[￭] 안병민, 위의 글, 8쪽.

[■] Simon Marginson, 앞의 글, p.309.

[￭] James Adams, 앞의 글, p.45.

[￭] 윤지관, 앞의 글, 25쪽.

불리한 조건이다. 이들은 영어 논문, 자국 언어 논문 사이에서 긴장과 갈등을 겪게 된다. 이 책에서 면접자들이 가장 빈번하게 언급하고 연구 생활을 하면서 부딪힌다고 하는 것도 바로 영어였다.

　　미국 대학은 인재를 끌어들이는 자석이다. 2차 세계대전 전후 많은 유럽의 인재들이 미국으로 건너갔으며, 이는 역사상 최대의 '두뇌 이동'

국가	TOP 20	TOP 100	TOP 200	TOP 300	TOP 400	TOP 500
미국	16	52	77	104	125	146
영국	3	8	20	29	33	38
스위스	1	5	7	7	7	7
독일	-	4	13	22	30	39
프랑스	-	4	8	14	17	21
네덜란드	-	4	8	10	12	13
오스트레일리아	-	4	8	9	18	19
캐나다	-	4	7	16	18	21
일본	-	3	8	10	14	19
스웨덴	-	3	5	8	10	11
벨기에	-	2	4	5	7	7
이스라엘	-	2	4	4	4	6
덴마크	-	2	3	3	4	5
노르웨이	-	1	1	3	3	3
핀란드	-	1	1	1	3	5
러시아	-	1	1	1	2	2
중국	-	-	9	19	34	44
이탈리아	-	-	6	8	12	21
사우디아라비아	-	-	2	2	2	4
싱가포르	-	-	2	2	2	2
한국	-	-	1	5	8	10

〈표 1〉 글로벌 대학 순위 TOP 500 국가별 분포(2014) *

· 　이 표는 http://www.shanghairanking.com/ARWU-Statistics-2014.html의 자료를 정리한 것이다.

중 하나였다. 미국의 연구 중심 대학은 월등한 경제적 자원을 바탕으로 대학원 과정의 학생들에게 풍부한 장학금을 제공해왔다. 2012년 통계를 보면 미국에서 박사학위 과정에 있는 외국 학생이 강의조교나 연구조교를 통해 장학금을 받는 비율이 71.8퍼센트에 달한다.✒ 대부분의 대학에서 이러한 종류의 장학금은 학비 면제와 생활비를 포함한다. 이외에도 미국 대학이나 기관에서 주는 장학금까지 포함하면 그 수치는 더 높아진다. 미국의 연구 중심 대학은 세계 어느 대학보다 다양한 장학금을 제공하고 있다. 따라서 우수한 외국 학생들, 특히 이공계 학생들은 미국으로 진학하며, 이들 없이 미국 대학의 실험실은 운영되기 어렵다. 미국이 인재를 끌어들이기 때문에 개발도상국들은 '두뇌 유출'brain drain 문제를 제기해왔으며, 한국도 예외가 아니다.

미국 대학이 학문적 실행에 있어 이상적인 장소로 인식되는 것은 연구자들의 미시 문화와 연구 활동에 중요한 영향을 미친다. 이는 종종 한국 대학의 비민주적이고 차별적인 환경과 대비되어 더욱 부각된다. 학문이라는 로고스logos(이성)적 활동이 학문 공동체의 집단적 에토스ethos(규범 또는 윤리) 및 집단적 파토스pathos(감정 또는 열정)와 깊이 연관되어 있음을 이 책의 여러 섹션에서 설명할 것이다. 즉 로고스는 에토스와 파토스 없이 성장할 수 없는데, 한국 대학과 학계의 폐쇄적 에토스와 냉담한 파토스는 학문적 로고스의 발전을 심각하게 저해한다. 미국 대학과 한국 대학 사이에는 문화적 차이가 존재하는데, 전자는 후자보다 개방적, 민주적, 실력 지향적으로 인식된다. 미국 연구 중심 대학의 도덕적, 문화적 헤게모니는 또한 학문 활동의 깊이와 진지함, 그리고 열정과 연관된다. 미국의 연구 중심 대학에서 훈련받는 대다수의 한국 유학생들은 이를 경험하며, 이는 미국 대학의 헤게모니를 강화한다. 뛰어난 대가들의 존재, 개방

✒ 그 외 기타 장학금을 받는 비율은 20.7퍼센트다. 따라서 자기 돈으로 미국 대학원의 박사 과정을 이수하는 비율은 지극히 낮다. 이 통계들에 대해서는 다음 웹사이트를 참조하기 바란다. http://www.nsf.gov/statistics/sed/2012/data_table.cfm의 표 35.

적인 학문 교류, 깊이 있는 연구는 한국 대학의 가부장적 학계 풍토, 폐쇄적 학벌 체제, 얕고 빨리 출판되는 조잡한 연구 결과물과 대비되어 인식된다. 미국 대학의 이러한 도덕적 우월성은 한국 대학의 전근대성과 천민성을 폭로하고 개혁하게 만드는 해방자의 역할을 수행한다. 곧 한국 대학과 학계에서의 미국 대학의 글로벌 헤게모니는 '지식 격차'뿐만 아니라 '윤리적 격차'로 인해 발생한다.[*] 막스 베버Max Weber는 미들맨 소수자의 경제를 비합리적인 친족주의와 연줄에 의한 천민자본주의pariah capitalism로 설명하는데, 이는 프로테스탄트 윤리에 기반한 합리적 자본주의와 대비된다.[**] 트랜스내셔널 '학문 경제'에서 미국 유학파 지식인은 합리성이 결여된 한국의 '천민 학문 공동체'에 미국적 합리성을 전파하는 동시에 글로벌 문화자본의 상징 폭력symbolic violence을 로컬 지식인들에게 행사한다. 이러한 아이러니는 합리적 근대/비합리적 전근대, 글로벌/로컬, 고급스러움/천박함, 미국 대학/한국 대학의 다층적 이분법 속에서 발생한다.

결론적으로 미국 유학은 미국 대학과 한국 대학의 글로벌 격차 속에서 발생한다. 미국 대학의 글로벌 헤게모니는 학문 분야마다 다양한 방식으로 나타나는데, 이는 각 분야와 대학의 글로벌 위치와 관계된다. 가령 한국의 몇몇 공학 분야는 최근 세계적 수준에 이르러 미국 대학과 대등한 경쟁을 벌이고 있는 반면, 대부분의 자연과학 분야와 사회과학 분야는 그 격차가 매우 크다. 따라서 한국 유학생이 획득한 미국 학위의 가치는 자신의 분과에서 미국 대학과 한국 대학 간의 격차에 비례한다. 이는 한국 대학이 제공해주지 못하는 글로벌 문화자본이 된다.

---

[*] 막스 베버는 *The Protestant Ethic and the Spirit of Capitalism*에서 서구 자본주의의 발전이 개신교라는 특정한 에토스ethos(윤리)에 영향을 받았다고 주장한다. 나는 이 책에서 학문자본을 생산하는 '학문 경제'의 발전에서 집단적 에토스가 중요한 역할을 하고 있음을 주장한다. 한국 대학의 비합리적 천민성 대 미국 대학의 합리성이라는 에토스의 격차는 미국 대학의 글로벌 헤게모니를 설명하는 데 매우 중요하다. 하지만 나는 이 책에서 누차 강조하듯이 문화적 요인과 더불어 구조적, 조직적 요인들이 함께 미국 유학 현상을 발생시킨다고 주장한다. Max Weber, *The Protestant Ethic and the Spirit of Capitalism*, London: Routledge, 1992.

[**] Max Weber, *Economy and Society*(2 Volumes), Guenther Roth and Claus Wittich(eds.), Berkeley: University of California Press, 1978, p.614; Walter Zenner, 앞의 책, p.5.

문화자본의 지정학

부르디외에 따르면 한 개인의 사회적 지위는 경제자본(돈), 문화자본(학위, 지식, 취향), 사회자본(사회적 연결망)의 총합과 이들의 구성 양상으로 결정된다.[■] '돈'과 '연줄'로 일상적으로 언급되는 경제자본과 사회자본은 이해하기 쉬우나, 문화자본은 설명이 필요하다. 문화자본이란 특정 지위, 자원, 직업의 접근과 배제에 작용하는 학위, 언어, 취향, 지식을 포함하는 문화적 능력을 의미한다.[■] 한국 사회에서 영어를 유창하게 한다든지, 클래식 음악에 조예가 깊다든지, 명문 대학을 졸업했다는 것은 간접적으로 그 사람의 사회적 지위를 드러낸다. 이러한 문화적 능력을 문화자본으로 지칭하는 것은 이것이 중요한 자원resource이며 개인의 이익interest에 봉사하기 때문이다. 부르디외는 기본적으로 인간은 자신의 이익을 추구하는 존재이며, 사회는 이런 개인들 간의 투쟁이라고 본다. 부르디외 사회학의 가장 큰 기여 중 하나는 문화자본이 어떻게 사회적 지위와 계층화에 기여하는지를 밝혔다는 데 있다. 문화라는 것이 미묘한 방식으로 개인의 이익을 위해서 사용되고, 사람들을 구별하고 차별하는 기제라는 것이다.

언어, 학위, 취향은 단기간에 획득할 수 없는 것으로, 긴 훈련의 과정을 거쳐야 한다. 문화자본은 주로 가정과 학교에서 성취되며 부모의 경제자본에 의존한다. 경제적 지위가 높은 부모는 자녀의 교육을 위해 다양한 종류의 교육적 기회를 제공해줄 수 있다. 여기서 행위자의 계층적 아비투스가 형성되는데, 이는 일종의 몸에 밴 지식과 취향이다.[■] 아비투스는 무

■ Pierre Bourdieu, "The Forms of Capital", in John Richardson(ed.), *Handbook of Theory and Research for the Sociology of Education*, Westport: Greenwood Press, 1986, pp.241~258; Michele Lamont and Annette Lareau, "Cultural Capital: Allusions, Gaps and Glissandos in Recent Theoretical Developments", *Sociological Theory* 6(Fall), 1988, pp.153-168.

■ Pierre Bourdieu, *Distinction: A Social Critique of the Judgement of Taste*, Cambridge: Harvard University Press, 1984, p.114.

☛ Pierre Bourdieu, 앞의 책, 1984, pp.170~171.

의식적인 행위의 경향성을 말하며, 이는 시간이 지남에 따라 구조화되면서 변화하기도 한다. 가령 어릴 때 오랜 영어 교육을 통해 형성된 영어 발음은 몸에 밴 지식이 되며, 무의식적이지만 특정한 경향성을 나타낸다. 한편 특정 계층이나 집단은 특정한 아비투스를 공유하게 된다. 예를 들어 한국인의 영어 발음과 인도인의 영어 발음은 쉽게 구별된다.

이 책은 미국 유학과 한국 지식인의 '트랜스내셔널 아비투스'가 어떤 장점과 모순을 지니는지를 동시에 보여준다. 트랜스내셔널 아비투스는 '양다리성'과 '이중초점'bifocality을 특징으로 하는데 이는 한국 지식인의 생활, 사고방식, 태도가 한국과 미국 사이에 걸쳐져 있음을 의미한다.[*] 가령 한국 대학의 교수들은 학문 활동을 위해 다양한 방식으로 미국을 오가며 미국 학술지를 읽고 미국 연구진들과 접촉한다. 이러한 활동은 연구자로서 학문자본을 얻는 데 중요한 이점을 제공하지만 동시에 미국 대학과 연구진의 헤게모니에 계속해서 굴복해야 하는 모순된 경험을 낳는다.

문화자본은 다시 체화된 문화자본, 객체화된 문화자본, 제도화된 문화자본으로 나뉜다.[**] 취향과 언어, 태도 등은 체화된 형태에 속하는 반면 책, 그림과 같은 소유된 재화는 객체화된 문화자본에 속하고, 학교에서 부여받는 학위는 제도화된 문화자본에 속한다. 미국 유학에서 중요한 것은 우선 '미국 학위'라는 제도화된 문화자본을 획득하고, 영어 수업과 전문가 활동을 통한 '영어'라는 체화된 언어자본을 향상시킬 수 있다는 것이다. 그러나 한국 학생의 미국 유학 현상을 설명하는 데 있어 부르디외의 문화자본과 교육사회학이 가지는 한계는 한 국가를 뛰어넘었을 때 문화자본의 형성과 작동이 어떻게 이루어지는지를 보여주지 못한다는 점이다. 부르디외 자신과 그의 이론에 영향을 받은 학자들은 문화자본이 프랑스, 미국, 한국 등 '하나의 사회 또는 국가'에서 어떻게 작동되는지를 탐

---

[*] 트랜스내셔널 아비투스에 대해서는 Luis Guarnizo, "The Emergence of a Transnational Social Formation and the Mirage of Return Migration among Dominican Transmigrants", *Identities* 4(2), 1997, pp.281~322를 볼 것. 트랜스이주민들의 이중초점에 대한 논의는 Roger Rouse, "Making Sense of Settlement", *Annals of the New York Academy of Sciences* 645, 1992, pp.25~52를 볼 것.

[**] Pierre Bourdieu, 앞의 글, 1986.

36

구하였다. 프랑스, 미국 같은 서구 국가들은 정도의 차이는 있지만 자신들 고유의 고급 문화나 상층 문화를 발전시켜왔다. 한국에서 인지되는 고급 문화 중 영어, 고전음악, 서양미술과 같은 많은 종류의 문화자본은 서구에서 유입되었다.[■] 부르디외와 그를 따르는 교육사회학자들의 주요 관심은 '학력 재생산을 통한 계급 재생산'에 있을 뿐, 한 국가의 대학 자체가 글로벌한 맥락에서 어떤 강점과 약점을 가지는지, 그리고 이것이 개인의 문화자본(학위나 영어)의 성취와 어떤 관계가 있는지를 보여주지 못한다.

분명 학위와 전문 지식 같은 문화자본은 글로벌하게 연결, 교환, 유통되고 있다. 즉 문화자본은 공간적 변환spatial convertibility의 가능성을 지닌다. 경제활동을 연결하고 가치들을 교환하는 달러가 한 국가를 넘어 사용되는 글로벌 돈global money인 것처럼 미국 학위도 글로벌 문화자본이다. 하지만 학위와 같은 문화자본도 다른 글로벌 영역들과 마찬가지로 불균등하게 연결, 교환, 유통된다. 글로벌 문화자본의 불균등한 생산 구조가 유학생들에게 기회의 구조로 전환되는 것이다.

글로벌 문화자본 개념은 제도화된 학위, 취향, 지식과 같이 문화적 능력인 동시에 문화적 배제에 사용되는 문화적 자원이자 신호가 한 사회와 국가의 영역을 넘어 글로벌하게 생산되고 유통됨을 뜻한다. 미국 유학을 통해 획득되는 글로벌 문화자본은 미국 학위, 영어, 전문 지식, 코즈모폴리턴cosmopolitan 취향 등을 포함한다. 2012~2013년 기준으로 미국에 유학 중인 한국인은 총 7만 627명으로 중국(23만 5,597명)과 인도(9만 6,754명)에 이어 3위를 차지한다(〈표 2〉 참조). 인구 비율로 따지면 한국(5,000만 명) 유학생 수는 중국(13억 명)보다 7.8배, 인도(12억 명)보다 17.5배나 많다. 그만큼 한국인들은 어떤 나라보다 미국 교육을 동경하고 있음을 알 수 있다. 이런 현상은 역사적, 사회적, 문화적 요인과 결부되어 있다. 해방 이후

[■] 최샛별, 「상류계층 공고화에 있어서의 상류계층 여성과 문화자본: 한국의 서양 고전음악 전공여성 사례」, 『한국사회학』 36(1), 2002, 113~144쪽.

미국이 한국에서 수행한 역할, 한국에서 미국 유학파의 엘리트적 지위, 입시 교육에서 영어의 중요성, 글로벌 경제와 지정학에서의 미국의 헤게모니 등은 한국인이 미국 유학을 선망하는 주요 이유들이다. 〈표 3〉은 1997년 IMF 사태와 2008년 글로벌 경제 위기로 인한 유학생의 일시적인 감소 이후 지난 15년간 한국인 유학생 수가 꾸준히 증가해왔음을 보여준다.

글로벌 문화자본의 형성은 사회 구성원의 국적, 문화, 역사, 성별에 따라 상황적이면서 관계론적으로 파악되어야 할 것이다. 즉 문화자본의 지정학을 고려해야만 한다. 문화자본의 지정학은 문화자본과 관계를 맺는 지리적 위치, 경쟁자들의 상대적 위치, 문화자본들 간의 트랜스내셔널 우열, 문화자본의 사회자본으로의 전환 여부와 관계된다. 가령 한국인들에게 미국의 석사학위나 박사학위는 한국에서는 취업을 위한 코즈모폴리턴 자원으로 인지되지만, 미국의 직장에서는 취직을 위한 입장 티켓entrance ticket으로 작용한다. 한국 직장에서는 미국 학위뿐만 아니라 한국 학위도 중요하지만 미국에서는 대부분 전자만이 고려된다. 한국 직장에서 대부분의 경쟁자는 한국인들이며, 미국 학위는 다른 경쟁자들보다 우위를 확보할 수 있는 코즈모폴리턴 문화자본이다. 반면 미국 직장에서 한국인은 불완전한 영어를 구사하며 미국 문화에 완전히 동화되지 못한 사람으로서 커뮤니케이션 능력과 조직 관리 능력이 미국인에 비해 떨어진다. 이 때문에 이들이 가진 미국 학위는 코즈모폴리턴하게 취급되기보다 특정한 능력을 보유한 자격증으로 인식된다. 따라서 문화자본의 글로벌 영향력은 특정한 지리적, 사회적, 기술적 관계 속에서 파악되어야만 한다.

- 〈표 2〉와 〈표 3〉의 수치는 대학원생과 학부생을 합친 것이다. 〈표 2〉에서 15위권 밖의 국가들 수치는 생략되었다. 이 통계는 미국의 국제교육기관에서 작성하는 「오픈 도어스」 데이터에서 발췌하였다. 이 자료들에 대해서는 www.iie.org/opendoors를 참조하기 바란다.

	국적	2012~2013	%
	전체	819,644	100
1	중국	235,597	28.7
2	인도	96,754	11.8
3	한국	70,627	8.6
4	사우디아라비아	44,566	5.4
5	캐나다	27,357	3.3
6	대만	21,867	2.7
7	일본	19,568	2.4
8	베트남	16,098	2.0
9	멕시코	14,199	1.7
10	터키	11,278	1.4
11	브라질	10,868	1.3
12	독일	9,819	1.2
13	영국	9,467	1.2
14	네팔	8,920	1.1
15	이란	8,744	1.1

〈표 2〉 국가별 미국 유학생 수

연도	한국인 미국 유학생
1997~1998	42,890
1998~1999	39,199
1999~2000	41,191
2000~2001	45,685
2001~2002	49,046
2002~2003	51,519
2003~2004	52,484
2004~2005	53,358
2005~2006	59,022
2006~2007	62,392
2007~2008	69,124
2008~2009	75,065
2009~2010	72,153
2010~2011	73,351
2011~2012	72,295
2012~2013	70,627

〈표 3〉 한국인 미국 유학생 수[*]

트랜스내셔널 위치 경쟁과 직업 기회

미국 유학생의 트랜스내셔널 사회적 궤적은 개인, 대학, 기업의 트랜스내셔널 위치 경쟁과 맞물려 있다. 신베버주의 이론은 행위자의 위치는 일종의 제로섬 게임이며, 이 위치 경쟁positional competition은 상대방의 위치에 의해 영향을 받는다고 주장한다.[*] 위치 경쟁은 과밀화crowding로 인한 사회적 정체social congestion에 영향을 받으며, 이는 지위 경제positional economy와 연관된다.[*] 지위 경제란 지위 상품이라는 제한된 재화와 서비스를 둘러싼 가격

---

[*] Fred Hirsch, *Social Limits to Growth*, Cambridge, MA: Harvard University Press, 1976; Raymond Murphy, *Social Closure: The Theory of Monopolization and Exclusion*, Oxford: Oxford University Press, 1988; Frank Parkin, *Marxism and Class Theory: A Bourgeois Critique*, New York: Columbia University Press, 1979.

[*] 지위 경제의 정의와 작동 방식에 대해서는 Fred Hirsch 의 앞의 책, pp.27~31을 볼 것.

39

결정과 분배를 의미한다. 이는 물건, 부동산, 학위 등 모든 경제적 영역에 적용될 수 있다.

가령 서울 강남 지역의 아파트 가격이 다른 지역보다 몇 배나 비싼 것은 강남 아파트 자체가 가지는 질적 우수함보다 '강남'이 한국 사회에서 누리는 지위 상품으로서의 가치가 높기 때문이다. 강남에 살려는 사람들이 많기 때문에 과밀화로 인한 사회적 정체가 발생하고 결과적으로 아파트 가격이 상승한다. 이 책에서 중심적으로 논의하는 학위도 마찬가지다. 고학력자들이 늘어나기 때문에 학위라는 지위 상품을 둘러싼 경쟁은 날로 심화되고 있다. 미국 학위의 가치는 한국 학위의 가치와 연관되고, 이는 지위 경제의 메커니즘 속에서 움직인다. 가령 박사학위자의 수는 빠른 속도로 증가하는 데 비해 교수 시장은 이를 수용하는 데 한계를 지닌다. 교수 자리를 놓고 벌어지는 경쟁은 많은 지원자들 때문에 격화되고, 이들의 학위는 출신 대학에 따라 절대적인 가치가 아니라 상대적인 가치를 지닌다.

한편으론 사회적 지위의 상대성 때문에 다른 한편으로 극단적인 학벌 체제 때문에 한국인들은 '상징적 지대'symbolic rent를 과도하게 지불하고 있다. 지대란 원래 토지에 대한 임대료를 뜻하나, 경제학에서는 이를 확장시켜 독점으로 인해 실질적인 생산을 낳지 않으면서 추가적으로 발생하는 비용을 일컫는다. 독점을 획득하거나, 지키기 위해 비생산적인 활동에 자원 낭비를 초래하는 '지대 추구 행위'rent seeking behavior는 공공성의 관점에서는 불합리하고 불건전하다. '상징적 지대'란 직업이나 사회적 지위를 얻기 위해서 필요 이상의 학위나 자격증과 같은 상징적 재화를 획득하는 데 투자되는 비용을 의미한다. 예전에는 고등학교만 졸업해도 은행에 취직할 수 있었다면 요즘은 많은 경우 대학을 졸업해야만 은행에 취직할 수 있다. 따라서 은행원이 되기 위해 필요한 학위증을 따려고 대학에 지불하는 등록금은 일종의 상징적 지대다. 이는 직업에 필요한 실질적 기술과 직업에 진입하기 위해 사회에서 요구하는 상징적 요건 사이의 간극에서 발생한다. 한국의 학벌 체제가 큰 사회문제가 되는 것은 이것이 인종주의를 만연시켜 사회적 부정의와 불평등을 낳을 뿐만 아니라, 지극히 비효율적이기 때문이다. 언론과 SNS에서 회자되었던 부산의 한 초등학생의 「여덟 살의 꿈」이란 동시는 한국 사회가 지불하는 상징적 지대가 얼마나 큰지를 잘 대변한다. "나는 사립초등학교를 나와서 / 국제중학교를 나와서 / 민사고를 나와서 / 하버드대를 갈 거다 / 그래 그래서 나는 / 내가 하고 싶은 / 정말 하고 싶은 미용사가 될 거다."[■]

이제 한국인들은 '서울대병'을 넘어 '하버드병'을 앓고 있다. 한국뿐만 아니라 세계 각국의 경제력이 있는 부모들은 자녀들을 엘리트로 키우기 위해 그들을 미국이나 유럽의 대학으로 진학시키고 있다. 엘리트가 되기를 꿈꾸는 학생들은 국가 경제와 교육의 경계를 넘어 글로벌화된 세계에서 직업을 갖고 자신의 인생을 펼치고 싶어한다.

이런 점에서 필립 브라운Philip Brown과 그의 동료들은 위치 경쟁이 국가적 경계를 넘어 글로벌화되어가고 있다고 주장한다.[■] 글로벌 위치 경쟁은 학위의 공급자인 대학, 학위의 수요자인 학생, 인재를 끌어들이려는 글로벌 기업 모두에서 발생한다. 세계의 엘리트 대학들은 글로벌 순위를 끌어올리고 그 명성을 유지하기 위해 경쟁한다. 한편 학생들은 사회적 성공을 위해 글로벌 순위가 높은 엘리트 대학에 들어가려고 하며, 글로벌 기업은 엘리트 대학을 졸업한 글로벌 인재를 채용하려고 한다. 여기서 학위는 위치 경쟁에서 '사회적 폐쇄'social closure의 주요 기제로 작용한다. '사

■ 손석희, 「하버드 나와서 미용사?…아동 행복지수 '꼴찌'」, 『JTBC 뉴스룸』, 2014년 11월 4일(http://www.jtbc.com).

■ Philip Brown, "The Globalization of Positional Competition?", *Sociology* 34(4), 2000, pp.633~653; Philip Brown, Andy Green and Hugh Lauder, *High Skills: Globalization, Competitiveness and Skill Formation*, Oxford: Oxford University Press, 2001; Philip Brown and Anthony Hesketh, *The Mismanagement of Talent: Employability and Jobs in the Knowledge Economy*, Oxford: Oxford University Press, 2004.

회적 폐쇄'란 한 집단이 기회를 독점하고 다른 집단을 열등하다거나 자격이 없다는 이유로 배제하는 것을 말한다.[*] 가령 이 책의 5장에서 설명하듯이 한국 대학의 교수 임용 과정에서 미국 학위자를 우대하는 것은 국내 학위자를 '열등'하거나 '자격이 없는' 집단으로 배제하는 사회적 폐쇄의 과정이다.

트랜스내셔널 위치 경쟁은 양 국가 사이에 있는 행위자들의 지위 경쟁을 의미한다. 위치 경쟁은 귀속 지위로서의 멤버십membership, 실력merit, 시장market에 의해 영향을 받는다.[*] 멤버십은 계급, 인종, 젠더, 학벌, 시민권 등의 귀속 지위를 의미하며, 이는 트랜스내셔널 맥락에 따라 다양한 사회적 선택과 폐쇄를 동반한다. 가령 한국의 명문대에서 학사학위를 받고 미국의 명문대에서 박사학위를 받은 남성은 한국 지식층에서 최상층에 속할 가능성이 높지만 미국에서는 인종적, 언어적 위계로 인해 최상층에 속할 가능성이 높지 않다. 반면 한국인 여성 미국 박사는 젠더 질서로 인해 한국인 남성 미국 박사보다 한국에서 더 적은 기회를 누리는 한편 미국에서는 한국 남성보다 열등한 기회를 가지는 것은 아닌데, 이는 미국에서의 인종적 질서 및 비유교적인 문화와 관계된다. 실력은 실적, 경력, 언어 능력, 전문 지식 등으로 구성된다. 글로벌 문화자본을 가진 미국 학위자는 국내 학위자보다 전반적으로 실력을 더 높이 평가받는다. 이는 실력이 주어진 것이 아니라 사회적으로 구성됨을 의미한다. 시장은 일자리 수, 특정 분야의 수요와 공급, 학위에 소요되는 비용과 졸업 후 직업을 가짐으로써 받는 보상 등을 의미한다. 따라서 위치 경쟁은 직종, 분야, 국가에 따라 다양한 방식으로 전개된다. 여기서 트랜스내셔널 기회의 구조는 동시에 트랜스내셔널 장벽과 연결되며, 이는 개인이 지닌 다차원적인 지위의 구성과 양 국가 사이의 다양한 직업 기회와 연관된다.[*]

[*] Max Weber, 앞의 책, 1978, pp.43~45, 342, 343; Raymond Murphy, 앞의 책, p.8. 사회적 폐쇄는 모든 사회 영역에서 발생할 수 있다. 독점 기업은 시장에서 경쟁자들을 배제하며, 의사 등의 전문가 집단은 자격증으로 다른 직업군을 배제한다. 멤버십은 한 집단의 구성원으로서 가지는 권리를 수반하며, 타인의 접근을 배제하는 사회적 폐쇄의 과정으로 이해할 수 있다.

[*] Philip Brown, 앞의 글, p.639.

[*] 트랜스내셔널 위치 경쟁에 대한 상세한 설명은 4장을 참조하라.

여기서 대학의 역할은 중요한데 글로벌 순위가 높을수록 트랜스내셔널 위치 경쟁에서 더 유리한 문화자본을 행위자에게 제공한다. 한국의 상위권 대학들은 최근 10년간 글로벌 순위를 올리기 위해 전사적인 노력을 기울여왔다. 순위는 학교의 명성과 연결되며, 이는 앞서 설명했듯이 대학의 연구 역량과 직결된다. 연구 역량은 통상 얼마나 많은 논문을 얼마나 명성이 있는 학술지에 게재했느냐에 의해 평가된다. 연구진들로부터 인정을 받는 학술지는 주로 영어로 출판되며, 상위권 대학일수록 영어에 능숙하고 영어 논문을 작성할 수 있는 박사를 선호한다. 국내에서 인문사회과학 분야의 빅3인 서울대, 고려대, 연세대(흔히 '스카이'SKY라고 한다)와 이공 계열 분야의 빅3인 서울대, 카이스트, 포스텍(흔히 '스카포'SKAPO라고 한다)의 교수 임용을 보면 미국 학위자가 압도적으로 많다. 국내 상위권 대학들은 글로벌 지위를 향상시키기 위해서 연구 실적이 높은 교수진을 채용하려는 경향이 생겨났다. 대학 순위를 올리기 위해 연구, 교육, 인프라의 여러 요건들이 지표화되고 해마다 대학 당국에 보고되고 관리된다. 대학은 교수들의 연구 실적을 올리기 위해 임용과 승진 요건을 강화하고 있으며, 특히 영어 논문(SCI)의 영향력이 지배적으로 되어가고 있다. 이런 상황에서 미국 학위자를 선호하는 경향은 분명하게 드러난다.

위치 경쟁은 전 세계적인 학력 인플레이션credential inflation과도 연결된다. 이는 결과적으로 학위자들의 과밀화로 이어지는데, 한국의 상황은 다른 어느 곳보다 훨씬 심각하다. 한국 대학에 진학하는 고등학생의 비율은 80퍼센트 내외다. 이는 대학 교육의 보편화를 의미하는 동시에 학위 가치의 하락을 의미한다. 지위를 두고 벌이는 경쟁에서 어떤 행위자가 가진 학위의 가치는 상대적이므로 학위자 수가 많으면 많을수록 엘리트 대학의 학위는 가치가 상승하고 경쟁도 심해진다. 전문가 계층은 학사학위

국가＼연도	2002	2003	2004	2005	2006	2007	2008	2009	2010	2011	2012
중국	2,290	2,483	2,995	3,587	4,445	4,709	4,520	4,095	3,737	3,977	4,217
인도	734	808	914	1,186	1,606	2,072	2,316	2,265	2,138	2,154	2,236
한국	1,109	1,229	1,351	1,442	1,545	1,437	1,439	1,523	1,377	1,443	1,469
대만	609	669	636	661	668	693	641	732	650	693	717
캐나다	394	428	507	463	465	511	499	516	468	454	423
터키	370	412	397	390	414	521	559	527	477	493	439
태국	388	412	354	322	260	266	329	241	222	266	258
일본	205	241	240	263	270	276	256	256	236	243	239
멕시코	202	230	203	231	210	208	204	215	201	185	213
독일	207	203	193	194	182	173	193	208	192	203	200

〈 표 4 〉 미국 대학의 국가별/연도별 박사학위 취득자 수 [*]

연도	2000	2001	2002	2003	2004	2005	2006
수	6,153	6,221	6,758	7,240	8,008	8,602	8,909
연도	2007	2008	2009	2010	2011	2012	2013
수	9,082	9,369	9,912	10,542	11,645	12,243	12,625

〈 표 5 〉 연도별 국내 박사학위 취득자 수 [*]

를 넘어 석사학위와 박사학위를 획득하는 경우가 많으며, 여기서 미국 연구 중심 대학과 한국 대학의 학위 가치의 차이는 중요해진다. 연도별 국내 박사학위 취득자는 1990년 2,481명에서 1995년 4,107명, 2000년 6,153명으로 가파르게 상승했다. 이어 2005년에는 8,602명, 2010년에는 1만 542명으로 만 명을 돌파했다. 2013년에는 1만 2,625명으로 1990년에 비하여 5배가 증가했음을 알 수 있다. 이에 비해 연도별 미국에서 박사학위를 받은 한국인 수는 2002년 1,109명, 2005년 1,442명, 2012년 1,469명으로 2002년에 비해서 40퍼센트 정도 증가했지만 2005년 이후 증가세가 정체되어 있다.

[*] 미국 대학원에서 배출되는 외국인 박사학위자의 수에 대해서는 다음 웹사이트를 참조하라. http://www.nsf.gov/ statistics/sed/2012/data_table.cfm의 표 26.

[*] 이 표는 e나라지표(www.index.go.kr)의 통계를 참조하여 작성했다. 자세한 내용은 이 웹사이트에서 박사학위 취득자 현황을 조회하면 알 수 있다.

　　이러한 대조적인 현상은 해석에 주의를 요한다. 국내 대학원 과정의 상당수는 연구에 전념하지 못하고 직장과 공부를 병행하는 경우가 많으며, 이는 양적 증가와 맞물려 질적 하락을 동반한다. 국내 대학원의 경우 연구비와 연구 인력이 몇몇 엘리트 학교에 집중되고 있기 때문에 상대적으로 이 학교들의 글로벌 위치가 상승하는 반면, 나머지 학교들의 글로벌 위치는 답보상태에 있다. 국내 박사학위 취득자 수에 비해 미국 박사학위 취득자 수가 적기 때문에 여전히 미국 박사학위의 우위가 유지되고 있다.

　　대학에서와 마찬가지로 기업에서도 글로벌 위치 경쟁이 일어나며, 한국의 글로벌 기업일수록 미국 학위를 가진 인재를 요구한다. 유학생의 진로는 통상 대학 또는 기업으로 양분되며, 미국 기업과 한국 기업들은 인재를 끌어들이기 위해 전사적인 노력을 기울인다. 삼성전자, 현대자동차, 포스코, SK 등은 인사 담당자를 미국의 주요 대학에 직접 보내어 미국 학위자들을 채용하고 있다. 이들 기업의 활동은 이미 대규모로 글로벌화되어 있으며, 한국과 미국의 사정에 밝은 인재를 구하려고 한다. 미국 기업들 역시 해외 인재를 적극적으로 찾는다. 특히 이공계 분야에서는 외국 인재 없이 미국 대학과 기업이 유지되기 힘들다. 실리콘밸리, 뉴욕 맨해튼 등에 있는 글로벌 기업들에서 외국 인재들을 흔히 발견할 수 있다.

　　글로벌 경제와 지식경제의 확장은 회사의 조직적인 측면뿐만 아니라 직원 채용 부분에서 큰 변화를 야기해왔다. 글로벌 생산 체인이 확장됨에 따라 해외 본부들이 세워지고, 생산의 글로벌 분업화가 이루어져왔다. 가령 애플은 미국에서 디자인을 하고 중국에서 제품을 만든다. 국내 대기업들도 해외 공장과 해외 지사를 확장하고 있는데, 내수 시장을 넘어서 글로벌 시장에서 살아남아야만 큰 기업으로 성장하고 생존할 수 있기 때문이다. 또한 지식경제의 확장은 기술직, 전문직을 우대하는 경향과 연관되고, 고학력자를 채용하기 위한 경쟁은 격화된다. 한국과 외국 기업들은 경쟁에서 이기기 위해 고액의 연봉을 제안하며 뛰어난 인재를 찾아내 모셔 온다.

글로벌 경제와 지식경제의 이러한 확장은 미국 학위자에게 좀 더 많은 트랜스내셔널 직업 기회를 제공한다. 졸업 후 기업에 입사하는 경우 미국 기업과 한국 기업으로 양쪽의 기회를 가지며, 여러 조건들 가운데 더 나은 쪽을 선택하게 된다. 한국 기업의 경우 미국 학위자를 주로 고용하는 기업은 삼성전자, 현대자동차, SK, 포스코 등의 대기업과 상대적으로 연봉이 높은 금융업, 그리고 국내 외국계 계열 회사로 나뉠 수 있다. 미국에서는 뉴욕, 샌프란시스코, 시애틀, 시카고, 보스턴 등 주요 글로벌 도시에 취직하는 경향이 있다. 미국 직장에 취업하는 경우 미국 명문 대학의 졸업장은 언어자본의 부족을 메워주는 주요 무기로 활용된다. 이들은 한국에서 가장 뛰어난 인재들이며, 미국 대학에서 훈련을 받았기 때문에 미국 문화와 사회를 잘 이해하고 있다는 점에서 외국 업무가 많은 미국 기업이 필요로 하는 존재들이다.

정리하면 미국 유학은 개인, 대학, 기업의 트랜스내셔널 위치 경쟁과 연결되어 있으며, 유학생들은 더 나은 사회적 지위와 직업 기회를 갖기 위해 미국 학위를 획득한다. 이들은 경쟁자보다 우위에 서고자 글로벌 문화자본을 추구하며, 미국 대학은 이들에게 전문 지식, 영어, 자신감을 주고, 글로벌 대학과 기업들은 이들에게 더 나은 직업 기회를 제공한다. 복잡하지만 이 세 행위자들의 전략적이면서 상동相同적인 관계 속에서 미국 유학 현상을 이해해야 한다.

미국 유학 지식인의 트랜스내셔널 궤적

이 책은 일종의 절충적 질적 종단 연구longitudinal study이며 두 단계의 질적 면접에 기반하고 있다. 종단 연구란 특정 주제에 대한 연구 대상 집단의 변화를 알아보기 위해 시간차를 두고 연구하는 것을 말한다. 이 연구는 또한 한국과 미국 양국을 오가는 트랜스내셔널 방법을 채택한다. 첫 번째 단계로, 1999년부터 2005년 사이 미국에 있는 한 연구 중심 대학에서 50명의 미국 유학생을 인터뷰하였다. 이 단계에서 분석의 초점은 미국 유학 동기와 미국 유학 생활이었다. 두 번째 단계에서는 미국과 한국을 오가며 졸업 후 이들의 트랜스내셔널 직업 궤적을 조사하였다. 이 단계의 인터뷰는 2011년부터 2014년 사이에 이루어졌으며, 미국 유학을 마치고 대학과 기업 등에 취업한 80명을 인터뷰하였다.

질적 연구는 연구 주제의 복잡한 과정을 심도 있게 이해하는 것을 목표로 한다. 질적 면접은 연구의 목적과 철학적 관점에 따라 다양하게 수행될 수 있는데, 주제 인터뷰, 구술사, 현상학적 방법, 근거이론, 민족지적 인터뷰 등 다양한 방식이 존재한다.[▪] 따라서 질적 면접은 단일한 하나의 테크닉이 아니라 다양한 접근과 방식을 포함한 느슨하게 연결된 테크닉들과 실행들의 집합이다.[▪] 이 책에서 질적 면접은 미국 유학생의 트랜스내셔널 사회적 궤적을 분석한다는 점에서 주제 인터뷰topical interview이며,

성별	연령대(출생)		전공		출신 학교(학부 기준)	
남성 26명	1950년대	1명	인문사회	30명	서울대	13명
여성 24명	1960년대	16명	이공	16명	연대·고대/카이스트	11명
	1970년대	33명	예체능	4명	서울/수도권 사립대(연대·고대 제외)	20명
					지방대	6명

〈 표 6 〉 1단계 면접자의 사회인구학적 특성

[▪]   Jaber Gubrium, James Holstein, Amir Marvasti, and Karyn McKinney(eds.), *The Sage Handbook of Interview Research: The Complexity of the Craft*(second edition), London: Sage, 2012.

[▪]   Norman Denzin and Yvonna Lincoln, "Introduction: The Discipline and Practice of Qualitative Research", in Norman Denzin and Yvonna Lincoln(eds.), *The Sage Handbook of Qualitative Research*(fourth edition), London: Sage, 2011, pp.1~25.

미국 유학 동기	☐ 면접자의 교육사
	☐ 면접자의 직업사
	☐ 미국에 대한 인식
	☐ 포부와 야망
	☐ 유학 준비 과정과 Q대학을 선택한 동기
미국 유학 경험	☐ 수업 준비와 참여
	☐ 미국 교수들과의 관계
	☐ 강의조교와 연구조교 생활
	☐ 한국과 미국의 대학 제도와 문화의 차이에 대한 견해
	☐ 장래 포부와 취업 준비

〈표 7〉 1단계 면접의 주요 질문

연구자 자신(필자)이 유학을 마치고 학계에 정착하여 살고 이들과 같이 연구 활동을 수행하고 있다는 점에서 일종의 민족지적 인터뷰ethnographic interview이기도 하다.*

1단계 기간인 1999년부터 2005년 사이에 미국 Q대학 석사·박사 과정에 재학 중인 한국 학생 총 50명을 심층 면접하였다. 면접자는 모두 한국 대학에서 학사학위 또는 석사학위를 취득한 뒤 미국 유학을 선택한 경우다. Q대학은 연구 중심 대학 중 하나로, 교수 2,500여 명, 행정 직원 3,600여 명, 학부 학생 3만 6,000여 명, 대학원생 1만 2,000여 명이다. 이 대학에서 사용하는 총 연구비는 한 해 5,800억 원이 넘으며 30여 개의 도서관에 소장된 장서가 1,000만 권을 넘는다. 연구 능력 중심으로 대학 순위를 매기는 상하이 자오퉁 대학의 세계 대학 순위에 따르면 지난 10년 동안 이 대학은 30위권을 벗어난 적이 없다.

1단계의 면접자는 연령, 성별, 전공, 한국에서의 출신 학교 등을 고려하여 다양하게 구성하였다. 면접자 총 50명 가운데 남성은 26명, 여성은 24명이다. 연령대는 1970년대 출생이 33명, 1960년대 출생이 16명, 1950년대 출생이 1명이다. 대부분은 면접 당시 20대 후반부터 30대 초중반의 나이였다. 학번은 80년대 중반 학번부터 90년대 초중반 학번이 대다수를

* Paul Atkinson and Martyn Hammersley, *Ethnography: Principles in Practice*(second edition), Oxon: Routledge, 2007.

성별		연령대(출생)		거주 지역		직업군	
남성	49명	1950년대	5명	한국	45명	한국 대학 교수	22명
여성	31명	1960년대	13명	미국	35명	한국 기업 직원	16명
		1970년대	60명			한국 기타	7명
		1980년대	2명			미국 대학 교수	15명
						미국 기업 직원	18명
						미국 기타	2명

〈 표 8 〉 2단계 면접자의 사회인구학적 특성

차지한다. 학부 졸업 기준으로 보면 서울대 출신이 13명, 연세대·고려대·카이스트 출신이 11명, 연세대·고려대를 제외한 서울 시내와 수도권 지역 사립대학 출신이 20명, 지방대 출신이 6명이다. Q대학에서의 대학원 전공을 살펴보면 인문사회 계열이 30명, 이공 계열이 16명, 예체능 계열이 4명이다(〈표 6〉 참조).

　면접 내용은 반⧺구조화된 질문지로 구성되었는데, 이는 연구에 초점이 되는 주요 질문들을 구성하는 동시에 면접자와 상황에 맞게 유연하고 개방적으로 면접하는 것을 말한다. 면접 시간은 통상 1~2시간이었으며 모두 녹음을 하여 녹취록을 작성하였다. 면접자의 전공, 가족 배경, 면접 당시의 상황 등에 따라 면접은 유연하게 진행되었으며, 주요 질문 내용은 〈표 7〉과 같다.

　2단계 조사는 2011년부터 2014년까지 수행되었고, 총 80명을 인터뷰하였다. 인터뷰는 한국에 정착한 사람 45명, 미국에 정착한 사람 35명이었다. 이 중 1단계에서 인터뷰를 하고 재차 인터뷰를 한 사람은 20명이었고, 2단계에서 새롭게 인터뷰를 한 사람은 60명이었다. 1단계에서 인터뷰를 한 유학생들은 당시 20대 후반과 30대였으나 2단계에서는 40대를 중심으로 30대 중반에서 50대 후반의 나이가 되어 한국 또는 미국의 대학, 연구소, 기업 등에 자리를 잡고 있었다(〈표 8〉 참조).

직업적 궤적과 직장 경험	☐ 학위 취득의 의미와 학위를 마칠 당시의 취직에 대한 준비 ☐ 학위를 마치고 한국 또는 미국에 정착하게 된 이유 ☐ 현재의 직장(대학, 연구소, 기업)을 가지게 된 과정 ☐ 직장을 선택할 때 영향을 미친 요소들: 학위, 언어 능력, 업무 능력, 가족, 포부 ☐ 직장에서의 하루 일과 ☐ 직장에서 맡고 있는 업무의 종류 ☐ 직장에서 업무 수행의 힘든 점 ☐ 직장에서의 승진 ☐ 직장에서의 인간관계 ☐ 직장에서의 차별 경험 ☐ 직장과 가족: 일과 가정을 함께 꾸려가는 과정과 방식 ☐ 미국 또는 한국으로의 이직 의사: 특히 미국에 정착한 사람의 경우 한국으로 돌아갈 (또는 돌아가지 않을) 의향과 그 이유
학문적 궤적과 연구 경험	☐ 학위를 마칠 당시의 연구 진행과 연구 업적 ☐ 지도교수의 영향력과 본인의 연구와의 관계 ☐ 학위를 마친 이후의 연구 주제 선택 ☐ 학위 취득 이후의 연구 생산성 ☐ 논문 출판의 과정: 영어 논문 출판의 어려움 ☐ 연구 네트워크를 어떻게 형성하는지에 대한 질문 ☐ 연구비 수주 과정 ☐ 학회 활동 ☐ 연구에 대한 열망: 연구에 대한 집중도, 학문적 성취와 야망, 연구자로서의 한계 등에 대한 질문 ☐ 본인의 위치와 전공에서 미국 연구자들과 한국 연구자들을 비교, 평가 ☐ 본인이 경험한 미국 대학과 한국 대학의 연구 환경의 차이 ☐ 연구의 방향과 비전

〈표 9〉 2단계 면접의 주요 질문

면접자를 절충적으로 구성한 이유는 두 가지다. 하나는 과거 면접자를 추적함으로써 이전에 형성된 연구자와의 신뢰 관계가 좀 더 풍부한 이야기와 경험을 끌어낼 수 있다고 판단했기 때문이다. 또 하나는 새로운 면접자와의 면접을 통해서 한국과 미국에서의 다양한 정착 유형, 직업 경로, 학문 활동 등을 포괄하기 위해서였다. 질적 연구에서 면접자의 수는 정해져 있는 것이 아니라 통상 연구 주제에 대한 데이터가 포화saturation에 도달할 때까지 인터뷰를 진행한다. 즉 알고 싶은 내용을 충분히 수집했다고 판단할 때 면접을 멈춘다. 면접자들이 한국 또는 미국에 정착하여 살고 있고, 이들의 직장이 대학, 연구소, 기업에 분포되어 있어 다양한 종류의 직업적·학문적 궤적에 대한 풍부한 자료를 수집하기 위해서는 80여 명이 타당하다고 판단된다.

　2단계 연구는 한국과 미국 양쪽에서 이루어졌고, 모든 인터뷰는 면접자가 사는 지역을 직접 방문하여 진행하였다. 한국에서는 서울을 중심으로 전국에 퍼져 있는 면접자들을 만났다. 미국 방문지는 크게 네 지역으로 분류된다. 뉴욕·뉴저지를 중심으로 한 동부 지역, 일리노이(시카고가 위치한 주)를 중심으로 한 중부 지역, 캘리포니아를 중심으로 한 서부 지역, 그리고 나머지 기타 지역이다. 뉴욕·뉴저지, 일리노이, 캘리포니아 지역을 선택한 이유는 유학생들이 졸업 후 많이 정착하는 지역인 동시에 한국인이 많이 사는 지역이라는 점에 있다. 기타 지역은 주로 미국 대학에 재직하는 한국인 교수들이 살고 있었다. 2단계 조사 또한 반구조화된 인터뷰였으며, 면접의 주요 내용은 미국 학위자들의 직업적 궤적과 직장 경험, 학문적 궤적과 연구 경험이다. 그리고 한국 또는 미국 정착 여부와 대학 또는 기업에 취직한 경우에 따라서 연구 주제에 맞게 질문 내용을 유연하게 변형하였다(〈표9〉참조).

　질적 면접과 더불어 다양한 종류의 문헌들도 이 연구의 경험적 데이터로 수집되었다. 이 문헌 조사는 미국 유학과 관련된 통계, 개인이 작성한 일기나 수기, 역사적 사료 등을 포함한다. 미국 유학과 관련된 통계는 미국의 국제교육기관Institute of International Education이 매년 작성하는 보고서 「오픈 도어스」Open Doors와 한국직업능력개발원이 여러 차례 수행해온 국내외 박사학위자들의 직업 추적 연구를 중요한 자료로 활용하였다. 미국 유학과 관련된 개인의 일기나 수기는 책, 신문, 잡지, 그리고 유학 생활과 그 이후의 직장 생활을 많이 다루는 『교수신문』(www.kyosu.net), 『하이브레인넷』(www.hibrain.net) 같은 온라인 매체들을 통하여 구했다. 미국 유학에 대한 역사적 사료는 드물지만 최대한 많이 발굴하여 미국 유학에 대한 역사적, 사회적, 문화적 맥락의 변천을 이해하는 데 활용하였다.

미국 대학의 글로벌 헤게모니를 극복하기 위하여

이 책은 다음과 같이 구성된다. 2장과 3장은 미국 유학 동기와 미국 유학 경험을 각각 서술한다. 4장은 미국 유학 후의 트랜스내셔널 위치 경쟁을 개념적으로 설명한다. 5장, 6장, 7장은 유학 후 한국으로 돌아온 사람들에 대해 기술한다. 5장은 미국 박사학위를 받고 교수로 임용되는 과정, 6장은 한국 대학에서의 연구 경험, 7장은 한국 기업에서의 직장 경험에 관한 것이다. 8장과 9장은 미국 유학 후 미국에 정착한 사람들에 대한 기술이다. 여기서는 각각 미국 대학과 미국 기업에서의 직업 생활에 대해 기술할 것이다.

2장은 미국 유학 동기에 관한 것으로 유학생들의 교육적 포부가 그들의 가족, 학력, 직업 배경과 어떻게 연결되는지를 분석한다. 이들의 유학 동기는 사회적 지위의 상승 수단, 글로벌 학문의 중심에서의 배움 추구, 한국 대학 문화의 비민주성으로부터의 탈출, 코즈모폴리턴 엘리트가 되고 싶은 욕망, 이렇게 네 가지로 분류된다. 미국 유학 현상을 글로벌 문화자본의 추구와 대학의 글로벌 위계 속에서 분석하는 동시에 한국 사회에서 학력과 사회 지위 구조, 대학에서의 미시적 상호작용과 개인의 심리적 차원과의 연결 속에서 파악한다.

3장에서는 유학 경험을 미국 대학과 학문의 글로벌 헤게모니를 일상적으로 체화하는 과정으로 파악한다. 미국 유학은 새로운 사회에 적응하는 단순한 사회화 과정이 아니라, 한국과 미국의 대학과 학문 체제 사이에 끼인 상태in-betweenness 속에서 애매모호함과 혼란을 동반하는 끊임없는 좌절, 타협, 그리고 성취의 과정이다. 이러한 지난한 적응 과정에서 유학생들은 미국 대학과 학문의 우수성과 탁월함을 내면화하고 체화하게 된다. 그들은 수업, 연구, 조교 생활을 통해 자신을 열등한 주체로 인식하는 동시에 탁월한 미국 대학 체제/열등한 한국 대학 체제라는 비교적 관점을 가지게 된다. 미국 대학의 조직적 우수성, 미국 대학의 학문의 에토스와 규범(도덕적 리더십), 대가라는 학문권력과의 만남 등은 미국 대학의 글로벌 헤게모니를 일상적으로 체화하는 대표적인 과정이다.

4장은 유학 이후의 직업 궤적을 트랜스내셔널 위치 경쟁이라는 개념으로 설명한다. 여기에 영향을 미치는 세 가지 요소는 멤버십, 실력, 시장이다. 학벌, 젠더, 계급, 인종, 시민권 등의 다양한 멤버십은 귀속된 지위로서 유학생들이 한미 양국에서 직업을 잡는 데 다양한 기회와 장애로 작동한다. 능력주의 사회에서 개인의 실력은 지위 경쟁에서 이길 수 있는 결정적 무기다. 하지만 이 또한 맥락에 의존하며 경쟁자들과의 상대적 위치가 중요하다. 가령 미국에서는 미국인들과의 경쟁에서 우위를 확보할 수 있는 기술적 실력이 중요하다. 시장은 특정 직업의 공급과 수요, 보수, 지리적 위치, 작업 여건 등을 의미하며, 이는 유학생들이 직업을 구하는 데 결정적인 영향을 미친다.

5장은 미국 학위의 우위와 로컬의 다양한 문화적, 조직적 요소들 속에서 어떻게 한국 대학의 교수 임용이 이루어지는지를 분석한다. 학위라는 지위재는 글로컬 학벌 체제 내에서 위계화되며, 이는 특정 학위를 배제하는 학문적 폐쇄의 과정을 거친다. 과학의 보편주의 이념은 오로지 재능과 실력에 의해 후보자가 교수직에 선출되어야 한다는 실력주의와 개방주의를 견지하는데, 이는 글로컬 학벌 체제와 특수주의에 의한 배제의 메커니즘과 충돌한다. 한국 대학 교수 임용의 '과정'과 '경험'이 미국과 다른데, 이는 한국 대학의 강한 학벌주의, 가부장적 유교문화, 그리고 한국 대학의 조직적 특성(작은 규모의 대학과 임용되는 순간 사실상 보장되는 정년)과 연관이 있음을 밝히고자 한다. 이 장에서는 글로컬 학벌 체제에서 미국 학위자들이 교수 임용에서 유리한 위치에 있음을 강조하면서, 이러한 현상을 한국 대학 사회의 조직적 특성 속에서 일어나는 문화적이고 정치적인 과정으로 해석한다.

6장은 미국 학위자들의 한국 대학에서의 연구 경험을 분석한다. 이들은 미국과 한국 사이에 끼여 정체성의 혼란과 '양다리성'을 경험한다. 이들의 트랜스내셔널 학문적 상황은 구체적으로 국내 학술지와 영문 학술지 사이, 연구의 탁월함과 학문적 생존 사이, 연구와 교육 사이, 그리고 유교적 질서와 리버럴 아비투스 사이에서의 충돌과 모순을 포함한다. 미국 학위자들은 한국과 미국의 연구 환경의 차이에서 기회, 긴장, 갈등을 겪게 되는데 이는 파편화된 인정 시스템, 집중할 수 없는 연구 문화, 열등한 연구 환경, 학문적 전통과 규범의 취약성, 그리고 미국 대학과 학문에의 의존이라는 상황과 연결된다.

7장은 미국 유학 후 한국 기업에 취직하는 과정과 직장 경험을 분석한다. 먼저 유학 후 한국 기업으로의 취업 경로를 알아보고 미국 유학 후 한국 직장에서 겪는 문화 충돌을 살펴볼 것이다. 미국 유학에서 얻은 전문 지식과 영어 실력은 한국 직장에서 국내 학위자보다 더 많은 업무 기회를 가질 수 있는 주요 요소가 된다. 또한 미국 유학은 일종의 '글로벌 인성자본'global personal capital을 주어 자신감과 신뢰감을 높여준다. 그런데 한국 직장은 미국 직장에 비해 비전문적이며 여러 가지 역할을 동시에 수행하기를 원하며 급박한 업무 처리를 특징으로 한다. 기업 생활에서 유학생 내트워크는 여러모로 유용하며 종종 업무에 도움을 준다. 이들은 한국의 엘리트층이 공유하는 미국 문화와 경제에 친숙하기 때문에 한국 직장에서 코즈모폴리턴 자본cosmopolitan currency을 누리게 된다.

8장은 유학생들이 미국에서 박사학위를 받은 후 미국 대학에 취직하는 과정과 연구 경험을 분석한다. 이들이 경험하는 교수 임용 과정은 한국보다 심도 있고 질적이며 개방적이고 경쟁적이다. 교수 임용 심사는 전문성을 기반으로 이루어지며, 쌍방 간의 심도 있는 의사소통이 일어난다. 이런 과정 때문에 한국 대학과 달리 미국 대학에서 교수 임용을 둘러싼 분쟁과 갈등은 비교적 적다. 한인 교수들은 외국인으로서 미국 대학에서 테뉴어tenure(종신 재직권)를 받기 위해 고군분투하는데, 이는 이들에게 큰 도전이자 스트레스로 다가온다. 이들은 수업과 연구에 집중하기 때문에 비교적 단절되고 고립된 학교생활을 한다. 하지만 미국 연구 중심 대학은 연구에 집중할 수 있는 다양한 자원과 기회를 제공한다. 이들은 언어 문제로 인해 통상 강의보다 연구 능력이 뛰어나며, 미국 대학에서 생존하기 위해 일에 매진한다. 외로움, 스트레스, 비주류적 위치로 인하여 상당수의 한인 미국 교수들은 한국 대학으로 이직하는 경우가 종종 있다. 이들은 미국 대학과 한국 대학 간의 직업 취득의 기회를 면밀히 탐색하는 동시에 종종 트랜스내셔널 학문 커뮤니티에 참여하여 한미 간 학문 증진에 힘쓰기도 한다. 전체적으로 이들의 삶은 개인주의적이고 비정치적이며, 대학에서 부여한 기능과 본분을 충실히 수행하는 것을 특징으로 한다.

9장은 미국 유학 후 미국 기업에 취업하는 과정과 직장 경험을 분석한다. 미국 기업에서 외국인 전문가로서 성장하는 것은 법률적, 언어적, 조직적 장애들을 극복하는 과정이다. 기존에 분석된 한국 이민자 집단은 자영업과 서비스 노동자들이었는데 이들과 비교해서 한국인 전문가들은 글로벌 경제가 만들어준 기회의 구조에서 지식경제를 창출하는 역할을 담당한다. 전문가적 영역은 다문화적이며 임금이 높고 글로벌 이동이 빈번하기 때문에 미국 기업에 취업한 한국인들은 비교적 높은 생활수준을 유지한다. 이들은 가족, 직장, 교회의 네트워크를 활발하게 활용하며, 주로 자녀 교육 등의 가족적인 요소를 고려하여 이민자의 길을 선택한다. 하지만 언어자본과 사회자본의 부족, 보이지 않는 인종 차별로 인해 미국 직장에서 한계에 부딪힌다. 이들은 경제적으로는 높은 임금을 받는 엘리트 계층에 속하지만 문화적, 정치적으로는 소외받는 트랜스내셔널 이방인 엘리트의 정체성을 지닌다.

마지막으로 에필로그에서는 미국 유학 현상과 미국 대학의 글로벌 헤게모니를 극복하기 위해 한국 대학의 구조적, 조직적, 문화적 변혁이 필요함을 역설한다. 한국 지식인들에게는 학문 세계의 비루함에도 불구하고 유구한 학술 문화를 계승하고 후속 세대를 교육하기 위해 긴 역사적 안목을 가지고 학문에 투신할 것을 요청한다.

2

글로벌 문화자본의 추구

미국 유학 동기

미국 박사인 이승만은 대한민국 초대 대통령이 되었을 뿐만 아니라 미래에 올 남한 엘리트의 문화적 전범을 구축했다. 몰락한 양반 가문 출신이었던 그는 출세를 위해 나이까지 속이며 어린 나이에 과거시험을 치렀다. 과거제가 폐지되어 출세길이 막히자 1895년 배재학당에 입학하는데, "영어를 배우려는 큰 야심 때문"이었다.[*] 영어 습득 능력이 탁월하여 배재학당에 입학한 지 6개월 만에 영어 교사가 되었으며, 1898년에 졸업할 때는 영어 연설을 할 정도로 어학 실력이 뛰어났다. 이승만은 1899년 쿠데타 음모에 연루되어 5년 7개월 동안 감옥살이를 했는데, 이때 영한사전을 집필하기도 했다. 이승만은 출옥 후 1905년에 도미하여 조지워싱턴 대학 학사, 하버드 대학 석사, 프린스턴 대학 박사를 5년 6개월 만에 끝마쳤다. 그는 대단한 친미주의자였는데 미국보다 더 좋은 나라는 지구상에 없으며 자신의 소망은 자녀를 미국식으로 교육시키는 것이라고 말했다.[*] 해방 후 미군정에서 최고 실력자인 맥아더와 하지의 지지를 받은 이승만은 화려한 학력과 경력, 유창한 영어 실력, 친미·반소의 정치적 입장을 견지하며 해방 정국의 최고지도자로 부상했고, 남한의 초대 대통령이 되었다. 해방 후 영어와 미국 학위는 성공과 출세의 보증수표처럼 여겨졌다.

왜 미국 유학을 가는가? 미국 학위를 취득하는 데는 상당한 자금과 시간, 정열이 요구된다. 1950년대 미국 유학길에 올랐던 김일평 코네티컷 대학 명예교수는 자신의 미국 유학 과정을 '천로역정'으로 묘사했다.[*] 육군 중위였던 그가 미국 유학길에 오를 수 있었던 것은 이승만 대통령과의 인연과 정일권 장군의 배려가 컸다고 한다. 요즘에는 정보통신과 교통의 발달, 유학 절차의 간소화, 경제 성장과 중산층의 팽창 등으로 미국 유학의 문턱이 낮아졌다고 해도 미국 학위를 취득한다는 것은 여전히 큰 모험을 감행하는 것이다. 즉 아무나 미국 유학을 꿈꾸는 것은 아니다.

[*] 정병준, 『우남 이승만 연구: 한국 근대국가의 형성과 우파의 길』, 역사비평사, 2005, 66쪽. 1887년 이승만은 열세 살 때 나이를 한 살 올리고 과거시험을 보았다. 1894년 갑오경장으로 과거 폐지될 때까지 그는 과거에 응시했다.

[*] 정병준, 위의 책, 110쪽.

[*] 김일평, 「이승만 대통령과 인연… 정일권 장군 도움으로 유학길에 올라」, 『교수신문』, 2012년 8월 29일(http://www.kyosu.net/news/articleView.html?idxno=25739).

　심층 면접을 통해 드러난 미국 유학 동기는 위치 경쟁에서 이점을 얻기 위한 것이며, 이는 가족의 계급 전략이기도 하다. 무엇보다 유학은 사회적 지위 상승의 수단이다. 자식을 유학 보내는 부모는 누구보다 교육에 열성적이다. 경제적 여유가 있다면 적극적으로 유학 자금을 대주는 부모도 있고, 여유가 없다면 유학 기간에 자녀로부터의 부양을 기대하지 않는 부모도 있다. 이런 점에서 어떤 형태로든 가족의 지원 없이 미국 유학은 상당히 힘들다. 곧 주관적인 야망은 객관적인 조건에 기반한다. 사회적 계층이 높은 가족일수록 자식 교육에 대한 '코즈모폴리턴 양육 방식'을 채택한다. 취업하는 데 미국 유학파가 우대받는 현실은 미국 유학을 선택하는 또 다른 중요한 이유다. 미국 학위를 받은 사람은 취업 기회와 승진 기회에서 유리하기 때문이다. 위치 경쟁은 한국 대학과 미국 대학의 격차와 연관된다. 즉 한미 대학 간의 트랜스내셔널 격차는 기회를 창출하는 공간이 되며, 미국 학위는 로컬 학위와 구별되는 차별성을 지닌다.

　미국 유학은 곧 글로벌 문화자본의 추구다. 앞에서 설명했듯이 부르디외의 문화자본론은 학위 같은 문화자본이 어떻게 가족 배경, 학력 배경과 연관되는지를 이해하는 데 중요한 토대가 된다. 유학생의 학력과 가족 배경은 유학 동기와 밀접하게 관련되며, 미국 학위는 다른 학위나 자격증과 구별되는 배타적인 상위성과 고급성을 지닌다. 미국 학위는 한국 대학과 미국 대학 간의 지위 간극을 이용한 일종의 계급적 전략이다. 이 간극은 무척 중요하며, 이는 유학생이 대학 순위에 집착하는 이유이기도 하다. 미국 학위를 통한 사회적 지위의 획득이라는 목표는 유학 동기에서 지배적으로 드러난다. 위치 경쟁의 관점에서 특정 미국 대학의 지위는 곧 학위자의 지위와 연결되며 경쟁에서 이길 수 있는 실질적인 무기다. 미국 학위의 효용성은 미국 대학에서 제공하는 지식과 학위의 가치가 클수록 높아진다.

유학 동기를 이해함에 있어 대학, 직장에서 겪는 면접자들의 '살아 있는 경험'lived experience은 대단히 중요하다. 다수의 학생들은 대학에서 미국의 교과서, 이론, 방법론을 배우며, 대부분의 교수들이 미국 유학파라는 것을 경험한다. 수업을 통해 미국 대학의 헤게모니를 일상적으로 경험하는 학생들은 미국 대학의 문화적, 상징적 권력을 인지하게 된다. 또한 교수, 선배, 인터넷을 통해 정보를 쉽게 접할 수 있게 되면서 한국 대학과 미국 대학을 비교할 뿐만 아니라 미국 대학이 학문의 중심이라는 점을 당연하게 여기게 된다. 다른 한편 한국 대학에서 경험하는 차별과 비민주성은 미국 유학을 추동하는 중요한 측면이다. 무엇보다 한국 대학은 학벌 차별, 성 차별로 가득하며, 유교적 질서에 복종해야 하는 비합리적인 공간으로 인식된다. 즉 여기서 주목해야 할 점은 미국 유학 동기는 미국 대학과 한국 대학 간의 지위 간극뿐만 아니라 '윤리적 간극'ethical gap 때문에 발생하며, 유학생들에게 미국 대학은 한국 대학의 천민성과 억압에서 탈출할 수 있는 해방적 기능을 가진다. 동시에 미국 유학은 코즈모폴리턴 생활방식의 추구와 연관된다. 영어, 전문 지식, 서구적 삶은 한국의 '답답한' 삶과 대비되어 자유로움과 실력을 동시에 부여해줄 수 있는 기회로 여겨진다. 따라서 미국 유학은 글로벌 대학 체제 속에서 지위 경쟁에서 이기기 위한 계급적 전략이기도 하지만, 특정한 삶과 도덕성을 갈구하는 문화적 욕망이자 전략이기도 하다.

이 장은 심층 면접의 분석을 통해 미국 유학 동기를 유학생들의 살아 있는 경험 속에서 찾고자 한다. 미국 유학 동기는 크게 네 가지로 볼 수 있다. 사회적 지위의 상승 수단, 글로벌 학문의 중심에서 배움 추구, 성 차별·학벌 차별·한국 대학 문화의 비민주성으로부터의 탈출, 코즈모폴리턴 엘리트가 되고픈 욕망이 그것이다. 이 장에서는 이러한 동기들이 어떻게 글로벌, 내셔널, 로컬의 차원들과 상호 교차하면서 미국 유학 현상을 낳는지를 설명하고자 한다.

코즈모폴리턴 비전과 양육: 가족의 영향

한국만큼 부모들이 자녀 교육에 목숨 거는 나라도 없을 것이다. 미국 유학에 대한 영어 논문을 발표하고 나서 남아프리카공화국에 있는 모 대학의 교육학과 교수로부터 이메일 한 통을 받았다.[*] 그곳에 영어를 배우러 오는 한국 부모들과 학생들이 많은데 굉장히 신기하다는 것이었다. 그 이유를 알기 위해 내 논문을 읽었으며, 한국 사람들에게 영어와 미국 학위가 무엇을 의미하는지 알 수 있었다는 내용이었다. 나 자신도 남아프리카공화국에서 이런 이메일이 올 줄은 상상도 못했다. 한국의 부모들은 자식 교육을 위해서라면 지구 반대편까지도 가는 열성적인 사람들이라는 사실을 다시 한 번 깨달았다.

　미국 유학생 부모들도 대체로 자녀 교육에 지극히 열성적이다. 한국의 중산층 부모들 중에는 영어에 한 맺힌 사람들이 많았고, 미국은 세계 최강국이자 교육 선진국이라는 인식이 확고하게 자리 잡고 있었다. 부모의 경제적 자본과 문화적 자본은 유학생들의 교육적 포부와 긴밀하게 연결된다. 유학생 부모들은 소득과 학력 수준이 대체로 높았으며, 미국 유학 박사학위 소지자를 대상으로 한 다른 통계 조사에서도 비슷한 결과가 나왔다.[**] 미국 학위의 취득은 진입 비용과 기회 비용이 상당히 높기 때문

[*]　Jongyoung Kim, "Aspiration for Global Cultural Capital in the Stratified Realm of Global Higher Education: Why do Korean Students Go to US Graduate Schools?", *British Journal of Sociology of Education* 32(1), 2011, pp.109~126; Jongyoung Kim, "The Birth of Academic Subalterns: How Do Foreign Students Embody the Global Hegemony of American Universities?", *Journal of Studies in International Education* 16(5), 2012, pp.455~476.

[**]　진미석·이수영·윤형환·김나라·오호영, 『과학기술 분야 해외박사의 진로와 고급 인적자원 정책』, 한국직업능력개발원, 2006, 86쪽.

에 가족의 든든한 경제적 지원이 필요하다. 부모의 경제적 자본과 글로벌 문화자본의 획득, 즉 미국 학위 취득의 상관관계는 자명해 보인다. 심층 면접에서 드러난 사실은 부모의 경제자본과 학력, 문화자본의 역할이 유학을 결정하는 데 큰 영향을 미치며, 부모의 사회경제적 지위가 높을수록 미국 유학 결정과 진입 과정이 더 수월하다는 것이었다.

실제로 인터뷰에서도 부모의 경제적 도움이 없었다면 유학을 결정하기가 쉽지 않았을 것이라고 대답한 사람이 많았다. 현철의 경우 사업을 하시는 부모님이 대학생 때부터 유학을 권했기 때문에 그 자신도 유학 가는 것을 당연하게 여겼다고 한다. 결혼하여 아이도 두고 있는 그는 부모님의 지원이 없었다면 유학은 불가능했을 것이라 말한다. 민화의 아버지는 모 기업의 CEO로, 그녀의 말에 따르면 "글로벌리제이션에 굉장히 많이 트이신 분"이라고 한다. 사업을 위해 세계 곳곳을 방문하기도 하는데 큰일을 하려면 미국 대학과 같은 좋은 곳에서 교육을 받아야 한다고 어릴 때부터 강조했다고 한다. 민화는 자신의 아버지가 경제력과 교육, 사회적 지위의 선순환을 강조하셨다며 다음과 같이 말한다.

민화 자본주의 사회라는 게, 요새 같은 경우에 개천에서 용 나는 경우는 참 힘들잖아요. 왜냐면 가진 자는 더 갖게 되고. (……) 특히 우리 사회는 더 하잖아요. 경제력도 어느 정도 있어야 하고. 근데 경제력을 이루는 바탕 중 하나가 교육이 아닐까…… (아버지께서) 글로벌리제이션을 좋아하시다 보니까 미국에 갔다 온다고 성공이 보장되는 건 아니지만 가서 보고 느끼고 실질적으로 사는 데 도움이 되고…… 그렇다면 갔다 오는 것도 어떤 투자라는 차원에서 좋지 않겠나(고 말씀하세요).

민화의 부모처럼 유학생 부모들은 미국 유학이 견문을 넓혀주고 좋은 직업을 가지게 될 가능성을 높여준다는 점에서 자녀의 유학에 '투자'를 한다. 혜인은 "돈이 없어서 유학을 못 간다, 이런 집은 제 주변에서는 못 봤어요"라고 말하며, 친구들도 모두 유학을 갈 정도로 경제적 여유가 있고 유학 가는 것을 당연하게 여겼다고 한다. 혜인의 부모님도 사업을 하시는데 공부라면 적극 지원해주신다고 말한다. 반면 경제적 지위가 상대적으로 낮은 유학생들은 공부에 대한 의지가 아주 강하고, 대부분 미국 대학원이 제공하는 각종 장학금으로 유학을 간 경우가 많았다.

계층의 유지와 상승 수단으로 미국 유학을 결정한 배경에는 부모의 경제적 자본 이외에도 어릴 때부터 비공식적으로 습득하는 가족 문화와 부모의 기대가 상당한 영향을 미쳤다. 미국 유학을 선택한 민석의 이야기를 들어보자.

> **민석** 우리 형제들은 최소 석사 이상이에요. 누나 셋, 매형 셋 중 네 명이 박사죠. 둘째 누나는 석사까지 마치고 가정주부가 됐고, 셋째 매형은 박사는 아니지만 고시 공부를 했어요. 그렇기 때문에 나는 대학이 문제가 아니라 그냥 박사가 되어야겠다, 기본으로 박사학위를 따고, 그다음 할 일을 찾아야지…… 공부 말고 딴 것을 해야겠다는 생각은 안 해봤어요.

가족의 학력이 높은 민석의 경우 일종의 가족 문화가 미국 유학을 가는 데 압력으로 작용했다. 학력에 대한 가족의 기대가 클수록 미국 유학이 당연시되고 적극적으로 추진되었다.

아울러 부모의 문화자본이 미국 유학을 좀 더 쉽게 결정하는 계기가 된 유학생들도 많았다. 미영의 경우 대학교수였던 아버지의 안식년을 계기로 고등학생 때 1년 동안 미국에서 학교를 다녔다고 한다. 이때 영어를 자연스럽게 익히게 되었고, 당시 석사·박사 과정 중인 한국 유학생들을 만나면서 자극을 많이 받았다. 민화의 경우도 대학생 때 한 달 동안 부모님과 미국 여행을 했는데, 이것이 미국 문화에 익숙해지는 계기가 되었고, 향후 미국 유학을 결정하는 데 도움이 되었다고 한다.

부모의 영어에 대한 경험과 자녀의 영어 실력 향상에 대한 기대가 영어라는 문화자본을 습득하려는 노력으로 전환된 경우도 많았다. 예를 들어 기범의 경우 아버지가 국영기업체에 근무하는데 승진 시험에서 영어 성적이 부진해 계속 승진이 늦어졌다고 한다. 이 때문에 기범에게 어렸을 때부터 영어의 중요성을 강조했고, 기범도 자연스럽게 미국 유학에 마음이 끌렸다고 한다.

기범 아버지가 딴 거는 몰라도 영어는 굉장히 강조를 했어. 그렇다고 해서 아버지가 특별히 외국 경험이 있거나 그런 건 전혀 아닌데, 영어 공부는 무조건 해야 된다…… 그러니까 어떻게 보면 아버지가 한이 맺힌 거지.

유학생들의 부모는, '영어'가 성공의 조건이라고 생각하며 본인들이 영어를 못하는 것이 한이 된 경우가 종종 있었다. 기범의 아버지는 미군 부대에서 제공하는 영어 강의까지 알아보고 와서 기범이 어릴 때부터 영어를 배우게 했다. 한국 사람들 대다수가 소위 '영어 콤플렉스'가 있으며, 교육을 받은 사람일수록 이런 경향이 강하다. 윤지관은 "영어는 한국인에게 일종의 억압기제이며 영어를 정복하려는 욕망은 영어에 대한 좌절감의 표현"이라고 말한다. 그는 영어는 일종의 권력어이며 "신분 상승을 꿈꾸는 일반인들의 선망의 대상이자 필수요건"으로 한국인들에게는 마음의 식민주의라고 말한다.' 유학생의 부모들은 해방 후 미국과 영어의 중요성을 다양한 매체와 직장 생활에서 경험했으며, 영어와 미국 유학이 무엇보다 사회적 성공의 지름길이라고 생각하고 있었다.

민성의 아버지는 1950년대와 1960년대에 유학과 미국 생활을 경험한 세대다. 민성은 어릴 적부터 아버지의 유학 시절 이야기를 많이 들었다. 당시 한국과 미국의 생활수준 격차는 상당히 컸을 뿐만 아니라 양국 간의 지식과 기술 격차도 상당했다. 민성의 아버지는 당시 미국의 정보통신 기술을 도입하여 한국의 정보통신회사의 대표이사를 역임했다. 민성은 아버지를 "약간의 친미주의자"라고 말하는데 "미국에 있는 선진기술을 한국에 빨리 들여오는 것을 소명"으로 생각하셨다고 한다. 민성의 아버지는 민성에게 "좀 더 깨어 있고 선진화된 교육을 받고, 그리고 글로벌화됐으면 좋겠다"고 입버릇처럼 말했다. 민성은 그런 아버지의 뜻에 따라 미국 경영대학원을 선택했다.

인터뷰에서 드러나듯이 상당수의 유학생 부모들은 '코즈모폴리턴 비전과 양육'을 견지하고 있었다. 미국 부모들의 계급에 대한 양육 방식의 차이를 연구한 애넷 라루Annette Lareau는 중산층 가정의 아이들은 '조율된 양육'concerted cultivation이 지배적이며, 노동자 계층과 빈민 계층은 아이들이 자연스럽게 성장하도록 내버려두는 양육 방식accomplishment of natural growth을 택하고 있다는 점을 발견하였다.' 미국 중산층 가정의 자녀들은 부모가 제공하는 다양한 과외 프로그램과 교육 프로그램에 의해 양육되는 데 비해 노동자 계층과 빈민 계층의 아이들은 이런 프로그램에 덜 노출되고 또래 친구들과 보내는 시간이 많다는 것이다. 심층 면접에서 드러난 유학생 부모들은 어릴 때부터 다양한 영어 프로그램을 제공하고 해외여행이나 연수의 기회를 자녀들에게 주려고 노력한 경우가 많았다. 영어를 잘하

■ 윤지관, 앞의 글, 25쪽.

■ Annette Lareau, *Unequal Childhoods: Class, Race, and Family Life*(second edition), Berkeley: University of California Press, 2011, p.31.

65

는 글로벌 인재로 성장하기를 바라는 마음에 코즈모폴리턴 비전을 자녀들에게 심어주는 특징을 가지고 있다. 그들에게 미국 유학은 코즈모폴리턴 양육의 마지막이자 가장 중요한 관문이었다.

대학과 기업에서 우대받는 미국 유학파

미국 유학생의 가족들은 미국 학위를 통해 궁극적으로 좋은 직업을 가지고 괜찮은 소득을 올리기를 바랐다. 이런 가족의 바람과 맞물려, 미국 학위는 전문 직업 영역에서 굉장히 중요한 것임을 유학생들은 언급한다. 대학교수를 아버지로 둔 미영은 서울에 있는 사립대학을 졸업하였다. 아버지는 미영이 어렸을 때부터 장차 교수가 되기를 원했다. 하지만 한국의 박사학위로는 힘들다고 생각하여 미국 유학을 결심했다고 한다. "한국 학위 가지고는 내가 바라는 전문 직업과 전문 지식을 가질 수 없다고 생각했어요. 한국에서 박사학위를 받으면 기껏해야 전문대 교수밖에 할 수 없어요. 저는 그걸로 만족할 수 없었어요"라고 말한다. 면접한 미국 유학생들 중 대부분은 장차 대학교수가 되기를 희망했으며, 미국 학위는 이를 위한 필수조건이라고 말한다.

한국의 좋은 대학에서 학사와 석사를 마친 현섭도 교수가 되고 싶어했다. 그러나 국내 박사학위로는 교수직을 갖기가 무척이나 어렵다고 실토한다.

현섭　어차피 (나는) 박사를 할 거란 말이지. 한국에서 하든지 미국에서 하든지 박사 똑같이 하는데, 똑같은 박사인데 결과가 다르단 말이야. 대우가 다르단 말이야. 그래서 어차피 공부를 할 거라면 외국에서 하자 이거지. (……) 내 주위에도 유학 갔다 온 사람들 많아. 그 선배들, 유학 갔다 온 선배들 되게 많잖아. 분명히 유학 갔다 온 (사람이) 대우를 받는데, 사실 내가 봤을 때는 그렇게 유학 갔다 왔다고 해서 잘한다는 느낌은 전혀 받지 못했어. 그런데 왜 내가 국내 박사 해가지고 저런 사람에게, 왜 내가 단지 학벌로 밀려야 되느냐, 그런 생각 많이 했어.

현섭은 이어서 국내 박사학위 소지자 선배와 미국 박사학위 소지자 선배들의 이야기를 자세히 들려주었다. 그가 지켜본 바에 따르면 실력 차이가 크지 않음에도 불구하고 미국 박사학위자는 교수직을 빨리 잡는 반면 국내 박사학위 소지자는 어려움을 많이 겪는다고 했다. 또한 이런 어려움을 겪은 국내 박사학위 소지자들이 오히려 그에게 미국 유학을 권했다고 한다. 현섭의 말처럼, 미국 박사학위 소지자와 실력이 비슷하더라도 국내 박사학위자라는 이유로 불이익을 당하는 경우를 보았다는 구술자들이 많았다. 따라서 미국 박사학위가 주는 상징적 효과가 한국 대학 사회에서 상당히 유효하다는 것을 이들은 인지하였다.

한국에서 직장 생활을 하는 동안 미국 학위가 주는 여러 가지 이익을 경험하고 유학을 결심한 사람들도 있었다. 특히 전문직 직장일수록 더더욱 미국 학위가 요구된다고 했다. 명진은 '신의 직장'이라고 불리는 공공 금융기관에서 근무하다가 휴직계를 내고 미국 유학을 떠난 경우다. 그는 미국 박사학위 소지자가 한국 박사학위 소지자에 비해 승진이 빠르고 경력을 쌓는 데도 훨씬 유리하다고 말한다.

명진 사실 박사학위 딴다는 게 명함에 Ph.D.(박사학위), 이거 하나 넣는다는 거, 그거라 말이지. 여기 와서도 교수가 그러더라고. 사실 박사학위는 타이틀이다. 네임카드에 Ph.D. 넣는 거다. 그렇게 큰 의미는 없는 거야. 오히려 석사만 하고 (직장에서) 업무하면서 더 많은 걸 얻을 수 있다고 이런 얘기를 하는데…… 한국 사회가, 특히 더 좁게는 (우리 직장) 조직이 그렇게 사람을 만든다고, 조직문화 자체가. 다들 나가는 분위기야. 영국으로, 특히 미국, 일본, 캐나다.

필자 기회만 되면 이제 나가서 자기 커리어 쌓는…….

명진 그런 거, 공부하는 것도 있지만 박사학위가 있으면 국제기구에 나갈 수가 있어. IBRD, IMF, 월드뱅크…….

명진은 직장에서 승진하고 엘리트 코스를 밟기 위해서는 국제기구 등에서 일한 경험이 중요한데, 이런 국제 경험을 쌓기 위해서는 영어가 필수라고 말한다. 따라서 그의 직장에도 미국 박사학위 소지자가 가장 많으며, 이들이 직장 내 요직을 차지하고 있다는 것이다. 이런 분위기 때문에 승진과 경력을 위해서 미국 유학은 당연한 선택이라고 말한다.

미국 MBA Master of Business Administration 대학원으로 진학한 유학생들에게 직장에서 미국 유학파가 우대받는 경험은 매우 중요하다. 대부분의 MBA 유학생들은 직장에서의 승진 기회가 주요 유학 동기라고 말한다. 세계 전자업계에서 두각을 보이고 있는 국내 A기업에 다니다가 미국 MBA 대학원에 진학한 상진은 미국 유학은 영어뿐만 아니라 글로벌 네트워크를 제공해준다고 말한다. 상진이 다니던 직장은 글로벌 기업이다 보니 미국 MBA를 취득한 사람이 많은데, 이들이 해외 제품 트렌드를 빨리 캐치하는 데 두각을 나타낸다고 한다.

상진　디스플레이나 일렉트로닉스 쪽을 하다 보면 아무래도 그런 컨슈머 일렉트로닉스consumer electronics(소비자 가전)의 트렌드는 미국이 주도를 하는 걸 알 수 있거든요. 하드웨어 자체는 아니지만. 그러니깐 예를 들어서 저희가 TV 세일즈 트렌드(텔레비전 판매 동향)를 조사한다거나 그러면 일단 미국에 베스트 5가 있고, 망한 회사가 있고 그런 게 있지 않겠습니까? 그런 거에 대한 인지를 하고 있다는 게 일단, 그리고 그다음에 미국에서 마켓 셰어(시장 점유)나 시장 트렌드를 볼 때 미국에서 살면 CNet(전 세계 IT 동향을 다루는 미국의 웹사이트)이나 이런 사이트들에 대해서 잘 알고 있고, 그다음에 자기네 MBA 동기들이 그런 쪽에 있으면 네트워크가 있으니까 동기들한테 물어봐서 정보를 습득하는 거, 그리고 우리가 매주 세미나를 할 때 한국에서 그 당시만 해도 애플 아이팟을 쓰는 사람이 그렇게 많지는 않았거든요. (전자제품들의 최근 동향에 대해 설명하고 세미나 등에서 MBA 출신들이 두각을 나타낸다는 설명을 하고 나서) 세미나를 하면서 인사이트insight(통찰)가 중요하구나, 어느 정도 시야를 넓게 갖고 글로벌 네트워크가 있으니까 그런 게 참 좋아 보이더라구요.

상진이 설명하듯 글로벌 대기업일수록 미국 MBA를 선호하며, MBA 취득자는 글로벌 시장의 트렌드를 빨리 읽을 수 있고 글로벌 네트워크를 가진 인재로 인식된다. 회사 내에서도 미국 유학파가 실질적으로 대우받는 경우가 많다고 한다. 기획팀과 같은 중요한 부서나 회장 밑에서 일하는 사람들은 미국의 명문 대학원 출신이라는 것이다. 미국 MBA 학위를 취득하면 직장에서 여러 방면으로 우대를 받게 되는데, 이것이 미국 유학을 결정하는 중요한 동기가 되었다고 많은 유학생들이 증언했다.

한국 전문가 계층에서는 업무를 수행함에 있어 영어가 점점 더 중요해지고 있으며, 미국 학위는 글로벌한 업무를 수행하고 글로벌 네트워크를 확장하고 빠르게 정보를 획득하는 데 도움을 준다. 미국이 세계 교육과 경제의 중심지이기 때문에 여기서 생산되는 지식을 발빠르게 획득해야만 남들보다 더 나은 직장과 승진의 기회를 보장받을 수 있는 것이다. 한국 직장 내에서의 체화된 직업적 경험은 어떤 것이 가치 있는 글로벌 문화자본인지를 분명히 알려주며, 많은 학생들이 미국 유학을 선택하는 이유가 된다.

학문의 중심에서 배움 추구

심층 면접에 따르면 유학생들은 미국 대학 시스템이 한국 대학 시스템보다 우수하다는 이유로 미국 유학을 선택한 경우가 많았다. 한국 대학에 비해 미국 대학의 물질적, 조직적 우위에 대한 인식이 확고하게 자리 잡고 있었다. 이들 중 일부는 유럽이나 일본 유학도 고민해보았지만 대학 순위와 명성으로 볼 때 미국이 더 낫기 때문에 미국 유학을 선택했다고 말한다. "우리 학과는 순위가 세계 10위 안에 들어요." "대학 순위를 무시할 수 없죠." "우리 학과는 세계 각국의 천재들만 들어와요." "이 학교가 우리 분야에서 순위가 굉장히 높아요." 즉 글로벌 대학 순위와 이것이 가져다주는 명성이 미국 유학을 결심하게 된 주요 요인이었다.

미국 유학을 선택하는 과정에서 대학 순위를 빼놓을 수 없다. 광규는 전기공학을 전공했다. 정보가 없어 미국 신문이 발표하는 순위 자료를 보고 미국 대학을 지원하게 되었다. 그는 당시 이 분야에서 세계 3위에 속하는 학과로부터 입학 허가를 받았는데, "그때 기분이 너무 좋아서 소리를 막 질렀다"고 한다. 로봇공학 전공자인 효성은 "1위부터 10위까지만 지원했다"고 말하며, 경영학 전공인 시원은 "순위는 신성화되어 있잖아요"라고 말한다. 즉 순위는 학교를 선택하는 데 절대적으로 중요하다.

대학의 순위는 대학의 명성과 연결되며, 이는 다시 프로그램의 전문성과 연결된다. 근대 학문은 발달하면 발달할수록 세분화되며, 그것은 또한 학문의 깊이를 의미한다. 상당수의 유학생들은 한국의 대학원에는 자신이 전공하고 싶은 분야의 교수가 없거나 프로그램이 없는 경우가 많아서 미국 유학을 선택했다고 말한다. 심리학을 전공하는 동민은 협상심리학을 전공하고 싶었는데 한국 대학에는 전문가가 없어서 미국 대학원을 선택하게 되었다. 전문성은 교수의 수와 관계되며, 미국의 연구 중심 대학은 세부 분야에 대한 권위자들을 보유하고 있다. 동민은 "연구에 종사하는 교수님들이 100명 넘게 계시고, 특별한 세부 질문을 갖고 있다면 그 질문에 대해서 답할 수 있는 전문가들이 같은 건물 안에 상주하고 있기 때문에 그런 면에서 매우 편하죠"라며 미국 대학원의 전문성을 높이 평가한다. 다른 유학생들도 한결같이 미국 대학 교수진의 전문성에 매료되었다고 한다. 그 분야에 명성이 있다는 것은 전문성을 인정받았다는 뜻이며, 이는 한국 대학의 교수진의 명성과 구별된다.

우선 한국 학생들은 수업을 통해서 미국이 학문의 중심임을 깨닫는다. 인문사회과학, 공과, 이과를 막론하고 학교에서 배우는 커리큘럼 자체가 대부분 미국 교재로 이루어져 있기 때문이다. 현영은 교수들 대부분이 미국 유학파였고, 이들이 가르치는 이론과 방법론 등이 미국에서 만들어진 것이기 때문에 자연스럽게 미국 유학을 결정하게 되었다고 한다.

현영　(우리 학과) 교수님들이 다 미국 교수님들(미국 박사학위를 가진 한국 교수)이었어요. 그것도 영향이 있었고…… (수업) 내용 자체도, 개론

서라든가 교재가 한글로 되어 있긴 하지만 내용은 다 미국에서 따가지고 온 거라는 거죠. (……) 내가 왜 여기 앉아서 세컨드 핸드second hand(간접적 으로)로 공부를 해야 되나! 나도 퍼스트 핸드first hand(직접적으로)로 무엇인가를 배우고, 그것을 한국에 와서 전수하는 사람이 되고 싶었던 거예요.

유학생들 대부분은 한국 대학에서 배운 내용이 미국에서 개발된 것이 많으며, 수업의 상당 부분을 차지했다고 말한다. 특히 명문 대학일수록 미국 유학파가 많고, 교재도 미국 중심이다. 교육학자들이 밝혔듯이, 커리큘럼의 구성은 정치적인 과정인데 한국 학생들은 수업시간에서부터 미국 이론과 방법론 그리고 미국 학자들의 글로벌 헤게모니를 경험하게 된다.

미국 대학의 글로벌 우위는 이들이 유학을 결정하는 과정에서 얻게 되는 공식적, 비공식적 정보에서도 확인된다. 인터넷을 통한 정보 수집 이외에도 이들은 선배나 지인들을 통해서 얻은 정보를 취합한 뒤 원하는 학과를 지원하였다. 학과 교수진의 명성, 제공되는 과목의 다양성과 우수성, 도서관 시설 등을 포함한 인프라의 우수함을 유학의 주요 동기로 지적한다. 이들은 한국에서 예상했던 것처럼, 자신이 직접 경험한 미국 대학 시스템의 우위를 여러 번 언급한다. 강민의 경우 유학 전에 이미 이 대학 전산학과의 세계적인 명성을 잘 알고 있었다고 말한다. 그는 한국에서 컴퓨터공학으로 가장 이름난 대학을 졸업했는데, 자신이 다닌 미국 대학 컴퓨터공학과와 비교하며 다음과 같이 말했다.

강민 저희는 모든 학부생이 컴퓨터 한 대에 들러붙어서, 컴퓨터 한 대만 가지고 썼어요. 그래서 컴퓨터 한 대가 죽어버리면 다 끝이에요. 그런

데 이 학교에는 학부생들이 쓸 수 있는 컴퓨터가 몇백 대나 있으니까. 한 대 가지고 몇십 명, 몇백 명이 쓰던 컴퓨터가 여기서는 거의 개인이 하나씩 써도 될 정도로 많고, 지원이 많고. 또 연구 분야도 훨씬 다양하고, 교수 수도 많고. (……) 저희(강민이 졸업한 한국 대학 학과)는 서른 분이었거든요. 여기는 지금 50명인데 곧 80명까지 늘린대요. 돈(연구비) 받는 것 때문에요.

면접한 유학생 상당수는 유학 초기 미국 연구 중심 대학의 각종 인프라 시설에 감동을 받았다고 말한다. 즉 학문의 중심에서 공부하고 싶다는 이들의 열망은 유학 이후의 경험을 통해서 확증되고 강화되었다. 음악을 전공하는 혜인은 "가장 감명받은 게 뭐였냐면 제가 다녔던 (한국) 대학 도서관에는 베토벤에 관한 책이 두세 권밖에 없었어요. 근데 여기 음악 책 코너에는 (손으로 책장의 여러 단을 가리키며) 여기서부터 저기까지 책이 100여 권 넘게 있는 거예요"라고 말한다. 1,000만 권이 넘는 장서 보유, 쾌적한 냉난방 시설, 언제든지 자리를 찾을 수 있는 도서관 시설은 한국의 도서관과 크게 대비된다. 우수하고 언제든지 도움을 주는 테크니션과 값비싼 실험 설비들이 즐비한 미국 대학의 연구 인프라는 인력 부족, 장비 부족으로 실험이 어려운 한국 대학의 실험실과 확연하게 비교된다고 유학생들은 언급한다. 이들은 자신이 겪은 미국 대학 시스템과 한국 대학 시스템을 비교하며 미국 대학이 세계 최고임을 증언한다.

유학생들은 미국 대학 시스템뿐만 아니라 미국 학자들의 학문에 대한 열정과 우수함도 빼놓지 않는다. 윤정은 대학 4학년에 미국을 방문했을 때 교수들의 열정과 실력에 반해 미국 유학을 결심하게 되었다.

윤정　4학년 여름방학 때 미국 대학은 어떨까 해서 친구들이랑 여기 왔었 어요. 친구들이랑 인디애나에 가서 레슨을 받았어요. 미국 교수들은 어떻 게 가르치나…… 여름방학 때 와서 교수 세 명한테 레슨을 받고 학교를 둘 러보고 그러니까 비교가 안 되는 거예요. (우리) 음대랑. 연습실만 해도 그 렇고. 교수들 자질만 해도 그렇고.

윤정은 가르침과 배움의 문화가 성숙하고 개인의 창의성과 개성을 발휘하도록 하는 미국 대학 문화에 매료되었다고 한다. 실력 있는 교수가 많고, 학문에 대한 열정도 강하기 때문에 학문을 하기에 좋은 문화적 조 건이 된다고 여러 유학생들은 말한다.[▪] 학문에 대한 열정이 한국보다 미 국에서 공부할 때 더 커지며, 그것은 혁신적인 과학자, 사상가들과의 직 접적인 대면 속에서 일어난다는 사실을 발견할 수 있었다. 수학을 전공하 는 동준은 세계적으로 우수한 교수들에게서 배우고 싶다는 열망이 유학 의 직접적인 동기라고 말한다. 그 기대가 수학에 대한 열정과 맞물려 어 떻게 나타났는지를 다음과 같이 구술한다.

동준　나 스스로, 이런 (수학) 문제는 이해하기도 힘든데, (이 어려운 수학 문제를 그 미국 사람이) 어떻게 풀었을까. 내가 넘볼 수 없는 사람이다(라 고 생각했지). 그래서 (한국에서 연구할 때) 그와 비슷한 레벨의 것을 하게 될 때는, 아 이건 이 사람 정도의 천재만 할 수 있는 거고 나는 해도 안 된다, 스스로 포기하는 경우가 많았지. 그런데 여기 와서 보니까 저 사람도 했는 데 내가 못할 게 있나, 그런 마음이 생기더라고.

동준의 구술에서 눈여겨볼 점은, 학문의 센터가 가지는 물질적, 조직

[▪] 유학생들은 미국 대학에 대한 불만과 그곳에서 경험한 차 별을 언급한다. 이들이 겪는 다양한 종류의 차별에는 인종 차 별과 외국 학생으로서 받는 차별 등도 포함된다. 이러한 차별 에도 불구하고 한국 유학생은 대부분 미국 대학 체제의 우수 함을 인정한다.

적 우위는 학문 공동체의 상호작용과 연관되며 연구자들의 심리적 고양을 낳는다는 것이다. 개인의 학문적 열정, 자신감, 창조성은 세계적 수준의 연구자들로부터 지식을 전수받을수록, 새로운 연구와 혁신이 이루어지는 학문 공동체에 속할수록 증가한다.[*] 여기서 주목할 점은 학문적인 열정이라는 심리적 차원이 학문 공동체 구성원들 간의 상호작용에서 발생하며, 이것은 다시 대학의 글로벌 위계와 연결된다는 점이다. 이렇듯 높은 수준의 학문을 숭상하는 문화와 분위기는 우수한 대학 시스템과 결합하여 세계적 수준의 학문 중심지로 거듭나는 데 한몫을 하며, 한국 유학생들을 끌어들이는 주요 구심점이 된다.

"엄마가 미안하다"/ "한국이 싫어서요":
학벌 차별, 성 차별, 비민주성으로부터의 탈출구[*]

미국 유학은 학벌이 '낮은' 사람 혹은 여학생과 같이 한국 대학 문화에서 차별받는 사람들에게는 하나의 해방구임을 심층 면접을 통해 알 수 있었다. 은주는 지방 전문대를 졸업하고 취직을 했는데, 학력 때문에 임금 차별을 받았다. 그녀는 학위 때문에 받는 차별을 "피부로 경험"했다고 한다. 은주의 형제들은 모두 4년제 대학을 나왔다. 가족 내에서도 학벌에 대한 보이지 않는 차별을 느끼고 마음의 상처를 받았다고 한다.

> **은주**　이건 아주 퍼스널한(개인적인) 건데(웃음), 저희 작은오빠가 싱글이었어요. 제가 전문대를 다닐 때였는데, 어떤 분이 중매를 하셨어요. 작은오빠한테. 상대방 여자가 전문대를 졸업하고 은행에서 일했나 그랬어

---

[*] Randall Collins, "A Micro-Macro Theory of Intellectual Creativity: The Case of German Idealist Philosophy", *Sociological Theory* 5(Spring), 1987, pp.47~69.

[*] 학벌 차별, 성 차별, 한국 대학 문화의 비민주성이 같은 분류로 묶일 수 있는가라는 의문을 가질 수 있다. 흔히 송출국의 밀어내는(push) 요소와 유입국의 끌어들이는 요소(pull)로 외국 유학의 요소를 구분할 수 있는데 학벌 차별, 성 차별, 한국 대학 문화의 비민주성은 밀어내는 요소로 묶을 수 있다. 즉 한국 대학과 그곳에서의 학문에 대한 부정적인 경험이 미국 유학을 떠나게 하는 중요한 요소라는 점에서 같이 분류했다.

요. 중매하시는 분 말씀으로는 아주 좋은 여자 분이라고. 그런데 저희 어머니가, 저는 마루에 있었고 어머니와 중매하시는 분은 방 안에서 얘기를 하는데, 어떻게 들렸어요. "아, 그래요. 우리 애는 대학 나오고 지금 대학원도 갈지 모르는데 전문대를 나와서 좀⋯⋯" 이러시는 거예요. 그래서 제가 나중에 저녁 먹으면서 "엄마, 나중에 혹시 내가 시집가려고 그러는데 시어머니 될 사람이 며느릿감이 전문대 나왔다고 싫어하면 어쩌지?" 그러니까 어머니가 "아이고, 너 들었구나" 하면서 "엄마가 미안하다" 그러시는데. 그런데 그때 어머니 말이 제 마음에⋯⋯.

은주에게 미국 유학은 자신의 학벌을 거부하고 넘어서기 위한 하나의 수단이었다. 면접 초반에 그녀는 자신이 학벌로 인해 얼마나 많은 차별을 겪었는가에 대해 말했다. 서울의 주요 대학 출신이 아닌 동혁 또한 학벌 차별이 유학을 택한 중요한 동기였다. 그는 미국에서 열린 콘퍼런스에 왔던 서울대 학부 출신의 모교 교수를 만난 이야기를 하면서 분개했다. 그 교수는 동혁과 같은 대학 출신 학생들과 만난 자리에서 "여러분은 서울대 출신이 아니기 때문에 올라갈 수 있는 단계가 어느 정도 정해져 있다"는 말을 했다고 한다. 그런 말로 열심히 공부하는 제자들의 기를 꺾는 교수를 보면서 동혁은 분노와 자괴감을 느꼈다.

서울 소재의 주요 대학 출신이 아니거나 지방대 출신 학생들은 미국 유학을 통해 자신의 학벌을 거부하고 새로운 미국 학벌을 갖기를 열망한다. 이들에게 미국 유학은 그야말로 제2의 인생을 살아갈 기회인 셈이다. 이런 점에서 강릉대학교 학생 수십 명을 미국 명문 대학원에 진학시켜 화제가 된 조명석 교수의 말은 인용할 가치가 있다. 그는 학벌 문제로 인해 제자들을 취직시키기도, 국내 명문 대학원에 진학시키기도 무척 힘들었

다. 학벌주의를 극복하기 위한 유일한 대안은 미국 명문 대학원에 진학하는 것이라고 그는 단언한다.[•]

> 실력을 가지고 싸우는 게 아니라 우선순위의 대학으로 점수가 이미 매겨진다면 학생들에게 무엇을 자신 있게 가르칠 수 있을 것인가. 이래선 안 되었다. 이런 식으로 또 한 해를 보내서는 못 살 것 같았다. 그래서 새로운 방법을 찾아야만 했다. <u>좀 더 근본적인 방법으로 접근해 구조적인 모순을 없애버리는 것! 지방대라는 불리한 학벌을 덮어버리는 방법! 지방대에서도 명문대 학생들보다 더 높이 원대한 목표를 잡고 공부할 수 있는 방법!</u> 그것은 미국 명문 대학원에 진학하는 길뿐이었다. (밑줄은 강조 표시: 필자)

미국 유학을 다녀온 강릉대 학생들은 미국의 인텔 연구소, 삼성전자, LG전자 같은 굴지의 기업에 취직하였다. 조명석 교수와 미국 유학을 갔다 온 강릉대 학생들이 들려주는 메시지는 분명하다. '학벌이 낮으면 미국 유학을 가라.' 미국 유학은 한국 학벌 체제의 구조적 모순을 부분적으로나마 해결해주는 하나의 방편이다. 미국 유학을 지적 식민주의 현상으로 바라보는 학자들은 한국 대학 체제의 모순이 미국 유학과 연관되어 있음을 깨닫지 못하고 있으며, 또한 미국 유학이 한국 대학 체제의 구조적 모순을 상쇄해주는 긍정적인 역할을 하고 있음을 간과하고 있다.

여학생들에게 한국 대학은 성 차별의 공간이며, 미국 유학은 이러한 차별로부터의 탈출을 의미한다. 해민은 전화로 면접을 요청했을 때 면접 내용이 무엇이냐고 물어보았다. 미국 유학 동기에 대한 것이라고 말하자마자 그녀는 "한국이 싫어서요"라고 단도직입적으로 말했다. 다음 날 인터뷰에서 그녀는 학계에서 여성 차별이 일상적으로 일어난다고 말했다.

■ 조명석, 『강릉대 아이들, 미국 명문 대학원을 점령하다』,
김영사, 2007, 27쪽.

자신이 다니던 대학의 사범대학에 10여 개가 넘는 학과가 있는데 여자 교수는 아주 적다고 토로한다(필자가 확인한 결과 15퍼센트였다). 또한 남자 교수들과 선배로부터 많은 차별을 받았다고 한다.

> **해민** 만약에 공부를 하는 목적이 프로페셔널이 되는 것이라면 한국이 그것을 서포트를 안 해주는 거예요. 냉정하게 말해서 내가 공부를 해도 교수가 될 가능성이 별로 없겠구나, 암만 공부를 해도 인정받기가 어렵겠구나, 계속 이런 생각이 들게 하는 거예요, 사회가. 그런데 개인적인 경험일지는 모르겠는데, 저희 과에 이렇게 말하는 남자 선배가 있었어요. (……) 자기는 여자 후배는 안 키운다, 이런 식으로. 키워봤자 소용이 없다는 거예요.

여학생에 대한 차별은 문화적, 구조적으로 일어난다. 지영의 경우는 여자라는 이유로 지도교수로부터 외면당했다. 그 교수는 애초부터 여학생은 박사 과정으로 받지 않겠다고 선언했다고 한다. 지영은 하는 수 없이 미국 유학을 선택했지만 그 교수를 이해한다고 했다. 왜냐하면 한국에서 여자가 박사학위를 받아봤자 취직할 곳이 마땅치가 않기 때문이었다. 지영의 지도교수 또한 여성 박사학위 소지자가 취직하는 데 어려움을 겪는다는 사실을 인지하고 있었던 것이다. 하지만 그것을 해결하는 방법이 오히려 차별적이어서 지영은 이런 차별이 없는 곳, 곧 미국 유학을 선택하게 되었다.

학벌 차별과 성 차별 외에 대학 문화의 비민주성 때문에 미국 유학을 택했다는 학생들이 상당수 있었다. 동환은 연구비를 횡령하고 학생들의 돈을 착복한 지도교수를 '개새끼'라고 칭했고, 미영은 실력 없는 교수들이 자신들의 이익을 위해 다투었다며 자신의 대학을 '시궁창'이라고 표현했다. 유학생들은 한국 대학을 '개판', '삼류', '시궁창'에 비유하면서 이런 더러운 곳으로부터 탈출하기 위해 미국 유학을 왔다고 말한다. 교수가 싫어서 미국 유학을 왔다는 경우도 상당수였다. 이들이 말하는 한국 교수들의 특징은 권위주의적이면서 실력이 없고 학생들을 부려먹는다는 것이다. 민석도 교수가 권위주의적이고 학생들을 못살게 굴어서 유학을 왔다고 했다. 그는 지도교수를 "극도로 싫어했다".

민석　(지도교수가) 그런 사람이었어요. 일이 굉장히 많은데 애들한테 돈도 한 푼 안 주고 엄청나게 부려먹고. 그렇다고 가르쳐주는 게 있는 것도 아니고. 애들만 들들 볶으면서 좀 그랬어요. 만날 혼내고. 일 잘 못해놨다고. 버럭버럭 소리 지르고 이러면서 혼났거든요, 우리는.

민석은 교수를 '왕'에 비유하고 학생을 '종'에 비유한다. 이런 문제는 아주 최근까지 계속되고 있다. 가령 황우석 사태는 연구실 문화의 비민주성을 여실히 보여주었다.[*] 그 이후에 불거졌던 한국 대학에 만연한 표절, 가짜 박사학위 문제, 연구비 횡령 등은 한국 대학이 조직적, 문화적으로 심각한 문제를 안고 있음을 보여주었다. 한국 대학 문화의 일상적인 권위주의와 부패, 비윤리성 또한 한국 학생들이 미국 유학을 결정하게 만드는 요인이었다.

■　황우석 사태에서 드러난 연구 부정행위에 대해서는 Jongyoung Kim and Kibeom Park, "Ethical Modernization: Research Misconduct and Research Ethics Reforms in Korea Following the Hwang Affair", *Science and Engineering Ethics* 19, 2013, pp.355~380을 보기를 권한다. 황우석 사태를 둘러싼 여러 사회 논쟁에 대해서는 Jongyoung Kim, "Public Feeling for Science: The Hwang Affair and Hwang Supporters", *Public Understanding of Science* 18(6), 2009, pp.670~686을 참조.

큰물에서 놀고 싶은 우물 안 개구리

미국 유학은 한국 학생들의 정체성, 즉 세계를 어떤 시각으로 바라보고 자신의 위치를 어떻게 인지하며 이런 인식을 바탕으로 경력과 삶을 어떻게 만들어나갈 것인가와 연결된다. 심층 면접에서 유학생들은 미국을 단순히 하나의 국가로 이해하지 않고 한국과 대비하여 표현한다. 한국에서 공부하는 것은 '우물 안 개구리', '작은 물', '나무'로, 미국 유학은 '바다', '큰물', '숲'으로 비유한다. 한마디로 한국은 변방의 나라이고, 미국은 '세계' 그 자체인 것이다. '미국 유학'과 '세계'를 어떻게 이해하는지에 대해서 유학생들의 말을 들어보자(각기 다른 인터뷰에서 발췌).

> **진희** 여기서 공부를 하면 좀 크게 볼 수가 있잖아요. 같이 공부하는 동료들도, 여기서 공부하는 친구들도 많고. 다들 친구가 되잖아요, 한국에 가서도 여기 있는 친구를 통해서 여기 소식을 많이 알 수도 있고. 그러니까 나는 우물 안 개구리, 그런 것보다는 많이 보고 그러고 싶었어요.

> **해민** 제가 여행하고 이런 걸 좋아하고. (……) 그래서 나중에 살아도 유럽에서 몇 년, 일본 같은 데서 몇 년, 이렇게 외국 돌아다니면서 살아야겠다, 그냥 그렇게 생각하고 나왔어요. (……) 그런데 그 시작을 어디서 해야 할까 생각했어요. 유럽에서 시작하는 거랑 일본에서 시작하는 거랑 미국에서 시작하는 거랑. 그런데 미국에서 시작하는 게 편하겠다고 생각한 거죠. 어차피 학문이든 뭐든 미국 중심으로 세상이 돌아가니까. 큰물에서 있다가 다른 데로 옮겨가야겠다고 생각했어요.

미국 유학은 '한국이라는 우물'을 넘어 큰 세계와 다른 나라 사람들과 조우하는 것이며, 이러한 조우를 통해서 친구를 사귀고 세계를 경험하는 하나의 여정으로 이해되었다. 유학생들은 교육과 학위 취득을 통해서 전문가로 성장하고, 국가적 경계를 뛰어넘어 세계인들과 사귀고 경쟁하고자 하는 욕망의 실현을 꿈꾼다. 그들은 한국에서 공부하면 이러한 코즈모폴리턴 엘리트가 되기 어렵다고 판단한다. 글로벌 영역에서 전문가로 활동하기 위해서는 당연히 영어로 의사소통을 해야 한다고 말한다.

예를 들어 미영은 커리어우먼을 꿈꾸는 유학생인데, 한국에서 영어로 인해 겪은 뼈아픈 사연을 들려주었다. 하루는 대학 강사와 학생들이 미국에서 온 유명한 교수의 강연을 들으러 갔다. 강연이 끝나자 그 대학 강사(한국 박사학위 소지자)가 영어로 질문했는데 여러 번 말해도 미국 교수가 알아듣지 못했다. 학생들을 대동한 강사는 당황했고 그 장면을 지켜보던 미영도 안타까움에 발을 동동 굴렀다. 미영은 그때 영어로 미국 교수를 비롯한 전문가들과 이야기하고 글로벌 영역에서 활동하는 학자가 되려면 미국 유학을 가야겠다는 생각이 들었다. 이처럼 영어는 하나의 글로벌 문화자본, 즉 글로벌 영역에서 전문가로 성장하기 위한 필수적인 실력으로 이해되고 있었다.

창호에게도 영어는 더 넓은 세계를 경험하게 해주는 통로였다.

창호 내 취미 중 하나가 여행인데, 경치를 보고 그러는 게 아니라 사람 사는 거 보는 걸 좋아해. 한국에서 돌아다니면서 많이 보다 보니까 더 넓은 세계를 보고 싶더라고. 더 넓은 세계를 보려면 우선은 만국 공통어를 알아야 돼. 그러려면 미국으로 유학을 가야 되고. 대학원 때 교수가 일본 유학을 굉장히 추천했는데 그건 생각도 안 했어. 일본은 가기 싫었어. 영어를 배워야 딴 데도 쓸 수가 있는 거야. 단지 영어를 배워야 되겠다, 그거 하나밖에 없었어.

미국 유학을 통해 문화자본인 학위를 따고 영어를 배우는 것도 중요하지만 배움과 연구의 경험을 통해 전문가 네트워크에 끼는 것도 중요하다고 유학생들은 말한다. 과학과 학문의 발전은 콘퍼런스, 편지, 이메일 등을 통한 지식의 일상적 상호 교류와 축적에 의해서 이루어진다. 글로벌 지식 영역에서 전문가로 활동하기 위해서는 유명한 학자들과의 친분과 교류가 중요하다. 미국 유학은 전문가 집단에 낄 수 있는 기회를 제공해 주기 때문에 이러한 네트워크의 형성도 미국 유학의 중요한 동기라고 유학생들은 밝힌다.

동준　학문을 리서치(연구)할 때 제일 중요한 것은 우리가 무슨 의문이 있을 때, 그 사람(저자)한테 물어볼 수 있으면 좋거든. 그런데 유명한 사람은, 우리 지도교수도 하루에 이메일 100개 이상 받을 거야, 사소한 사람이면, 생판 모르는 사람, 나 같은 사람이 질문하면 그냥 신경도 안 쓰잖아. 답장도 안 써주고. 그런데 리서치 프라블럼research problem(연구 문제), 이거 어떻게 생각하냐 물어보면 시간이 꽤 걸리거든. 그러니까 성의 있게 나올 수 없어. 그런데 그 사람들이 여기(이 미국 대학의 방문교수나 연구교수, 콘퍼런스 참석자 등으로)에 오면 더 안면이 생기잖아. 그러면 나중에 내가 이메일로 물어볼 수가 있지. 아, (Q대학) 갔을 때 만났던 개구나. 그게 커. 내가 경험한 것 중에서 제일 큰 게 그것 같아.

미국 유학을 통한 문화자본뿐만 아니라 유명한 학자와 우수한 연구 전문가 집단에 낌으로써 글로벌 사회자본을 획득하는 것도 유학의 중요한 목적이라고 많은 유학생들은 말한다. 그들에게 학위 취득, 영어 소통능력 향상, 전문가 네트워크 획득은 트랜스내셔널 엘리트가 되기 위한 길이다. 유학생들에게 앞으로의 포부를 물었을 때 모두 교수, 연구원, 국제기구 직원과 같은 전문직을 꿈꾸고 있었다. '어떤' 전문가를 꿈꾸는지에 대해서 물어보면, 여러 나라의 사람들과 경쟁하고 어울리는 데 뒤떨어지지 않는 사람이 되고 싶다고 말했다. 미국 유학은 한국이란 변방의 나라에서 코즈모폴리턴 엘리트가 되기 위해 치러야 하는 하나의 통과의례라고 이들은 말한다.

트랜스내셔널 지위 경쟁 전략과
욕망과 가치 추구로서의 미국 유학

미국 유학은 지위 경쟁의 관점에서 이해될 필요가 있다. 개인의 위치는 다른 사람에 의해 상대적으로 결정되기 때문이다. 지위 경쟁은 일종의 제로섬 게임으로, 유리한 고지를 차지하기 위해 개인들은 경제적, 문화적, 사회적 자원을 동원한다. 미국 학위는 엘리트를 열망하는 한국 학생들이 지위 경쟁에서 이기기 위한 트랜스내셔널 계층적 전략이다. 따라서 미국 유학은 지위의 공급자인 대학의 글로벌 지위 간극과, 지위의 획득자인 개인의 계층적 간극과 전략 사이에서 이해될 필요가 있다. 미국의 연구 중심 대학은 세계 정상을 차지하고 있으며, 이들이 부여하는 문화자본의 가치는 한국 대학의 그것보다 크다. 미국 대학이 부여하는 학위, 전문 지식, 영어 같은 문화자본은 로컬 대학이 공급하지 못하는 차별화된 글로벌 문화자본으로 이해된다. 이와 함께 학생들의 살아 있는 경험은 한국 대학의 천민성을 증언하고 있다. 한국의 학벌 차별, 성 차별, 비민주적인 대학 문화는 이상적인 학문 규범을 가지는 미국 대학과 대비된다. 즉 미국 대학과 한국 대학은 글로벌 지위 간극뿐만 아니라 글로벌 도덕 간극을 지닌다. 유학생들은 미국 유학을 통해 다양한 전문가들과 사람들을 자유롭고 개방적으로 만날 수 있는 코즈모폴리턴 생활방식을 지향한다. 따라서 미국 유학은 트랜스내셔널 지위 경쟁의 주요 전략일 뿐만 아니라, 특정한 문화적, 도덕적 욕망과 가치의 추구라고 볼 수 있다.

3

미국 대학의
글로벌 헤게모니의
일상적 체화

미국 유학 경험

경영학 석사 과정 중인 희윤은 자신의 유학 생활을 묘사하며 "진짜 똥밭을 구르는 것 같았어요. 너무 힘들고. 인간적인 모멸감을 느낄 때도 있고. 무시당하고 그렇잖아요"라고 말한다. 영어도 못하고 교수와 학생들에게 멸시받는 현실을 '똥밭'에 비유하며, 유학은 큰 시련으로 다가왔다는 것이다. 그런가 하면 물리학 박사 과정의 명수는 유학을 와서 세계적으로 유명한 교수들의 강의를 들을 때마다 공부에 대한 열정이 솟구친다고 말한다. 특히 노벨상을 받은 여든 살이 넘은 교수가 아직도 학과 세미나에 참석하는 열정을 보고 감동받았다고 한다. 미국 대학원에서 한국 학생들은 무엇을 어떻게 경험하는가? 희윤과 명수의 경험은 서로 상반된 것 같지만 미국의 연구 중심 대학에서 동시에 겪는 모순적이면서 양립하는 경험이다.

해외 유학생들이 증가하면서 대학 교육 분야에서 유학생들의 적응 과정에 대한 연구가 늘고 있다. 이 연구들의 특징은 다음과 같다. 첫째, 해외 유학생들이 성공적으로 적응할 수 있도록 돕기 위해 대부분 실용적인 연구 목적을 가지고 있다. 따라서 외국 유학 과정에서의 어려움과 그 원인을 파악한 다음 이를 해결하기 위해 학교와 학과 차원에서 정책적 대안을 제시하는 것이 일반적이다. 이는 결과적으로 이론적인 논의가 부족하다는 단점을 지닌다.

둘째, 방법론적 차원에서 양적 연구는 유학생의 적응 과정을 여러 변수들 간의 상관관계를 가지고 평면적으로 분석하는 반면, 질적 연구는 유학 적응 과정 중에 나타나는 특정한 단면을 심층적으로 이해하려는 경향을 보인다. 양적 연구의 경우 나이, 성, 결혼 여부, 국적, 영어 구사 정도, 학과, 체류 기간, 학교 크기, 학교 시설, 교수와의 관계, 다른 학생들과의 관계 등의 변수들과 성공적인 유학 적응 간의 관계를 주로 다룬다.* 이러

---

* Jing Wang, "A Study of Resiliency Characteristics in the Adjustment of International Graduate Students at American Universities", *Journal of Studies in International Education* 13(1), 2009, pp.22~45.

한 양적 연구는 여러 변수들을 고려하고 이들을 수량화quantification하여 기술할 수 있다는 장점이 있지만, 유학생들의 적응 '과정'에 대한 심도 있는 이해는 제공하지 못하는 단점이 있다.

셋째, 대부분의 연구는 적응을 기능주의적 관점에서 분석함으로써 글로벌 교육 체제의 권력 관계가 유학생과 현지 사회 구성원들 간의 상호작용에서 어떻게 연결되는지를 보여주지 못한다. 기능주의 관점에서 '적응'이란 주어진 아카데믹한 상황에 유학생들이 배우고 익혀야만 하는 지식, 규범, 역할을 이해하고 성취하는 과정을 의미한다. 이들 연구에서 적응의 과정은 초기의 문화적 만남, 여러 장벽의 경험, 대응 전략, 극복의 네 단계를 거치는 것으로 분석된다.﹡ 그런데 이러한 기능주의적 관점은 트랜스내셔널 과정, 즉 두 사회 사이를 오가면서 겪는 유학생들의 다면적인 긴장과 갈등을 잘 보여주지 못하는 경향이 있다. 다시 말해 기존의 분석들은 배움의 글로벌 권력 관계, 즉 미국 대학의 글로벌 헤게모니가 배움의 미시적 과정에서 어떻게 생산되는지를 보여주지 못한다.

학문적 권력 관계는 학계에서 통용되는 학문자본﹡을 누가(가령 미국 대학 혹은 한국 대학), 얼마나(양quantity), 우수하게(질quality) 생산하는가에 달려 있다. 미국 대학에서 한국 학생들이 전수받는 학문자본의 체득은 한국과 미국의 대학과 학문 체제 사이에 끼인 상태 속에서 애매모호함과 혼란을 동반하는 끊임없는 좌절, 타협, 그리고 성취의 과정이다. 수업시간, 조교 업무, 연구의 과정에서 한국 학생은 자신을 끊임없이 열등한 존재로 인식하는 동시에 미국 대학의 조직적 우수함, 미국 학문의 도덕적 리더십, 대가라는 학문권력의 체화 등을 통해 탁월한 미국 대학 체제/열등한 한국 대학 체제라는 대비적 관점을 가지게 된다. 즉 한국 유학생에게 배움의 경험은 한편으로는 미국 대학과 학문의 글로벌 헤게모니를 체화하는 과

﹡ Sheryl Ramsay, Michelle Barker and Elizabeth Jones, "Academic Adjustment and Learning Processes", *Higher Education Research & Development* 18(1), 1999, pp. 129~144.

﹡ 학문자본은 전문 지식, 학위, 논문이나 책 등의 연구 업적, 영어(육화된 형태의 문화자본), 학문적 자신감 등을 포함한다.

정이지만 다른 한편으로는 학문적 타자성, 이방인, 아웃사이더의 정체성을 확인하는 모순적이고 중첩적인 과정이기도 하다.

이 장에서는 유학생들의 배움 활동을 중심으로 유학 경험을 분석하는 데 공간적인 프레임(한국에서 미국으로의 이동, 과거 한국에서 형성된 아비투스와 미국 문화와의 충돌)과 시간적인 프레임(입학, 수업, 종합시험, 연구, 학위 과정 수료)을 충분히 고려한다. 배움의 활동은 크게 수업, 조교 생활, 교수와 동료 학생들과의 관계, 연구, 대학 시스템에 대한 경험, 전문가 공동체에의 참여와 경험, 총 여섯 가지 중심 주제로 분류하였다. 나는 유학생들이 학문적 타자성과 이방인으로서의 정체성을 획득하는 과정과, 미국 대학과 학문의 헤게모니를 체화하는 과정을 동시에 보여줄 것이다.

'엄친아'에서 열등생으로

미국의 연구 중심 대학에 진학한 한국 학생들은 한국에서 가장 우수한 학생 집단에 속한다. 대부분 명문대 출신이며, 학업 성취가 탁월한 학생들이다. 명문대 출신이 아닌 학생들도 대부분 자신의 대학에서 가장 출중한 집단에 속하며 학업 성취에 대해 강한 열망을 가지고 있다. 소위 이들은 한국에서 자타가 공인하는 '잘나가는 엘리트 학생', '우수한 인재', '엄친아'라고 볼 수 있다. 그러나 배움의 장소가 미국 대학으로 바뀌면서 이들은 우등한 학생에서 '열등한 학생'으로 스스로를 분류하게 된다. 이러한 열등한 주체로서의 자기인식은 수업시간에서부터 시작된다.

미국 대학원은 통상 다른 나라들보다 수업을 중시한다. 독일, 영국, 프랑스 같은 유럽 국가들은 일부 석사 과정에 수업이 있기는 하나 박사 과정은 대체로 수업이 없다." 한국과 일본의 경우 대학원 과정에 수업이 있지만 미국처럼 집중적이고 전문적이지 않다. 미국 대학원에서는 인문 사회 계열뿐 아니라 이공 계열에서도 수업을 중요시한다. 기계공학을 전공하고 있는 태성은 한국 대학원 수업과 비교하며 이렇게 말한다. "여기서는 수업을 굉장히 중시해요. 한국하고 커리큘럼이 굉장히 다른 것 중의 하나가 한국에서는 프로젝트만 하고 시험 몇 번만 보면 되지만 여기서는 과제가 많아요. 그래서 코스워크coursework(수업 과정)만으로도 배우는 게 많죠." 대학원 수업은 학위를 취득하는 데 중요한 과정이고, 종합시험과 학위 논문으로 가는 첫 번째 단계이기도 하다.

하지만 대학원 수업시간은 유학 초기에 겪는 가장 큰 어려움 중의 하나다. 대부분의 유학생이 수업시간에 겪는 고통과 괴로움에 대해 언급했으며, 그중 많은 경우는 영어와 관련된다. 대학원 수업은 대부분 세미나 형식으로 이루어지는데, 이런 방식에서는 토론이 중요한 부분을 차지한다. 사회과학을 전공하고 있는 지선은 세미나 수업의 토론이 가장 나쁜 기억으로 남아 있다고 말한다.

지선 (수업시간에) 뭔가 얘기가 디베이트debate(논쟁)가 되고 있는데 내가 말을 해야지 이렇게 결심한 것도 아닌데 내가 순간적으로 답답했던 거 같애. 그 디스커션discussion(토론)이 웰well(그러니깐) 이렇게 하면서 (내가) 얘기를 시작했는데 그때만 해도 그렇게 우리 클래스에 인터내셔널 학생들이 별로 없었거든요. 스무 명 정도 되는 클래스에 한두 명 내지 세 명. 큰 클래스였어요. 웰 어쩌구 얘기를 시작했는데 얘기를 하다가 잊어버린 거예요. 뭐라고 얘기를 해야 될지 모르겠는 거예요. 중간에 (……) 그래가지고 너무너무 긴장하잖아. 그래 갖구는 아임 소리I'm sorry(미안합니다), 아이 포

■ 외국의 대학원의 교육 체제에 대한 비교 분석은 Burton Clark, *Places of Inquiry: Research and Advanced Education in Modern Universities*, Berkeley: University of California Press, 1995를 보기를 권한다.

갓 forgot(잊어버렸어요), 이렇게 얘길 하고 말아버렸어요. 그러니까 사람들이 전부 긴장을 해서 나를 쳐다보고 있다가 황당하잖아요. (……) 그게 (이 경험이) 나를 내내 쫓아다녔던 거 같아요.

유학생들은 이런 고통스러운 경험을 공통적으로 한다. 언어 문제에 덧붙여 문화적 차이도 한국 학생들이 수업시간에 수동적이 되는 요인이다. 통상 선생의 가르침과 권위에 순종하는 유교권 학생들은 자신의 생각을 적극적으로 개진하지 않는 반면, 미국 학생들은 자신의 의견을 거리낌 없이 표현한다. 경희는 "처음에는 어서티브assertive(적극적으로 말하는)해지기가 어려운 것 같더라고요. 내가 모르는 걸 인정한다는 게, 그걸 인정한다는 거 자체가 내가 안 인텔리전트intelligent(똑똑한)한 거 같고. 한국에서는 안 그랬는데 바보 같고, 그런 생각이 많이 들어서 잘 못 물어보겠더라고요"라며 자신의 소극성을 말한다. 경희의 경우에서 보듯이 한국에서는 아주 똑똑했던 학생이 스스로를 '바보'처럼 느끼는 것은 트랜스내셔널 교육 상황에서의 급작스러운 자아 정체성의 변화를 보여준다. 진희는 수업뿐만 아니라 학과 시험, 행사, 강연 등의 모든 활동에서 자신은 열외이고 중요한 사항을 가장 나중에 전해듣는 사람이라고 말한다. 그녀 역시 "바보같이 느껴질 때가 많다"며 자신이 학과에서 소외된 느낌을 받는다고 말한다. 한국에서는 똑똑했던 학생들이 미국에서 '바보'가 된 듯한 느낌을 받는 것은 유학생들이 공통적으로 겪는 일이다. 예진과 희수(92쪽)의 이야기를 들으면 유학생이 느끼는 열등감과 좌절감이 트랜스내셔널 상황의 교육 체제에서 어떻게 급격히 일어나는지 알 수 있다.

예진　열등감 병에 걸렸었다니깐요. 난 열등하다, 내가 이 클래스에서 더

워스트the worst(최악)다, 항상 그렇게 생각했어요. (······) 수업시간에 말도 못 알아듣겠고, 그다음에 말도, 질문도 못하겠다, 그다음에 페이퍼 코멘트 받은 건 정말······ 이거 보는 순간 난 열등아다······.

영어 구사력의 문제는 토론뿐만 아니라 교수와의 의사소통을 어렵게 한다. 명진은 시험 점수가 나쁘게 나와 교수와 상의하는데, 교수가 자신의 말을 오해하는 바람에 사이가 안 좋아졌다고 한다. 경민은 수업시간과 관련된 일은 "슬픈 기억밖에 없다"며, 특히 수업시간에 질문과 토론이 원활하지 않음을 한탄한다.

경민　내가 질문한 걸 교수가 정말 알고 싶어하는데 내가 표현을 제대로 못하는 거야. 그러니까 교수가 보기에는 분명히 쟤가 뭔가 얘기를 하고 싶고 의문점이 있는데 (교수가) 알고 싶다는 거야. 그래서 (그 교수가) "얘기를 해봐"해서 얘기를 했는데 하다하다 꼬이고, 그래서 교수가 "알고 싶었던 게 이거냐"라고 얘길 하면 사실은 그게 아닌데 그냥 그거라고 하고······.

유학생들은 강의실에서 의사소통뿐만 아니라 수업과 관련한 읽기와 쓰기도 굉장히 부담스러워한다. 진희는 논문을 읽는 데 너무 시간이 오래 걸려 수업 준비에 어려움을 느꼈다고 토로한다. 미국 학생들보다 읽는 속도가 뒤처지는 것이 속상하다는 것이다. 창우는 논문을 작성하는 방식이 익숙하지 않은 데다 참고문헌을 어떻게 작성하는지, 논문에서 어떻게 글을 전개해야 하는지 등을 몰라 한참 고생했다고 한다. 현영도 한국에서 작문 교육을 받은 적이 없고, 논리적이고 비판적으로 글을 쓰는 훈련이 되어 있지 않아 고생을 하고 있다고 말한다. 글쓰기 훈련에서 표절 같은 문제를 풀어나가기 위한 교육과 훈련을 받지 못해 곤경에 처하는 경우도 있다.

수업을 따라가는 데서 발생하는 어려움은 학점을 잘 받아야 한다는 중압감과 자신감 부족으로 이어진다. 학과마다 조금씩 다르지만 대학원에는 일정 수준의 학점을 유지해야 한다는 규정이 있다. 따라서 유학 초기에 한국 학생들은 학점을 잘 받지 못해 학교에서 쫓겨나지나 않을까 노심초사하게 된다. 한수는 "수업에서 논문도 잘 써야 하고, 토론할 때 얘기도 뭔가 잘해야 되고, 그런데 영어는 달리고. 이렇게 쌓이고 쌓이다 보니까 내가 이러다 혹시 킥 아웃kick out(퇴학)되는 거 아닌가 걱정이 되더라구"라고 말한다. 수업과 학점에 대한 스트레스 때문에 1년 사이에 몸무게가 7~8킬로그램 정도 빠질 정도였다. 희수는 학점이 나오지 않아 수업시간에 울었던 이야기를 해준다. 중간고사 점수가 나왔는데 너무나 낮은 점수에 자기도 모르게 눈물이 나왔다고 한다.

희수   (점수를 받고 나서) 되게 서러웠어요. 내가 뭐하는 짓인가, 여기까지 와서. 잠도 안 자고, 그렇게 했는데……. 나는 능력이 이거밖에 안 되나, 정말 눈물이 안 멈추는 거예요. 그래서 수업시간에 그냥 울어버렸어요, 막. (……) 교수님도 (내가 우는 게) 안 보일래야 안 보일 수도 없는 거고, 다른 애들도…….

유학생들이 수업에서 겪는 이러한 어려움은 1~2년이 지나면서 서서히 나아지지만 이번에는 원어민 수준의 영어를 구사하지 못하는 한계를 스스로 인정할 수밖에 없는 처지에 놓인다. 유학생들은 수업을 따라가기 위한 여러 전략들을 개발하고 시행착오를 거쳐 나름대로 적응을 한다. 예를 들어 토론에 참여하기 위해 미리 질문을 준비하거나 연습하는 전략을 세운다. 한편 수업 내용에 대한 이해는 같은 학급의 친구나 한국 친구들로부터 많은 도움을 받는다. 이와 동시에 완벽한 영어를 구사할 수 없고 한국에 있을 때처럼 자신이 수업을 주도할 수 없다는 한계를 인정하게 된다. 주환은 "이제 한계를 인정했죠"라고 말하면서, 아무리 영어를 잘하려고 노력해도 원어민을 따라가지 못함을 한탄한다. 가끔 유학생들은 "미국에서 태어났어야 했어요", "부모님이 왜 나를 미국에서 안 낳으셨는지 모르겠어요"라며 자조 섞인 농담을 한다. 규민은 어차피 외국인으로서 가진 '핸디캡'(장애)을 받아들이는 수밖에 없다며, "(외국인으로서 영어 못한다는 것을) 탓해봤자 시간만 낭비하고 기분만 나빠진다"고 토로한다. "한계를 인정하고 핸디캡을 받아들이는 것"은 결국 미국 학생들과 교수들의 기준에 못 미치는 자신의 위치를 숙명론적으로 수용하는 것이다.

이러한 새로운 정체성의 형성은 이들의 교육적 궤적에서 아주 드라마틱한 사건이다. 초기에는 많은 학생들이 자신의 열등함을 받아들이는 것을 몹시 괴로워하지만 글로벌 교육 체제에서 극복할 수 없는 자신의 위치 지어짐을 받아들이는 것으로 현실과 타협한다. 여기서 타협이란 미국 원어민처럼 수업에 적극적으로 참여하는 것은 불가능하다는 것을 인정하고, 학점을 잘 받고 무사히 수업 과정을 마치며 수업시간에 어느 정도 의사소통을 할 수 있는 정도로 기대 수준을 낮추는 것을 말한다.

눈치와 차별 사이에서

외국 학생에게 미국 대학의 등록금과 생활비는 상당한 부담을 준다. 한국에서 웬만한 직장의 연봉과 맞먹는 돈이 들기 때문이다. 중상층 upper-middle class이라고 해도 유학비를 수년간 감당하기란 상당히 버겁다. 조교는 일종의 장학금이며, 이것을 받으면 학비와 생활비의 대부분을 충당할 수 있기 때문에 한국 학생들은 조교를 배정받기 위해 필사적이다.

조교는 교수의 강의를 돕는 강의조교와 연구를 돕는 연구조교로 나뉜다. 인문사회 계열의 대학원생들은 대부분 강의조교teaching assistant(통상 TA라고 부른다)를 하며, 이공 계열의 학생들은 교수 밑에서 연구조교research assistant(통상 RA라고 부른다)를 한다.[*] 강의조교의 경우 학과에서 자금이 제공되며, 연구조교는 지도교수로부터 자금이 제공된다. 조교직의 배정은 통상 학과장, 대학원 주임교수, 지도교수 등이 결정권을 가지며 학생의 경제 상황, 학업 성과, 가족 상황 등을 고려하여 결정한다. 조교 생활은 대학원생에게 삶의 중요한 일부분이며, 이를 통해 수업과 연구의 주요 지식과 기술을 익힌다. 특히 경제적인 문제와 외국인이라는 신분 때문에 유학생에게 조교 생활은 미국 학생들이 실감하는 것보다 훨씬 더 중요한 의미를 가진다. 등록금이 비싸고 비자 지위로 인해 캠퍼스 밖에서 일을 구하기 힘들기 때문에 유학생들은 대부분 조교 자리를 원하게 된다.[*] 즉 재정적인 이유로 외국인 학생은 조교직을 할당받으려고 상당한 노력을 기울이는 동시에 이 과정에서 큰 압박을 느낀다.[*]

1단계 면접자들이 수학했던 Q대학의 경우 대학원생의 70퍼센트 내외가 조교직을 부여받았다. 이는 많은 경우 외국인 학생들도 지원을 받지만 그렇지 못한 학생도 상당히 많다는 것을 뜻한다. 문제는 외국인이

---

[*] 인문사회 계열에서도 연구 프로젝트를 수행하는 교수들은 대학원생을 연구조교로 삼는 일이 많다. 반대로 이공 계열에서도 대학원생들로 하여금 수업 경험을 쌓을 수 있도록 1~2년 정도 의무적으로 강의조교나 강사를 맡기는 경우가 종종 있다.

[*] 미국의 국공립대학은 거주지 출신에 따라 등록금을 다르게 책정한다. 그 대학이 위치한 주의 출신 학생들에게는 in-state tuition을 받고 다른 주 출신이나 외국인 학생에게는 out-of-state tuition을 받는데, 금액이 2~3배 정도 차이가 난다.

라는 이유로 인해 조교직 배정과 수행에 있어 한국 학생들이 여러모로 차별을 받을 가능성이 크다는 것이다. 조교직도 일종의 장학금이기 때문에 학생들끼리 경쟁을 하며, 언어 문제가 없는 미국 학생들이 외국 학생보다 선호된다. 유학 초기 한샘은 학과장을 찾아가서 미국 학생들은 모두 강의조교직을 받고 다른 외국인 학생들도 많이 받았는데 자신은 조교직을 얻지 못해 경제적으로 힘들다고 말했다. 도움을 기대했던 한샘의 예상과 달리 학과장은 쌀쌀맞게 조교직을 줄 수 없으며 이런 상황을 예측하거나 준비하지 못했냐고 오히려 한샘을 쏘아붙였다고 한다. 한샘은 그 상황을 이렇게 말한다. "눈물이 그냥 줄줄줄 나더라고. 그러니까 학과장이 조금 당황을 했어. 그래 가지고 티슈 꺼내주고(웃음). 내가 그 와중에도 눈물이…… 너무너무 슬픈 거야. 내가 차별을 당한다는 느낌 같은 게 되게 많았고……." 예진은 대학원 입학 당시 자기만 조교직을 배당받지 못한 것을 알고 학과장을 찾아가 상의를 했는데, 며칠 뒤에 보니 지원하지도 않은 미국 학생에게 조교직이 배당되었다는 것을 알았다. 예진이 학과장과 대학원 주임 교수Graduate Director에게 따지자 이들은 거짓말로 둘러댔다고 한다. 예진은 "내가 사람들에게 리젝트reject(거부)를 당했다는 느낌이 있잖아요. 인간으로서 대접을 못 받고 리젝트를 당했다는 것에 대한 상실감이 너무 컸어요"라며 이 일로 큰 충격을 받았다고 한다. 예진의 구술은 학과나 교수의 조교 배정에 대한 규정이 미국 학생/한국 학생이라는 구분에 따라 어떻게 차별적으로 시행되는지를 잘 드러낸다. 미국 학생들은 학과에서 알아서 조교직을 챙겨주지만 한국 학생들은 그것을 쟁취하기 위해 울고 싸우고 빌어야만 하는 고달픈 상황인 것이다. 이러한 차별을 받지

❚ 조교직은 대개 학과에서 배당하며 1년을 단위로 계약하게 된다. 학생들은 많은 경우 주당 20시간을 일하게 되며, 이를 50퍼센트 TA 또는 RA(정규적으로 일을 하는 사람들이 일주일에 40시간 일하는 것을 100퍼센트라고 가정해서)라고 부른다. 학과의 재정 상태와 학생의 여건에 따라 학생들은 25퍼센트(10시간), 33퍼센트(13시간)를 할당받기도 한다. 통상 여름학기를 제외하고 9개월(9월부터 다음 해 5월까지. 미국의 학년은 가을인 9월에 시작된다) 동안 일하도록 계약되며, 실험실 조교가 되거나 또는 다른 연구 프로젝트를 수행하거나, 여름학기 강의를 맡게 될 경우에는 별도로 월급이 지급된다.

않더라도 항상 다른 학생과 교수들, 학과 사람들의 눈치를 봐야 하는 한국 학생들에게 조교 생활은 상당한 압박감의 연속이다.

대부분의 한국 유학생들에게 조교 생활에 적응하는 것은 수업만큼이나 힘든 일이다. 유학생들은 언어 문제 때문에 통상 강의조교가 연구조교보다 힘들다고 말한다. 교수가 수업을 가르치면, 그것을 바탕으로 강의조교는 일주일에 3시간 정도 학생들의 토론 수업을 이끌거나 문제를 풀어주는 것을 도와주게 된다. 토론 위주라 해도 사실상 일주일에 3시간씩 미국 학생들을 대상으로 강의를 해야 한다. 이때 유학생 대부분이 난생처음으로 영어 강의를 하게 되는데, 이는 엄청난 두려움과 스트레스로 작용한다. 원어민에 비해 현저히 떨어지는 언어 구술 능력discursive competence 때문에 미국 학부생들과 상호작용을 하는 과정에서 강의조교의 권위는 자연스레 도전받게 된다. 강민은 강의조교를 맡은 첫 학기에 스트레스를 너무 받아 성적도 망치고 성격도 나빠지게 되었다고 말한다.

> **강민**　말은 안 되고, 그 과목도 그리 썩 잘 알지도 못하고, 그러니까 일주일에 들어가는 시간이 50퍼센트면 20시간이잖아요. 근데 (강의조교 일로) 정말 30~40시간이 들어갔던 것 같아요. 게다가 그때 들었던 두 과목도 굉장히 양이 많은 과목이고, 디맨드demand(요구)도 심한 과목이어서 그거는 그것대로 막 그러고, TA(강의조교)는 TA대로 또 안 되는 것 같고. 그것도 1학년을 가르치는 것도 아니고, 다른 과 학생들을 가르치는 것도 아니고……. 컴퓨터 사이언스 공부하는 2~3학년 대상이었거든요. 제일 말도 안 듣고, 참을성도 없고, 애들이.

강민처럼 강의조교를 했던 많은 한국 유학생들은 처음의 경험을 악

몽처럼 묘사한다. 미국 학부생들의 질문이나 대답을 알아듣지 못할 때는 등에서 식은땀이 났다고 한다. 강의조교에 적응하기 위해 유학생들은 여러 가지 노력과 전략을 시도하게 된다. 강의 경험이 많은 다른 한국 학생이나 미국 학생에게 조언을 구하기도 하고, 다른 강의조교의 수업을 참관하기도 하고, 학생들에게 자주 쓰는 구절이나 문장을 외우기도 한다. 수업시간에 자신이 직접 대답하기 힘들면 다른 학생에게 답하도록 하는가 하면 수업을 무리 없이 이끌기 위해 쪽지 같은 요약된 참고자료handout를 나누어주기도 한다. 이러한 노력과 경험 덕분에 강의 기술이 조금씩 늘기는 하나 원어민이 아닌 이상 항상 스트레스를 받을 수밖에 없다. 수업과 마찬가지로 유학생들은 강의를 겨우 이끌어갈 정도로 적응한 후에도 여전히 영어는 완전히 극복하기 어렵다는 것을 절감한다.

> **한샘** 아직도 좀 모자란 거는 스판테이니어스spontaneous(임의로 갑자기 일어나는)한 거야. (그럴 경우) 내가 잘하는 건 다른 친구들이 어떻게 생각하냐는 걸 잘 물어봐. (웃음) 왜냐면 그게 시간을 벌거든. 내가 걔가 얘기한 것을 다시 생각해볼 수도 있고, 다른 친구들의 반응도 좀 들을 수 있고. 그래서 내가 얘기를 많이 하는 것보다 다른 애들이 서로 얘기를 많이 하게 하는 게 굉장히 좋은 토론 수업이라고 나는 얘기를 많이 하니깐.

강의조교와 달리 연구조교는 주로 교수와 같이 일을 하기 때문에 교수와의 관계가 매우 중요하다. 많은 경우 연구조교 일은 교수의 연구나 자신의 박사학위 논문의 연구와 직접적으로 연결된다. 교수는 조교가 해오는 일을 항상 평가하기 때문에 조교는 끊임없이 교수의 눈치를 볼 수밖에 없다. 이들은 특히 초기에 일을 잘하는 대학원생으로 각인되기 위해서 노력한다. 연구조교를 하면 미국 학생들도 물론 교수들의 눈치를 보지만, 영어라는 장벽과 교수와의 부드럽지 않은 일상적 만남 때문에 한국 학생들은 더 많은 압박을 받는다. 태성은 "RA를 잡고 난 다음에는 이 교수한테, 내가 성실한 사람이다, 믿을 만한 사람이다라는 거를 보여줘야 되잖습니까. 사람이 가지고 있는 첫인상이라든지 그런 것들이 굉장히 오래 가고, 중요하잖아요. (……) 어떻게 하면 이 사람한테 내가 함께 일할 만한 사람이라는 인상을 심어줄 수 있을까, 그런 것 때문에 힘들었죠"라고 말한다. 연구조교 수행 시 종종 교수가 외국인 학생을 부려먹거나 차별하는 경우도 있다. 해민도 교수가 학생들을 너무 부려먹고 함부로 대해서 연구조교를 그만두었다. 매일 출퇴근 시간을 감시하고 열심히 일하는지, 성과가 좋은지에 대해 심한 압박을 주어 견딜 수가 없었다고 한다. 연구조교 생활에서도 항상 영어가 문제가 되는데, 이 때문에 미국 학생들보다 연구조교 업무에 더 많은 시간을 투자해야 한다. 또한 연구의 결과물이 교수와의 공동 저작이라는 결실을 맺는 경우가 많은데 진도가 느리거나 타이밍을 놓치기 쉬운 한국 학생들은 그런 기회를 얻지 못하는 일이 종종 발생한다. 현영의 경우 자신이 미국 학생이었다면 제때 연구 결과물을 정리하여 논문을 발표할 수 있었을 거라며 그러지 못한 자신의 능력을 한탄한다. 이들은 시간이 지나면서 연구조교의 업무에 조금씩 적응하기 시작한다. 한국 학생들은 대부분 열심히 하기 때문에 교수들로부터 신뢰를 받는다고 한다. 그렇지 못한 경우는 담당 연구교수를 바꾸거나 강의조교를 맡기도 한다. 일단 신뢰가 쌓이고 자신의 연구 분야에서 지식과 기술이 쌓이면 수년 동안 같은 교수 밑에서 연구조교를 하는 것이 일반적이다.

조교 생활에 적응하는 것이 힘든 과정이기는 하지만 한국 학생들은 미국 대학의 조교직을 통한 경제적 지원에 고마워하고 감탄한다. 한국 대학에서는 이러한 지원을 상상하기 힘들기 때문이다. 한국에도 BK21과 같은 지원이 생겼지만 미국에 비해 혜택이 크지 않다. 미국 대학과 일부 선진국을 제외하고는 수년 동안 학비와 생활비를 지원하는 체계적인 재정 지원 시스템을 찾아보기란 어렵다. 이러한 재정 지원의 과정에서 한국 학생들은 한국 대학과 미국 대학을 비교하게 되며 후자를 더 높이 평가하게 된다.

학문자본과 생존 전략 전수받기

대학원 교육은 지식을 생산하는 연구자를 길러내는 과정이다. 지식을 생산하는 능력은 학생이 전수받는 학문자본의 양과 질에 의존한다. 간단히 말해 대학원에 우수한 교수가 많을수록 우수한 학생을 배출할 가능성이 높아진다. 이러한 교육 체제가 제공하는 기회의 구조와 더불어 학생과 교수의 긴밀한 학문적 상호작용은 좋은 연구자를 만들어내는 중요한 요건이 된다. 학문을 전수하고 창조하는 과정은 커뮤니케이션의 과정인데 외국 학생의 경우, 이것이 어렵기 때문에 특별한 보살핌과 도움이 필요하다. 일반적으로 대학원생 한 명에 대한 교육은 학부생보다 3~6배의 비용이 더 들며,[*] 외국 유학생을 성공적으로 교육시키는 데는 더 많은 투자가 예상된다. 따라서 교수들과의 미시적인 상호작용에서의 특별한 배려와 보살핌은 한국 학생들의 학업 성취에 중요한 관건이 된다.

　　한국 유학생들은 미국 교수들과 수업이나 연구 과정을 통해 지도를 받고 접촉한다. 많은 유학생들은 이러한 배움의 과정 중에 미국 교수들의 성실함과 꼼꼼함에 무척 감명을 받고 미국 교수들과 한국 교수들을 비교하기도 한다. 음악을 전공하는 혜인은 한국 교수와 미국 교수에게 지도를 받은 경험에 대해 "천지 차이"였다고 말한다. 한국에서는 교수들이 늦는 경우가 다반사였고, 정해진 수업이나 지도 스케줄도 교수의 일정에 맞추어야 했다. 반면 미국 교수는 일일이 학생에게 신경을 써주며 실습 때도 이론적인 설명을 곁들인다고 한다. 혜인은 자기를 지도하는 미국 교수가 "매우 아카데믹하다"고 말하며 한국 교수들은 그렇지 못함을 직설적으로 비판한다. 혜인의 '천지 차이'라는 표현은 미국 대학 교육 방식의 탁월함과 한국 대학 교육 방식의 열등함을 극적으로 드러내는 것이다. 이 표현은 미국 대학의 학문적 에토스와 규범에 정당성을 부여함과 동시에 한국 대학의 학문적 활동의 정당성과 규범의 심각한 결여를 의미한다. 이러한 비교는 미국의 교육 활동과 학문 활동에 대한 존경으로 나타나고, 미국 대학의 도덕적 리더십을 자발적으로 받아들이게 한다. 형우는 교수가 자신이 작성한 논문을 한 줄 한 줄 꼼꼼히 빨간 펜으로 체크해주는 것을 보고 놀랐다고 한다. 한국에서는 교수들이 너무 바빠서 자신의 논문을 봐줄 시간도 없었는데 이렇게 열의를 가지고 봐줄 줄 몰랐다는 것이다. 청희는 한국에서는 수업과 강의안이 잘 조직되어 있지 않아서 도대체 무엇을 배웠는지 모르겠다고 말한다. 미국에 와서 보니 한국의 교수가 얼마나 무성의한지를 알겠다는 것이다. 한국 학생들은 한국 교수와 미국 교수는 커뮤니케이션에서도 질적 차이가 있다고 말한다. 학생들에게 더 많은 신경을 쓰는 미국 대학의 문화와 더불어 교수의 수업 부담이 상대적으로 적은 대학 구조도 이러한 커뮤니케이션의 질을 높이는 요인이 된다.

대학원생에게는 특히 지도교수와의 관계가 중요하다. 한국 유학생들은 다른 대학원생들과 마찬가지로 지도교수를 선택할 때 자신의 연구 분야, 교수의 명성, 교수가 제공할 수 있는 장학금과 연구비, 교수의 품성 등을 고려한다. 이 중에서 한국 유학생들이 중요하게 여기는 것은 외국인인 자신을 잘 지도해줄 수 있는 교수의 품성이다. 규민은 "인터내셔널(외국인 학생) 같은 경우는 연구도 연구지만 교수의 품성이 중요하니까······ 교수가 학생들을 얼마나 챙겨주고 보살펴주고 이해해주느냐, 이런 것도 중요하니까요"라고 말하며, 지도교수를 선택할 때 외국인으로서 자신의 위치를 생각할 수밖에 없다고 강조한다.

유학생들은 전반적으로 미국 지도교수들이 한국 지도교수들보다 학생들을 열정적으로 가르친다고 평가한다. 미국 교수들의 우수한 점은 좋은 아이디어를 제공하며 학생들에게 배움의 동기 부여를 하는 점이다. 강민 역시 지도교수에게 많은 자극을 받는다.

> **강민**　(지도교수의 여러 조언과 아이디어를 듣고 난 후) 아! 이런 식으로 해도 뭔가 일이 되겠구나, 이런 식으로 생각이 가끔 떠오를 때가 있거든요. 그럴 때 좋고, 그리고 교수랑 이야기하다 보면 그런 게 많이 느껴지기도 해요. 교수가 워낙 똑똑하니까. 교수랑 이야기하다 보면 내가 미처 생각하지 못했던 걸 교수가 이야기하거든요. 그런 걸 보면 자극을 받기도 하죠.

한국 유학생들의 미국 교수들에 대한 평가는 전반적으로 우호적이다. 한수는 훌륭한 교수 밑에서 배우고 그 사람의 인품 또한 탁월함을 느낄 때 감동을 받는다고 한다. "아, 이 사람이 진짜 학자구나. 아는 것도 굉장히 많지만, 그 사람 이론 자체가 그런 것도 있지만, 얘기를 하면은 인격적인 뭔가가 있는 거 같아." 한수는 한국 교수들에게서는 느끼기 어려운 이러한 희열을 미국의 대학 교수들을 통해 느끼게 된 점이 좋았다고 말한다. 이처럼 학문적 열정은 훌륭한 교수와의 일상적인 상호작용에서 일어나며, 학문의 주변부인 한국에서는 이러한 열정이 발생할 가능성이 낮아 진다고 볼 수 있다. 훌륭한 교수들과의 상호작용은 미국 대학의 우수함과 헤게모니를 좀 더 명확히 하는 요인이 되며, 이는 일상적인 상호작용을 통해 자연스럽게 강화된다.

하지만 일부 유학생들은 교수와의 관계에서 의사소통 문제, 지도교수의 불명확한 지도, 지도교수의 무관심 등을 경험하기도 한다.[*] 또한 많은 경우 유학생들은 교수와의 관계에서 여러 가지 차별을 받았다고 말한다. 예를 들어 예진은 지도교수가 미국 학생들만 편애하고 자신이 작성한 논문은 한 번도 봐준 적이 없다고 말한다. 심지어 예진만 남겨둔 채 사무실을 같이 사용하는 미국 학생만 데리고 커피를 마시러 가거나 식사를 하러 갔다고 한다. 결국 그녀는 지도교수를 떠나 다른 학과로 전과를 했다. 지도교수들은 연구로 인한 바쁜 스케줄 때문에 시간을 내기 힘들어 대학원생에게 무관심할 수 있다. 또한 이해심이 부족한 교수는 유학생들의 더딘 성취를 참아내지 못하거나 무시하는 경우가 종종 있다. 대희의 경우 실험 논문을 작성해 지도교수에게 가져갔는데, 자신의 글을 비판적으로만 대하고 신뢰하지 않는 태도에 크게 당황했다고 말한다. 많은 사례들에서 본 것처럼 교수의 스타일, 품성, 지위에 따라 학생들을 대하는 방식이 다르지만 그럼에도 불구하고 유학생들은 전반적으로 교수와의 관계에 만족스러워했다.

유학생에게는 동료와의 관계도 상당히 중요하다. 동료들은 학업과 생활에 여러모로 도움을 줄 뿐 아니라 정서적인 연대를 형성하여 어려움을 겪을 때 의지가 되어줄 수 있다. 한국 유학생에게 동료 학생들은 크게 미국인, 한국인, 인터내셔널(international student의 줄임말. 외국인 유학생)로 나뉜다. 한국 유학생들은 개인적인 차이가 있지만 미국인 친구보다는 인

[*]   Andrea Trice, "Faculty Perception of Graduate International Students", *Journal of Studies in International Education* 7(4), 2003, pp.379~403; Shelley Adrian-Taylor, Kimberly Noels and Kurt Tischler, "Conflict Between International Graduate Students and Faculty Supervisors", *Journal of Studies in International Education* 11(1), 2007, pp. 90~117.

터내셔널 친구, 인터내셔널 친구보다는 한국인 친구와 가깝다고 말한다. 아무래도 같은 처지에서 같은 언어를 쓰는 동료들과의 의사소통이 쉽고 부담이 적기 때문이다. 미국 친구들로부터 학업에 대한 도움을 받는 유학생들도 종종 있다. 아승과 한수는 미국인 친구들이 자신의 논문을 종종 봐주며 문법도 지도해주고 영어 문장도 고쳐준다고 한다. 한수는 그 미국인 친구와 종종 술을 마시거나 스포츠 경기를 구경하면서 자연스레 가까워졌다고 한다. 미국인 학생은 사회 네트워크와 정보에 대한 접근성이 외국인 학생들보다 훨씬 낫기 때문에 유학생들은 그들로부터 과제나 수업과 관련된 정보를 얻는다. 또한 외국인 학생들은 조교직 수행법, 학과 교수들에 대한 평판, 대학원 생활과 관련된 여러 비공식적 정보를 미국인 친구들로부터 얻는다. 그럼에도 한국 유학생들은 여전히 스스로를 학과의 주변인으로 인식하는 경향이 강하다. 유학생들은 종종 미국인 동료들로부터 인종 차별을 겪기도 한다. 대희의 경우, 실험실 동료가 자신에게 물건을 던지는 등 모멸감을 주었다고 말한다. '인터내셔널' 학생들과는 수업 과제를 서로 돕거나 예비시험 또는 종합시험에 통과하기 위해 스터디 그룹을 형성하는 경우가 많다. 수업뿐만 아니라 술을 마시거나 영화나 운동 경기를 즐기는 등 함께 여가를 보내는 경우도 종종 있다.

그래도 가장 중요한 동료는 역시 한국인 선후배, 친구들이다. 같은 학과의 한국인 동료는 특히 학업과 관련해서 중요하다. 유학 초기 단계에서는 같은 학과 한국인 선배들로부터 수업, 교수, 대학원 생활, TA, RA, 논문 작성법 등 학업과 관련한 전반적인 정보와 조언을 얻는다. 효나의 경우 전공을 바꾸어 대학원에 진학했는데 새로운 전공이 너무 생소하고 어려웠다. 그때 같은 과의 한국인 선배가 전공 지식을 한국말로 잘 설명해주어서 큰 도움이 되었다. 한수의 경우 한글과 영어 문장의 차이를 이해하고 사회과학 논문을 작성하는 방법을 습득하는 데 한국인 선배가 많은 도움을 주었다. 희수는 같은 과 선배들이 학업에 있어 실질적인 도움이 될 뿐만 아니라 정서적으로도 크게 의지가 된다고 말한다.

> **희수** 일단 심적으로 제가 기댈 수 있는 곳이 있고, 그리고 기댄다는 게, 조언을 받을 수 있잖아요. 먼저 다 경험한 것들이고, 제가 어떻게 해야 할지 방향을 가르쳐주는 그런 것들이 이제 심적으로 안정이 되는 거고……그다음에 지지도 받고, 먼저 똑같은 길을 가고 있는 사람이잖아요. 그런 거는 친구들한테 받는 거하고는 다르거든요.

한국인 선배나 동료는 일단 심적인 안정감을 주고 같은 길을 갈 때 생기는 연대감도 제공한다. 지도교수가 논문과 수업을 코치해준다면, 한국인 선배는 학업과 생활에 대한 전반적인 코치를 해주는 사람이다. 주류인 미국인 동료에 비해 스스로를 주변인으로 인식하는 유학생들은 성공적인 유학을 위해 대개 먼 이국에서 만난 한국인 유학생들에게 의지하게 된다.

트랜스내셔널 학문적 관계망 속에서의 탐구

연구 과정에서도 미국 대학의 헤게모니는 여러 방면으로 경험된다. 지식 생산의 중심이 미국이기 때문에 한국 유학생들은 최신의 미국 연구 동향을 쉽게 접할 수 있다. 연구 주제와 방법론을 정할 때도 미국/한국의 학문적 상황, 자신의 학문자본, 노동시장 등을 끊임없이 고민하면서 결정한다. 영어의 글로벌 역할은 연구에서도 끊임없이 작동한다. 아카데믹한 직업을 잡기 위해서는 유수한 영어 저널에 투고를 해야 하는데, 이때 지도교수의 조언이 절대적으로 중요하다. 한국 유학생들은 미국 학회를 통해 학계에서의 사회적 자본을 확충하는 계기로 삼기도 한다. 이런 연구 경험 속에서도 한국 학생들은 자신의 주변성을 재차 확인하게 된다.

학생들이 수업 과정을 마치고 예비시험과 종합시험을 통과하게 되면 자신의 연구에 집중할 수 있는 박사학위 논문 단계에 들어선다. 인문사회과학 계열의 경우 지도교수의 영향력이 상대적으로 적고 혼자만의 시간이 많아 독립적인 학자의 길을 걷게 되는 경향이 강한 반면, 이공 계열의 경우 실험과 프로젝트와의 연관성 때문에 지도교수의 영향력이 크게 작용한다. 한국 유학생들은 자신의 연구 분야를 정할 때 많이 고민하게 되는데 여기서 한국과 미국 사이에 끼인 상태가 연구 방향을 결정하는 데 큰 영향을 미친다. 인문사회과학 계열의 학생에게는 한국과 미국에 그 분야가 확고하게 뿌리내리지 못했거나 시장이 작을 경우, 지도교수의 프로젝트와 상관없을 경우, 미국에서 전공을 바꾼 경우, 이런 고민은 더욱 깊어지게 된다. 즉 연구는 자신만의 의지보다는 트랜스내셔널 학문적 관계망 아래에 놓이게 된다. 창우는 자신의 연구가 한국에서 잘 팔릴까, 미국에서 잘 팔릴까를 걱정한다. 미국에 정착해야 할지, 한국에 정착해야 할지 고민이다. 창우의 세부 전공은 한국에서 아직 뿌리내리지 않은 분야인데 박사학위를 받고 한국에 돌아가면 과연 누가 알아주겠냐고 반문한다.

유학생들은 외국인이라는 위치 때문에 종종 학문적 접근 방법을 바꾸기도 한다. 나연의 경우 영어의 장벽을 느낀 데다 미국에서의 시장성을 고려해 질적 연구 방법론에서 양적 연구 방법론으로 진로를 바꾸게 되었다. 그녀는 미국에서 처음으로 영어를 사용해 질적 면접을 하게 되었는데 그것의 어려움을 절감하고 양적 연구 방법론으로 바꾸게 된 것이다.

나연　트랜스크라이브transcribe(녹음된 내용을 풀어서 녹취록으로 만드는 것)하는 것도 어떤 때는 안 들리잖아요. 그러면 난 더 여러 번 듣고 시간도 많이 걸려요. 그다음에 페이퍼paper(논문)를 쓸 때도 내가 이렇게 써야지 그러고서 또 쓰기 시작하는데 걔네(미국 동료 연구자들)랑 차이가 많이 나요. 같은 동료 애들하고. 일단 사람 컨택contact(연락)하는 게 너무 힘들더라고요. 내가 거기 가서 이렇게 커넥션도 만들고 컨택도 하고 이래야 되는데 걔네하고 그게 절대 안 되더라고요. (……) 이 인터뷰가 영어라고 생각해보세요. 이렇게 말할 수가 없잖아요, 한국 사람이. 그런 식으로 벽에 부딪히는 거예요. 아, 내가 만약 미국에서 잡job(직업)을 잡으려면, 데이터 핸들(양적 연구 방법론을 의미함)을 하는 게 더 낫겠다…… 사람을 일일이 다 컨택해서, 이게 내 밥줄이 되는 것보다 차라리 사무실에 앉아서 내가 갖고 있는 데이터로 차분히 이렇게 이렇게 하는 게 더 좋겠다, 그런 생각이 들어서 퀀티quanti(양적 연구. quantitative research의 준말. 흔히 질적 연구qualitative research는 퀄리quali라고 줄여 부른다)를 하게 됐어요.

민구 역시 같은 이유로 양적 연구를 선택하게 되었다. 양적 연구가 한국이나 미국 모두 시장성이 좋고, 외국인 학생에게는 유리하다고 판단했기 때문이다. 한국 유학생들은 다른 나라의 학생들에 비해 통계와 수학에 강하므로 글로벌 학문 환경에서 미국 학생들보다 비교우위를 갖는 분야를 택하려는 경향이 있다. 트랜스내셔널 상황에서 자신의 연구 진로를 선택해야 하는 것은 비단 인문사회 계열의 유학생들뿐만이 아니다. 이공 계열의 학생들도 대부분 한국과 미국에서의 시장성을 고려해 연구 방향을 선택한다. 강민은 연구 분야가 슈퍼컴퓨터를 이용해 여러 가지 시뮬레이션을 하거나 예측을 하는 것인데, 한국에서는 아직 생소한 분야라서 걱정이 된다고 말한다. 그래서 미국에서 직업을 가질 가능성을 염두에 두고 있다. 이렇듯 이공계 학생들도 현재 한국에서 유행하는 세부 분과가 무엇인지, 향후 자신의 전공이 얼마나 시장성이 있는지에 대해 항상 신경을 곤두세우고 있다.

인문사회 계열의 유학생들은 미국적 학문 방식을 그대로 적용하는 것에 대해 혼란을 느끼기도 한다. 진현의 경우 한국의 지식인 커뮤니티가 미국 대학에서 만들어진 틀을 사용하는 것이 문제라며, 잘못하면 한국에 있는 나름대로의 실재reality를 서구적 방식으로 빚어낼 위험성이 있다고 경고한다. 진현은 자신의 연구에서 그러한 경향성을 피하려고 노력하지만 그렇다고 한국적 연구 방식이 더 좋은지에 대해서도 회의를 느낀다.

> **진현** 한국 사회에서 이미 배태된 습성일 수도 있는데 우리가 대개 큰 주제라든지 좀 더 안전한 질문을 던지는 거 같아. 이미 대답을 익스펙트expect(예상)할 수 있는 거. 거기에 비해서 미국 애들은 특별히 그런 인게 이지engage(천착하다) 안 됐던 문제를 찾아내는 것도 그렇고 혹은 그거를 좀 더 앵글을 끌어내려 세세하게 문제를 실험하는 방식도 그렇고…… 그래서 주변에서 나는 그런 걸 많이 봤는데 하나의 텍스트를 태클하는 방식도 그렇고 여태까지 배워온 이론들을 종합해서 자기 나름대로의 질문을 끌어내는 방식도 그렇고 좀 다른 거 같아요.

진현은 미국 대학의 학문 방식에 대해 좀 더 높은 점수를 주며, 한국 사회에서 인문사회과학 학자들이 학문하는 방식에 대해서는 비판적인 입장을 취한다. 이는 앞서 말한 것처럼 미국식을 그대로 적용할 수도 없고 한국식만을 답습할 수도 없는 모호하고 혼란스러운 입장을 드러내는 것이다. 그는 양자 중 어느 하나에 매몰되지 않는 창조적인 연구에 대해 나름대로 고민을 해왔으나 그런 길을 찾기가 어려워 종종 '회한'이 든다고 말한다. 준영은 미국 대학에서 학위를 받고 연구를 하는 것이 전체적으로 학문의 종속성을 높이고 미국에 순종적인 연구자와 지식인을 만들 가능성이 크다고 비판한다. 그러면서 자신의 연구가 한국 사회에 좀 더 도움이 되었으면 좋겠다는 입장을 피력한다. 이처럼 한국 유학생들은 자신의 연구를 바라보는 방식에서 트랜스내셔널한 관점을 가지게 된다. 즉 주변인의 입장에서 자신의 생존과 가치 사이에서 끊임없는 혼란을 느끼는 동시에 다양한 학문적 권력 관계와 타협하면서 연구를 진행한다.

연구 중심 대학에 압도되다

미국 대학의 글로벌 헤게모니에 대한 내면화는 한국 유학생이 미국 대학의 물리적, 조직적 우수함을 경험하면서 공고해진다. 이들이 한국에서 교수나 언론으로부터 어렴풋하게 접했던 미국 대학의 우수함은 직접적인 유학 경험을 통해 확증된다. 이 과정에서 미국 대학/한국 대학 간의 글로벌 위계질서와 지식 생산의 권력 관계는 '상식적이고 당연한 것'으로 받아들여지게 된다.

한국 유학생들은 미국 연구 중심 대학의 조직, 시설, 문화가 한국 대학에 비해 월등하다고 말한다. 많은 학생들이 한국 최고의 엘리트 대학 출신인데, 이들은 한국의 최고 대학조차도 미국의 연구 중심 대학과 비교가 되지 않는다고 말한다. 이공계 학생들은 주로 실험실에서 연구를 하므로 실험설비와 실험조직은 이들의 연구에 큰 영향을 미친다. 이들은 한결같이 미국 실험실 시스템의 우수함과 한국 실험실 시스템의 열악함을 대비시킨다. 미국 대학의 실험실에는 고가의 장비들이 여러 대 구비되어 있어 실험 스케줄을 짜기가 쉽고 실험을 지원하는 인력도 많아 실험이 수월하게 진행된다고 한다. 기계공학을 전공하는 태성은 미국 대학의 실험 시스템은 "연구에만 몰두할 수 있는 시스템"이라고 극찬한다. 실험을 진행할 때 전문 기술자가 세팅을 해주고 전문적으로 관리하기 때문에 실험을 빨리 할 수 있고 질 높은 결과를 얻을 수 있다고 한다. 한국에서는 대학원생들이 대부분 실험을 세팅하기 때문에 전문성과 효율성이 떨어진다. 유학생들은 이런 좋은 시스템이 한국에서는 불가능하다고 말한다. 동준은 실험을 하지는 않지만 도서관이나 체육관 같은 훌륭한 시설에 감탄한다고 말한다. 학교 전체에 도서관이 37개 있으며, 장서는 1,000만 권 이상이고, 학술지 논문은 대부분 전자 저널의 형태라서 뭐든지 찾을 수 있다고 한다. 더불어 학생들의 여가와 체력 증진을 위해 마련된 체육관 시설들은 한국에서 찾아볼 수 없는 것이라고 말한다. 실험실, 도서관, 체육관 등과 같은 캠퍼스 시설들의 우수함에 대부분의 유학생들은 만족한다.

유학생들은 시설뿐만 아니라 대학교수들의 전문화와 조직 구성의 우수성을 자주 언급한다. 기본적으로 배움의 전승은 학문자본의 양과 질에 달려 있으므로 우수한 교수가 많으면 많을수록 양질의 학문자본을 전수받을 수 있는 가능성이 높아진다. 한국 최고의 공과 대학을 졸업한 강민의 말에 따르면 한국에서는 교수가 30명이었는데 미국은 50명이라고 한다. 따라서 교수들의 세부 전공이 좀 더 전문화되어 있고 그만큼 학생들의 선택의 폭도 넓다. 관악을 전공하는 청희도 Q대학의 음대 교수들이 세분화, 전문화되어 있어 한국에서보다 심도 있는 학습이 가능하다고 말한다.

> **청희** 여기는 일단 플루트 교수, 오보에 교수, 다 있잖아요. 한국은 없어요. (내가 다녔던 학교의) 관악 전공에 교수가 두 명뿐이에요. 나머진 다 강사가 가르치죠. 플루트도 강사가 가르치고. 그러니깐 아무래도 많은 인터액션interaction(만남)이 없죠. (……) 여기는 훨씬 더 세분화되어 있죠. 피아노, 바이올린, 비올라, 각 악기마다 교수가 다 있어요. (……)
>
> **필자** 그러면 관악은 몇 사람이나 돼요?
>
> **청희** 여기는 플루트, 오보에, 클라리넷, 바순, 호른, 색소폰, 트럼펫, 트롬본, 튜바……. 어떤 악기는 두 명 있는 교수도 있으니깐 (총) 열 명.

청희는 한국 대학에서는 관악 교수가 2명이었지만 지금 다니는 미국 대학에서는 10명이라고 강조한다. 전문화되고 다양한 전공 교수를 보유함으로써 학생들의 지도가 그만큼 깊이 있게 이루어진다는 것이다. 이처럼 교수진의 학문적 깊이, 다양성, 학생과의 긴밀한 접촉은 미국 대학의 우수함을 각인시켜주는 중요한 요소가 된다. 유학생들이 가지는 미국 대학과 한국 대학의 글로벌 위계에 대한 인식은 이전에는 직접적으로 경험하지 못한 새로운 것임을 주지할 필요가 있다. 이런 새로운 인식에는 미국 대학의 우수함 반대편에 한국 대학의 열등함이 있다. 한국에서 배울 때는 한국 대학의 문화와 구조를 비교적 자연스럽게 받아들였지만 미국 대학 체제를 경험한 '후'에는 그 문화와 구조가 문제시된다. 즉 미국 대학 체제의 우수함을 경험한 유학생들에게 한국 대학의 구조적, 문화적 모순이 전면적으로 드러나는 반면, 미국 대학 체제 속에서의 교육 경험은 긍정적인 것으로 받아들여지고, 이는 다시 미국 대학의 우수성과 헤게모니의 자연화naturalization로 이어진다.

'대가'라는 학문권력과의 만남과 학문 공동체로의 진입

학계와 지식인은 계층화되어 있으며 피라미드 구조를 이룬다. 학계에서 각 분야의 '스타'는 극소수이며, 내부 핵심 멤버inner core들은 해당 분과의 1 ~2퍼센트에 지나지 않는다. 각 학문 분야에서 1~2퍼센트의 핵심적인 멤버들은 대략 그 분야 전체 논문의 25퍼센트를 생산한다. 내부 핵심 멤버는 아니지만 학문 활동의 중추 역할을 하는 외부 핵심 멤버는 해당 분과의 전체 인구의 약 20퍼센트에 해당한다. 나머지 75~80퍼센트의 연구자들transients은 짧은 시기만 활동하다가 분야를 옮기거나 연구를 포기한다.[•] 이런 피라미드적 계층이 발생하는 것은 학계 관심의 공간attention space이 제약되어 있기 때문이다. 다시 말해 사람들의 관심은 모든 연구와 주장에 동등하게 배분되는 것이 아니라 가장 새롭고 혁신적이며 중요한 몇 가지 연구에 집중된다. 예를 들어 전체 인용의 3분의 1은 상위 1퍼센트의 논문에 집중된다.[•] 부연 설명하자면 사회학에서 하버마스, 기든스, 부르디외 같은 학자들은 늘 인용된다. 소위 스타나 대가는 그 자체로 학문 공동체의 신성한 대상으로 여겨지는데 이런 학자들과의 접촉은 학문적 열정을 불러일으킨다. 미국 대학의 대가는 미국 대학의 헤게모니를 상징하는 사람들로서 유학생들은 대가들과의 상호작용을 통해 미국 대학의 헤게모니를 몸소 체험하게 된다.

　미국의 연구 중심 대학들은 상당수의 대가를 보유하고 있으며 대학

[•]　Randall Collins, *The Sociology of Philosophies: A Global Theory of Intellectual Change*, Cambridge: Harvard University Press, 1998, p.43.

[•]　Derek Price, *Little Science, Big Science … and Beyond*, New York: Columbia University Press, 1986, p.73.

들 간, 대가들 간의 교류도 활발한 편이다. 한국 유학생들은 말로만 듣던 대가들과의 만남을 통해 대가뿐만 아니라 미국 대학 문화를 존경하고 경외심을 갖게 된다. 유학생 자신이 소속된 학과에서 그 분야의 대가를 초청한 경우 그 사람의 강연을 직접 듣고 사적으로 이야기할 수 있는 기회도 가진다. 한국 유학생들은 말로만 듣던 유명한 저서의 저자나 이름난 과학자를 직접 볼 수 있다는 사실에 감명을 받는다. 진희는 책에서 읽었던 사람이 직접 자신의 실험실을 방문하고 그와 같이 식사를 했던 경험이 특히 좋았다고 말한다.

> **진희** 진짜 유명한 대가고 우리 랩lab(실험실)과 비슷한 일을 아주 큰 다른 랩에서 하고 있는 사람이 온다 치면, 우리 교수가 호스트 된다 치면, 그 사람이랑 점심도 같이 먹을 수 있는 거고. (……) 느낌이 되게 좋았어요. 그런 대가들도 보면 뭐랄까 그렇게 따뜻한, 대가가 되려면 약간 더 너그러운 면들, 그런 점을 볼 수 있으니까 인간적으로 좋은 느낌도 많이 있었어요.

한국 유학생들은 한국에서는 만날 기회가 없던 '대가'를 가까이에서 '인격화'할 수 있는 경험을 하게 된다. 그들은 이런 경험을 할 때 연구의 중심, 즉 미국 대학에 와 있음을 뿌듯하게 느끼게 된다고 말한다. 무용을 전공하는 아승은 무용 역사에서 빠지지 않는 대가가 캠퍼스를 방문해서 강연하는 것을 보고 얼마나 감격스러웠는지를 다음과 같이 말한다.

> **아승** 머스 커닝햄Merce Cunningham(세계적인 댄서이자 안무가)을 봤다는 거…… 한국에서는 평생 살아도 머스 커닝햄 못 볼 거예요. 내가 그걸 보고 너무 흥분해서 눈물이 막 나는 거예요. 진짜 역사에 나오는 사람을 내

가 봤다, 내가 미국에 왔으니까 그걸 볼 수 있었다……. 그 기쁨이 장난 아니었어요. 너무 황홀하다고 해야 되나. (……) 한국에 있을 때는 이 책이랑 나랑은 동떨어진 세계였는데. 진짜 역사책에…… 한국 역사 배울 때처럼, 역사 속에 있는 사람…… 그 사람이 했던 춤, 비디오만 볼 수 있고…… 지금 살아 있는 사람임에도 불구하고 고인인 것처럼 배웠거든요. 무용 역사를. 근데 여기 오니까 바로 그 사람을 볼 수도 있고 내가 그 사람이랑 말을 할 수도 있잖아요. 내가 그 사람의 의도를 책에서만 보는 게 아니라 말을 할 수도 있고, 어느 정도 가능성이 있다는 거…….

머스 커닝햄이 "한국에서는 절대 보지 못하는 대가"라는 아승의 말은 한국의 학문적 주변성을 함축한다. 반면 미국 대학은 "절대 못 보는 대가"를 볼 수 있게 해주는 이상적이고 신성한 곳이 된다. 그 대가와 "말할 수도" 있기 때문에 저자와 나, 책과 나, 역사와 나는 새로운 인식의 지평을 함께 열게 되는 것이다. 다시 말해 대가와의 만남은 미국이 학문과 배움의 글로벌 중심이고, 한국은 주변이라는 점을 재차 확인시킬 뿐 아니라, 한국 대학원생은 하지 못하는 미국 대학원생만의 특권으로 인식된다. 이러한 과정에서 미국 대학과 학문의 글로벌 헤게모니는 머리뿐만 아니라 가슴으로 느껴진다.

동준은 유명한 대가들을 만나서 "안면을 트고 같은 급에 동참할 수 있다"는 것이 연구하는 데 매우 중요하게 작용한다고 말한다. 모르는 것이 있으면 대가에게 이메일로 물어볼 수 있고 자신의 연구를 소개할 수 있으며, 무엇보다 향후 전문가 네트워크의 일원이 될 수 있는 기회가 된다고 한다. 전문가들과의 관계 속에서 첨단 연구 분야가 무엇인지에 대한 과학자본을 획득하는 동시에 '대가'라는 인적 관계를 통해 사회자본을 확충할 수 있는 계기를 얻는다.

학문 교류의 중심지라는 역할과 영어라는 글로벌 언어의 위상은 미국 대학과 학문의 헤게모니를 유지하는 중요한 요소다. 전문가 네트워크에 참여하는 경험은 학교에서 초빙한 석학들의 강의뿐만 아니라 연례적인 학회를 통해서도 이루어진다. 대학원생들은 자신의 연구를 학회에서 발표할 기회를 가지며, 이를 통해 여러 학자뿐만 아니라 같은 처지에 있는 동료들을 만나게 된다. 진현은 학회를 통해 책으로만 만나왔던 유명한 사람들을 만나서 감격했고, 이는 그의 연구에도 영향을 주었다고 말한다.

> **진현** (우리 분야에서) 이야기하는 단골 고객들(유명한 학자들)을 거기서 만날 기회가 있었고 그 사람들의 페이퍼를 읽을 기회가 있고 그랬는데 아까 말했던 기본적으로 책에서만 보는 사람들을 실제 만나면서 오는 기쁨이 있고, 또 하나는 그 사람들의 수준 높은 작업을 따라 읽으면서 느끼게 되는 어떤 영향 같은 게 있어요. 그런 의미에서 굉장히 큰 의미가 있었고, 또 하나는 거기 온 한국 교수들하고 이야기할 기회가 생겼는데 그러면서 좀 더 자연스러운 경험을 통해서 (서로 알게 된 게) 좋았고…….

학식이 높은 대가나 연구자들과 교류하는 것은 학문 활동을 하는 데 여러 가지 이점을 준다. 첫째, 최신의 혁신적인 연구가 무엇인지를 알 수 있다. 둘째, 그 연구자와의 심리적 거리감을 좁힐 수 있다. 또한 이런 교류를 통해 한국 유학생들은 자신의 연구를 알리게 될 뿐만 아니라 트랜스내셔널 전문가 네트워크를 형성할 수 있다. 상당수의 미국 학회에서는 박사학위가 마무리되는 대학원생들을 대상으로 교수 자리를 위한 면접job interview을 진행한다. 따라서 한국 유학생들은 발표를 잘 준비해 학회에서 미국 학자들에게 좋은 인상을 심어주려 애쓴다. 이뿐만 아니라 한국 유학생은 한국 학자들에 대해서도 각별히 신경을 쓴다. 유학을 마치고 한국에 돌아갈 경우 학자 네트워크에 참여할 수 있는 기회를 제공해주기도 하고, 강의 자리를 알아봐주거나 연구 프로젝트에 참가시켜주기 때문이다. 많은 유학생들이 말하듯이 유학 후 한국으로 돌아갈 것이므로 소위 '눈도장'을 찍고 향후 좋은 자리를 제공받기 위한 인상 관리를 한다. 이러한 '양다리 전략'은 트랜스내셔널 상황에서 학위를 받는 한국 대학원생들이 겪는 독특한 경험이다.

한국 유학생들은 학교 외부의 연구 프로젝트에 참가하여 전문가 네트워크를 경험하기도 한다. 대개 자신의 실험실과 연결된 프로젝트이며, 지도교수와도 긴밀히 연결되어 있다. 항공우주공학을 전공하는 강일은 미국 항공우주국NASA에 잠시 파견을 나가서 전문가들과 함께 일했다. 이는 한국에서는 하기 어려운 경험이다. 강일은 자신이 참여한 프로젝트뿐만 아니라 나사 조직의 작동 방식, 문화, 전문가들의 역할과 상호작용 등을 보고 배우는 기회가 되었다고 한다. 또한 나사에서 일한 경험은 그의 연구 경력에 중요한 자산이 될 수 있다. 강민은 지도교수와 연결된 실리콘밸리의 회사를 방문하기도 하고, 실험의 컴퓨터 시뮬레이션을 위해서 대규모 합동 실험실에도 파견된 적도 있다. 이런 경험을 통해 자신의 연구가 어떻게 활용될 수 있는지를 배웠으며, 학교 외부의 전문가들과 네트워크를 형성하는 기회가 되었다고 한다.

마지막으로 유학생들은 학위 과정 중이나, 연구가 결실을 맺는 마지막 순간에 학술지에 투고를 하고 평가를 받음으로써 전문가 공동체에 참여하게 된다. 논문 작성은 가장 힘든 과정에 속하며, 영어라는 장벽으로 인해 상당한 스트레스를 받는다. 학계에서 전문가로 인정받으려면 논문을 출판해야 하는데 경험이 없는 대학원생에게는 이 역시 상당한 장벽이다. 이공 계열의 경우 상당수 논문이 지도교수와의 공저로 작성되는데 한국 유학생이 작성한 영어 논문을 지도교수가 수정해준다. 동준은 지도교수가 자신의 논문이 어느 정도의 수준이고 어느 학술지에 보내는 것이 좋겠다는 방식으로 조언을 해주었다고 한다. 그의 지도교수는 그 분야의 전문가이기 때문에 학술지의 속성과 수준 등을 꿰뚫고 있다고 한다. 미영의 경우 지도교수와 유명한 학술지에 논문을 투고하고 평가서를 받은 후 논문 수정 방향에 대해 함께 전략을 세운 후 재투고했다. 영어로 논문을 작성하는 어려움은 이루 말할 수 없다고 유학생들은 토로한다. 대희의 경우 지도교수가 논문을 빨간 펜으로 일일이 지적하자 큰 상처를 받았다고 한다. 학술지에 투고할 때도 종종 영어 표현에 대한 지적을 받는 유학생들이 많은데, 이때 영어로 인해 또 한 번 좌절한다고 한다. 학술지에 투고하고 평가받는 과정에서도 유학생들은 학계에서 자신이 주변인임을 재차 실감하게 된다.

'똥밭'이 '거름'이 되기를 꿈꾸는 이방인

이 장에서는 한국 유학생들이 미국 대학으로 배움의 장소를 옮김으로써 한편으로 이방인으로서의 정체성을 형성하고, 다른 한편으로 미국 대학의 글로벌 헤게모니를 체화하는 과정을 설명하였다. 한국의 엘리트 학생이라는 지위와 정체성은 미국 유학 과정에서 드라마틱하게 바뀐다. 수업 시간, 조교 생활, 연구 활동에서 자신을 열등한 존재로 여기게 되며 자신의 장애와 능력의 한계를 숙명적으로 받아들인다. 이 과정에서 이들은 탈

Keun-Ho Lee, *A Traveler's Tale: The Experience of Study in a Foreign Language*, Ph.D. Dissertation, University of Alberta, 2005.

유선영(「식민지 근대성의 사회심리학: '이방인론'을 통해 본 식민지의 근대」, 『언론과 사회』 20(3), 2012, 75~119쪽)은 일제강점기 이방인으로서 한국 지식인들이 서양 지식을 습득하려는 힘든 과정에서 느끼는 자기 한계와 모멸감에 대해 분석하였다.

구화dislocated, 방향감각 상실disoriented, 뿌리 뽑힘uprooted을 경험하게 된다.[■] 영어는 완전 정복이 불가능하며 미국 학생과 동일한 선상에서 경쟁할 수 없다는 패배의식과 자기 모멸감을 느끼게 된다.[■] 여기서 유학생들은 미국인과 한국인의 차이를 명확하게 인식하게 되며, 미국 대학원 또는 미국 사회에서 완전한 사회적, 문화적 멤버십을 획득할 수 없다는 것을 깨닫게 된다. 한국에서의 엘리트 학생의 위치와 미국에서의 열등한 학생의 위치 사이에서의 트랜스내셔널 긴장은 유랑(유학)과 정착이라는 대립의 공간에서 발생한다. 미국 교수들과 학생들로부터 '인정'받으려는 필사의 노력은 심리적, 육체적 고난으로 이어지며, 수업과 연구에서 동등한 참여와 멤버십은 좌절된다. 앞에서 소개한 희윤이 미국 유학을 '똥밭'으로 언급한 것은(86쪽) 한국의 엘리트 학생이 트랜스내셔널한 배움이라는 '더러운 공간'을 묵묵히 받아들여야만 하는 상황을 뜻한다.

'이방인'은 사회학의 고전적인 주제 가운데 하나다.[■] 이 개념은 이주migration의 과정에서 이민자들이 겪게 되는 중간자로서의 갈등을 다루며, 특히 이들이 겪는 살아 있는 경험을 포착한다. 짐멜은 고향을 잃고 유럽 전역에서 무역에 종사했던 유대인을 이 같은 '이방인'의 대표적인 사례로 지적한다.[■] 이방인은 현실의 극적인 전환과 새로운 현실에서의 운신의 부자연스러움을 경험하며, 고국과 정착지 사이의 괴리를 느낀다. 이방인에 대한 논의는 트랜스내셔널한 상황에서 이민자들이 겪는 사회심리적 상태에 중요한 개념적 역할을 한다. 고향과 정착지 사이에서 겪게 되는 이방인성은 계급, 젠더, 국적을 떠나서 보편적인 인간 경험일지 모른다. 그런데 이런 사회심리학적 정향으로는 이방인이 놓인 사회적 지위와 궤적을 온전히 이해할 수 없다. 왜냐하면 이민자들이 지니는 사회경제적 위치, 노동시장에서의 기회와 제약의 구조, 문화자본과 사회자본의 질

■ 김광기, 「'이방인'의 사회학을 위한 이론적 정초」, 『한국사회학』 38(6), 2004, 1~29쪽.

■ Georg Simmel, "The Stranger", in Donald Levine(ed.), *Georg Simmel: On Individuality and Social Forms*, Chicago: The University of Chicago Press, 1950, pp.143~149.

과 양 등에 의해서 이들은 서로 다른 경험을 하게 되기 때문이다.

유학생은 그들이 밟는 트랜스내셔널 궤적 때문에 '탈구 속에서의 희망과 가능성'이라는 이방인성을 지닌다. 즉 트랜스내셔널 이방인으로서 미국 유학생은 한편으로는 '똥밭'을 구르지만, 이는 자신의 미래에 '거름'이 되는 가치 있는 장소라는 이중성을 띤다. 미국 대학의 교수진이 전수하는 학문자본의 양과 질, 미국 대학 인프라의 탁월함, 대가라는 학문 권력과의 만남, 우수한 연구 네트워크, 미국 학문 활동의 에토스와 규범은 한국 대학이 제공하지 못하는 귀중한 '거름'이다. 이것들을 경험하게 되면서 미국 대학은 학문을 하는 이상적인 장소로 인식되고, 미국 대학의 학문적 규범은 누구나 따라야 할 준거가 된다. 한국 학생들이 미국 대학과 학문에 대해 갖는 감정은 존경, 찬사, 경외, 사랑을 포함한다. 미국 대학의 글로벌 헤게모니에 대한 인식은 한국 대학에서 이미 간접적 경험을 통해 형성되며, 미국 대학원 생활에서 직접적인 경험을 통해 더욱 공고해진다. 유학생들은 비록 이방인으로서 소외감과 자기 모멸감을 느끼면서도 미국 대학의 글로벌 헤게모니에 대해 자발적이고 적극적으로 동의를 한다.

4

트랜스내셔널 위치 경쟁

멤버십, 실력, 시장

미국 유학 후 한국인 유학생들은 어떤 직업을 가지고 살아갈까? 이들 대부분은 한국 또는 미국에 정착한다. 직업 분류상으로 보면 크게 한국 대학, 한국 기업, 미국 대학, 미국 기업에 취직한다. 이들이 어떤 과정을 거쳐 어디에서 직장을 잡는지는 뒤에서 상세히 설명할 것이다. 그전에 우선 직업 선택의 과정에서 트랜스내셔널 위치 경쟁을 개념적으로 설명하고자 한다.

유학생들의 취업에 영향을 주는 것이 무엇인지 네 가지 사례를 들어 살펴보자. A박사는 한국에서 지방대를 나오고 한국인들에게 잘 알려지지 않은 미국의 공대에서 박사학위를 받았다. 졸업 후 A박사는 보스턴에서 한국 기업에 취직하기 위해 미국 박사를 리쿠르트하러 온 한국의 대기업 임원을 만났다. 이 임원은 A박사의 학벌이 마음에 들지 않았고 한국에도 A박사 같은 사람이 널려 있다며 퇴짜를 놓았다. A박사는 큰 충격을 받았고, 다시는 한국으로 돌아가지 않았다. A박사는 "한국 사람들은 미국에서 살면 인종 차별을 받지 않느냐고 해요. 그런데 한국은 인종 차별이 더 심해요"라고 말한다. A박사는 미국 대기업에 취직했는데, 그가 졸업한 공대는 그 기업과 해당 분야에서 잘 알려진 명문 대학이었다. 그는 회사에서 실력을 인정받아 엔지니어로서는 최고의 직급까지 올라 14만 달러(약 1억 4,000만 원)의 연봉을 받고 있다.

음악을 전공한 B박사는 한국의 명문대에서 학사학위를 받고, 미국 명문대에서 석사·박사학위를 받았다. 사업을 하는 부모님이 경제적 지원을 했고, 어릴 때부터 최고라는 소리를 들으며 엘리트 코스를 밟았다. B박사는 졸업 후 귀국하여 대학 강사와 피아노 과외를 하고 있다. B박사 주위에는 미국에서 박사학위를 받은 수십 명의 동료와 선후배들이 있지만 교수가 된 사람은 거의 없다. 수입도 많지 않고 부정기적이다. 한동안 우울증을 앓았던 B박사는 주위의 기대가 무척 컸으나 이제는 교수의 꿈을 접었다.

하택집 교수는 서울대 물리학과를 나와 버클리University of California, Berkeley에서 물리학 박사학위를 받았다.* 그는 스탠퍼드 대학교에서 노벨 물리학상을 수상한 스티븐 추Steven Chu 교수 밑에서 박사후 연구원('포닥')으로 일했다. 이후 탁월한 연구 업적으로 세계적 명문 일리노이 대학 물리학과에 교수로 임용되었다. 지금까지 『사이언스』, 『네이처』, 『셀』에 20여 편의 논문을 발표했고, 한국의 노벨상으로 불리는 호암상을 수상했다. 하택집 교수는 같은 대학에서 한국인 최초의 정교수가 되었다.

C사장은 서울 명문 사립대에서 학사학위를 받았다. 특별히 학구적이지는 않았지만 미국 유학을 다녀온 모 기업체 대표인 아버지의 권유로 MBA 과정을 밟기 위해 미국 유학을 갔다. 귀국한 뒤 아버지 회사에 취직해 일해오다가 최근 사장직을 물려받았다. C사장은 MBA에서 배운 지식과 실무 경험을 바탕으로 사업을 성공적으로 확장하고 있다. 특히 해외사업 분야를 확장 중이며, 유학 때 익힌 영어가 큰 도움이 되고 있다고 말한다. 그는 사업을 하는 친구들과 정보 교환과 친목 도모를 목적으로 하는 모임에 참석하는데, 그들 대부분이 미국 유학파다.

위와 같이 매우 다양한 직업 선택의 과정을 어떻게 설명할 수 있을까? 분명 취업의 과정에는 다양한 요소들이 개입한다. 뿐만 아니라 우발적인 요소들이 상당히 개입하기 때문에 학위 취득 후 개인의 궤적은 예측할 수 없는 듯하다. 한국과 미국 모두에 취업의 길이 열려 있다면 사정은 더 복잡해진다. 우선 트랜스내셔널 위치 경쟁이라는 개념을 설명한 후 위의 사례들을 분석해보자.

* 하택집 교수는 2단계 면접자 중 한 명이었다. 하 교수의 실명 공개는 사전 허락하에 이루어졌다. 그의 친절함에 다시 한 번 감사를 표한다.

트랜스내셔널 위치 경쟁

베버는 사회계층을 계급, 지위, 당파로 나누어 지위가 높은 집단은 특정한 삶의 양식을 채택하는데, 이 과정에서 높은 지위 집단과 낮은 지위 집단 간 상호작용은 폐쇄된다고 주장하였다.[■] 이러한 폐쇄의 가장 극단적인 사례로 인도의 카스트 제도를 들 수 있다. 지위가 높은 집단은 특정 직업에 대한 기회를 독점하게 되는데, 이는 자유롭게 상품이 교환되는 시장 논리와 배치된다. 사회적 폐쇄social closure는 "소수의 자격자 집단에 주어지는 자원과 기회에 대한 접근을 제한함으로써 보상을 극대화하려는 사회적 집단행동의 과정"이다.[■]

신베버주의 이론에서 위치 경쟁은 제로섬 게임이다. 자신의 위치는 상대의 위치에 의해 결정된다. 신베버주의 학파는 교육이 지위를 생산하는 주요 기제로 작동하고 있으며, 이를 통해 사회적 폐쇄가 일어난다고 주장한다. 신베버주의를 계승한 필립 브라운Philip Brown은 대학과 경제의 글로벌화 때문에 위치 경쟁이 글로벌하게 일어난다고 지적한다. 그는 위치 갈등론positional conflict theory에 입각하여 대학과 개인은 다른 집단을 배제하기 위하여 글로벌하게 다양한 방식의 전략을 구사하며, 이는 엘리트 집단에서 더욱 첨예하게 일어난다고 주장한다.[■] 각국의 중산층들은 자녀의 성공을 위해 교육 전쟁에 뛰어든다. 전 세계적으로 학력 인플레이션이 일어나는 상황에서 부모들은 자녀를 명성이 있는 대학에 보내고자 한다. 이는 다른 아이들보다 더 나은 위치를 부여하기 위한 주요 전략이다. 특히 한국의 중산층은 자녀 교육이라면 세계에서 가장 전투적인 사람들이다.

글로벌 위치 경쟁은 교육의 수요자뿐만 아니라 교육의 공급자 사이에서도 일어난다. 전 세계의 명문 대학들은 글로벌 영향력과 명성을 확

■　Max Weber, 앞의 책, 1978, pp.926~940.　　　■　Frank Parkin, 앞의 책, p.44.

보하기 위해 전사적인 노력을 기울이고 있다. 이들은 글로벌 명성 게임에 뛰어들어 가시성visibility을 높이기 위해 분투한다. 앞서 2~3장에서 보았듯이 미국의 연구 중심 대학은 트랜스내셔널 위치 경쟁에서 한국 학생들에게 중요한 문화자본을 제공한다.

필립 브라운은 글로벌 위치 경쟁에서 선택inclusion과 배제exclusion의 규칙으로 멤버십membership, 실력merit, 시장market을 제시한다.▪ 멤버십은 학벌, 계급, 젠더, 인종, 시민권을 포함한 개인이 가진 다양한 귀속적 지위를 의미한다. 실력은 업적, 전문 지식, 언어자본 등을 일컬으며 직종마다 통용되는 양적, 질적 기준이 다르다. 취업 시장은 시장의 크기, 지원자의 가치(보수), 지원자 수, 작업 환경 등을 포함한다.

브라운의 설명 방식은 앞의 네 가지 사례를 이해하는 데 유용하다. A 박사는 실력이 있고 취업 시장성도 좋으나 학벌 차별로 인해 미국에 정착한 경우다. 음악을 전공한 B박사는 다른 경쟁자들과 능력은 비슷하나 국내 해당 시장의 규모가 워낙 작고 미국 학위가 유럽 학위보다 배타적 우위성을 확보하지 못해 교수 시장에 진입하는 데 실패했다고 볼 수 있다. 하택집 교수는 물리학과 교수 시장이 굉장히 작지만 멤버십과 탁월한 실력의 조합으로 취업 시장에서 성공한 경우다. C사장은 계급이라는 귀속적 지위와 교육을 통한 실력의 결합이 직업 궤도에 중요한 영향을 미쳤다고 볼 수 있다.

브라운의 설명 방식이 간과하는 것은 지역적 맥락과 트랜스내셔널의 간극이다. 가령 미국 학위는 일본보다 한국에서 더 큰 가치가 있는데, 왜냐하면 한국과 달리 일본에는 미국 연구 중심 대학과 겨룰 수 있는 우수한 대학이 존재하기 때문이다. 따라서 이 책은 글로벌 위치 경쟁이라는 개념보다 트랜스내셔널 위치 경쟁이라는 개념을 더 선호한다. 트랜스내

셔널 위치 경쟁에서 멤버십, 실력, 시장은 글로벌하게 단일하고 보편적인 방식으로 작동하는 것이 아니라, 다양한 사회적 관계와 맥락 속에서 적극적으로 평가되고 해석되는 과정을 거친다. 가령 A박사의 지방대 학벌은 한국인들에게는 열등한 것으로 해석되지만 미국인들에게는 중요하지 않다. 한국에서는 서울대와 지방대의 차이가 크지만 미국에서는 차이가 거의 없다. 미국인들이 한국의 대학을 모르기 때문이기도 하지만 미국 사회에서는 전문직 취업에서 학사학위보다는 박사학위나 전문직 학위의 학벌을 더 중요하게 여기기 때문이다. A박사를 면접한 한국 대기업의 임원은 미국 대학에 대한 정보가 제한적이어서 MIT, 버클리, 스탠퍼드와 같이 한국인들에게 잘 알려진 공대 졸업자를 우대했다. A박사가 졸업한 공대는 미국 대기업에서는 누구나 다 아는 명문 공대다. 이처럼 같은 학벌이라고 해도 사회적 평가 과정에서는 다른 방식으로 해석될 수 있다. 정도의 차이가 있지만 다른 귀속 지위와 실력도 사회적 해석과 평가의 과정을 거친다.

또 하나 중요한 점은, 취업 시장이 작동하는 방식 역시 상대적이라는 것이다. 한국의 교수 시장은 미국에 비해 규모가 작고 폐쇄적이다. 또한 한국에서는 교수 임용 절차가 심도 있지 않고 표면적이다. 미국의 교수 시장은 1년여에 걸쳐 평가하는 반면 미국 기업의 취업 시장은 진행 속도가 빠르다. 반면 미국 유학파가 한국 기업에 취업할 때는 대부분 대기업이나 금융권을 택한다. 이들이 요구하는 임금 수준이 규모가 작은 기업과는 맞지 않기 때문이다. 종합하자면 브라운이 제시한 세 가지 선택과 배제의 규칙은 사회적 해석과 평가를 거치며 시장의 작동 방식에 의해 다르게 구성된다.

멤버십

A박사의 사례가 보여주듯이 미국 박사라고 해서 한국에서 성공이 보장되는 것은 아니며, 한국이 미국보다 차별이 덜한 것도 아니다. 유학생들은 졸업 후 자신이 가진 다양한 멤버십과, 한국 또는 미국에서의 지위를 둘러싼 다양한 선택과 배제의 메커니즘을 고려하여 진로를 결정한다. 이 메커니즘은 직장마다 다르게 작동하며, 유학생들은 경우에 따라 장애가 되는 멤버십이 무엇인지 알게 된다.

우선 미국 박사들이 국내 대학으로 진입하려고 시도할 때 멤버십을 둘러싸고 상당한 진통을 겪는다. 이들은 한국 대학의 교수 임용 과정에서 상당히 비루함을 느끼는데, 이는 학벌, 젠더, 나이 같은 멤버십이 중요하게 작용하기 때문이다. 먼저 한국 대학의 학벌 정치는 많은 것들을 뒤틀리게 한다. 서울대/모교, 외국 박사/국내 박사, 미국 박사/비미국 박사, 특정 대학 A/특정 대학 B 등의 다양한 이항대립 속에서 임용이 진행되는데, 이는 지원하는 학과의 교수진들의 학벌 구성과 연관된다. 미국 학위자는 국내 학위자와의 위치 경쟁에서 유리한 고지에 있다. 한국의 교수 임용 과정이 미국의 경우와 비교할 때 특이한 점은 학부 학벌과 박사 학벌 모두 중요하게 작용하며, 이것이 상황을 더 복잡하게 만든다는 점이다. 학벌 이외에 연령과 젠더 또한 중요한 요소인데, 이는 가부장적 유교 질서가 한국 대학에 만연해 있기 때문이다. 우선 남성이 대다수를 차지하는 현실에서 여성 교수를 기피하는 문화가 있다. 한국 대학의 교수는 다양한 종류의 행정일과 잡일을 하게 되는데 여성 교수들은 조직에 대한 헌신이 부족하고 개인주의적이라는 편견이 있다. 또한 한국 대학은 미국과 달리 여성 교수 임용을 장려하는 지원책이 미약하다. 기껏해야 국립대학 여성 교수

할당제 정도가 있는데 이조차 대학 교수진의 젠더 불평등을 개선하는 데는 미약하다. 연령 또한 교수 임용 과정에서 중요한 변수다. 한국 특유의 연공서열 문화 때문에 후보자가 학과 교수들보다 나이가 많으면 상당히 부담스러워한다.

한국 기업에 취직하는 미국 학위자들의 전공은 경영, 경제, 회계, 이공계 계열이 다수를 차지한다. 기업이 주로 경영 쪽이나 연구개발 부문의 인력을 필요로 하기 때문이다. 한국의 글로벌 기업들은 미국 학위 소지자를 채용하기 위해서 직접 미국의 대도시를 방문한다. 즉 미국 유학파라는 멤버십 자체에 특혜가 부여되는 것이다. 이 점에서 이들은 이미 국내 학위 소지자뿐만 아니라 다른 외국 학위 소지자보다 위치 경쟁에서 앞서 있다. 그렇다고 대기업이 학교와 전공을 불문하고 특혜를 주는 것은 아니다. A 박사와 같이 지방대와 한국에 덜 알려진 미국 대학을 나왔다면 배제될 가능성이 높다. 그러나 미국 유학파는 국내 학위자에 비해 높이 평가받고, 더 나은 계급적 배경을 가진다. 최상층의 대학이나 기업일수록 미국 유학파가 많은데 이는 계급적으로 중산층 이상의 사람들이 더 집중되는 것을 의미하며, MBA 전공자라면 더욱 그렇다. 미국 대학 MBA 과정의 경우 장학금이 거의 없고 학비와 생활비로 수억 원이 들기 때문에 계급적인 장벽이 크게 작용한다.

한국인 박사학위 소지자에게 미국 대학 교수 시장은 여러모로 도전의 대상이다. 미국 대학에서 학위를 받은 전 세계 사람들과 경쟁해야 하기 때문이다. 미국에 있는 대학은 4,500개에 달하기 때문에 자리도 많고 경쟁자도 많다. 하지만 경쟁자는 대체로 자신과 비슷한 수준의 대학을 졸업한 사람들이다. 미국에서는 흔히 동료 대학이나 학과peer institution끼리 그룹 지어 있는데, 졸업자들은 자신의 동료 대학 또는 그보다 아래의 대학에 지원한다. 예를 들어 하택집 교수가 졸업한 버클리 대학 물리학과는 MIT, 스탠퍼드, 하버드, 시카고, 캘리포니아공과대학, 일리노이 대학 등의 물리학과와 일종의 동료 학과다. 동료 대학들이 존재한다는 것은 대학들 사이에 위계가 구축되어 있음을 의미한다. 카네기 분류에서 나타나듯이 그 위계의 꼭대기에는 명성이 높은 연구 중심 대학이 자리 잡고 있고, 가장 아래에는 전문대학들이 있다. 따라서 명망 높은 대학에서 박사학위를 취득한 사람이 한참 아래의 교육 중심 대학이나 전문대학에 지원하는 사례는 드물다. 이들의 박사학위 학벌은 멤버십 중에서도 가장 중요하다. 미국 대학이 한국 대학과 다른 점은 학부 학벌을 전혀 고려하지 않으며, 교수들이 출신 학교를 중심으로 파벌을 형성하지 않는다는 것이다. 즉 박사학위 학벌이 미국 대학에서도 어느 정도 중요하지만, 교수 임용 과정에서 학벌을 둘러싼 파벌 정치는 존재하지 않는다. 젠더의 관점에서 볼 때 한국인 남성 박사와 한국인 여성 박사는 미국 대학 임용 경쟁에서 큰 차이가 없다. 미국 대학은 차별에 매우 민감하고 의식 수준도 높기 때문에 임용 과정에서 차별을 당했다고 말하는 면접자는 거의 없었다.

미국 기업에 취직하는 경우 시민권이라는 멤버십은 대단히 중요하다. 영주권이 없기 때문에 미국 기업으로부터 비자에 대한 스폰서를 받아야 하며, 이 때문에 미국인보다 위치 경쟁에서 불리하다. 외국인에게 일할 권리를 부여하는 H-1B 비자를 처리하는 행정 비용이 만만치 않기 때문에 대부분은 대기업에 취직한다. 향후 영주권에 드는 1만 달러 내외의 소요 비용은 회사에서 대주거나 본인이 직접 지불한다. 그래서 영주권, 의료보험 등을 포함하여 혜택이 많은 회사를 선호하게 된다. 직장에 따라 미국 대학에서의 학벌도 중요하다. 실리콘밸리나 뉴욕 금융가에서는 명문 이공대 학생을 선호한다. MIT, 스탠퍼드, 버클리, 하버드, 카네기 멜론,

미시간, 일리노이, 퍼듀, 조지아공과대학 같은 명문 이공계 박사학위 소지자를 선호하는 것이다.

실력

실력은 업적주의를 주요 이념으로 하는 근대의 직업 세계에서 가장 중요한 요소다. 하지만 유학생들이 미국 대학을 졸업한 학위 소지자들 사이에서 하택집 교수와 같이 월등한 실력을 갖춘다는 것은 드문 일이다. 스탠퍼드 대학의 노벨상 수상자의 제자가 다른 경쟁자보다 훨씬 유리하지만 그렇다고 실력 없이 좋은 자리를 차지하기는 어렵다. 대학에서는 논문 실적을 통해 실력을 어느 정도 측정할 수 있지만, 기업에서는 다양한 인터뷰 과정을 통해 실력을 검증하게 된다. 또한 실력 평가도 한국과 미국에서 다르게 이루어진다.

우선 한국 대학은 경쟁이 더욱 치열해지고 있으며, 이는 우수한 실력을 갖춘 박사를 뽑으려는 경향으로 나타난다. 미국 박사학위만으로 금의환향은 보장될 수 없다. 전 학문 분야를 막론하고 영어 논문(SCI급 논문)은 실력을 입증하는 상징적 징표가 되었다. 따라서 미국 대학원에서 수학하고 있는 한국인 학생들은 갈수록 영어 논문을 출판하기 위해 더 많은 노력을 기울이고 있다. 많은 대학들이 임용 과정에서 논문 수에 대한 정량평가를 하며, 영어 논문은 국내 논문에 비해 몇 배 높은 점수를 받는다. 이런 상황은 미국 학위 소지자가 위치 경쟁에서 우위를 점하게 만든다. 실력이라는 것이 특정한 언어 매체로 전달되어야 하기 때문에 이는 개방적이고 공정한 게임이라고 볼 수 없다.

한국 기업에서 실력 평가는 학교 성적, 경력, 성취된 지위로서의 학벌, 영어 실력, 프레젠테이션 능력 등의 요소를 포함한다. 여기서 미국 대학으로부터 전수받은 영어 실력과 전문 지식 같은 글로벌 문화자본이 곧 실력의 징표로 여겨진다. 기업들은 미국의 좋은 대학을 나왔다면 이미 실력이 한 번 검증되었다고 판단한다. 가령 미국의 명성 있는 대학의 MBA나 다른 학과에 입학하기 위해서는 기본적으로 학점, 영어 실력, 성실성 등을 갖추어야 한다. 한국 기업들도 미국 학위 소지자들을 인터뷰하는 과정을 거치는데, 이를 통해 그 사람의 성실성, 능력, 대인관계, 적극성 등을 평가한다.

미국 대학의 임용 과정에서도 실력은 주로 논문 실적으로 판가름 난다. 한국인 박사들은 위치 경쟁에서 매우 불리한 여건에 놓인다. 아무래도 원어민이 아니기 때문에 쓰는 속도가 느릴 뿐만 아니라 아카데믹 문화를 익히는 데도 더딜 수밖에 없다. 논문은 대학원생 또는 박사후 연구원 시절부터 써야 하는데, 논문 작업은 원어민에 비해 불리한 여건임에 틀림없다. 미국 대학에 교수로 임용되는 한국인 박사들은 실력이 탁월하고 경쟁적이며 영어에도 어느 정도 자신감을 가지고 있다. 미국 대학에서 실력 평가는 양적이라기보다는 질적이다. 논문의 수와 출판된 논문들이 실린 학술지의 명성도 물론 중요하지만 그 후보자가 가진 잠재성을 더 중요하게 평가한다. 미국 대학의 임용 과정에서 실력 평가는 한국 대학의 교수 임용 과정에 비해 훨씬 더 심도 있게 이루어진다. 한국 대학의 교수 임용 과정에서 후보자의 논문을 직접 읽어보았다는 사람은 거의 없었다. 반면 미국 대학의 교수 임용 과정에서는 고려하고 있는 후보자들의 논문을 읽어보았다는 대답을 거의 모두에게서 들었다. 한국 대학에서 이루어지는 실력 평가가 정량적이고 표피적인 반면, 미국 대학에서 진행되는 실력 평가는 질적이고 심층적이다.

　미국 기업에서 미국인과의 지위 경쟁에서 이길 수 있는 자원으로서 기술적 지식은 매우 중요하다. 미국에서 교육받은 외국인이 미국 대기업의 기술전문직으로 활동하는 것을 흔히 볼 수 있다. 뉴욕 금융가나 회계회사, 실리콘밸리의 IT 단지, 시카고 산업단지에 취업한 한국인들은 기술적 지식에서 우위에 있기 때문에 상대적으로 언어 능력이 떨어짐에도 전문 분야에서 인정을 받고 있다. 이에 비해 인문사회 계열을 졸업한 사람들은 전공과 일의 속성 때문에 취업 시장에서 열악한 조건에 놓인다. 미국 기업의 인터뷰 면접은 상당히 심도 있게 진행되며, 이 과정을 통해 후보자의 다양한 능력을 평가받는다. 연봉이 많을수록, 명성이 높은 기업일수록 이 과정이 까다롭게 진행되는데 외국인으로서 언어적인 약점을 보완할 수 있는 자신만의 강점을 어필하는 것이 중요하다.

시장

아무리 멤버십이 고귀하고 실력이 출중하더라도 취직할 직장이 없다면 모든 것이 허사다. 국내의 교수 시장은 미국에 비해 그리고 박사학위 배출자 수에 비해 협소하다. 교수 시장은 전공, 학교, 시대에 따라 달라지며 우발적인 요소가 작용한다. 1단계에서 인터뷰한 예체능 계열의 어떤 면접자도 한국과 미국에서 교수가 되지 못했다. 그만큼 예체능 계열의 교수 시장이 작다는 것이다. 그들은 B박사와 마찬가지로 어릴 때부터 주목을 받고 엘리트 예술 교육을 받았지만 결과는 참담했다. 따라서 각 분야와 시대마다 교수 임용 시장의 규모가 중요하다.

교수 시장의 문화라는 것은 교수 임용이 실제로 어떤 과정을 거치는지, 그리고 그 과정에서 구성원들이 어떤 가치를 가지고 어떤 방식으로 행동하는지를 의미한다. 한국 대학의 교수 임용은 급박하고 일방적이며 후보자를 배려하지 않는다. 이러한 교수 시장의 문화는 '교수가 되고 싶은 사람은 많다'라는 대학의 고압적인 자세에서 비롯된다. 미국 대학이 후보자를 세심하고 정중하게 대하는 것과 상반되는 모습이다. 한국 대학의 교수 임용 과정은 한국 대학의 천민성을 적나라하게 드러낸다. 5장과 8장에서 한국 대학과 미국 대학의 교수 임용 과정의 차이가 적나라하게 드러남은 물론, 한국 대학이 왜 미국 대학의 문화적 헤게모니에 복속될 수밖에 없는지를 파악할 수 있을 것이다.

미국 학위 소지자들이 한국 기업으로 취직할 경우 미국 학위 획득에 소요된 기회비용을 보상해줄 수 있는 기업은 대기업이나 금융권이다. 규모가 작은 회사는 임금이 낮기 때문에 애초부터 이들의 관심 대상이 아니다. 하지만 한국 기업은 한국 대학보다 시장이 더 넓고 경쟁적이다. 졸업 당시 유학생들은 한국과 미국의 여러 기업에 입사지원서를 낸다. 그리고 합격한 곳들 중에서 보수, 근무 환경, 전망 등을 고려하여 그중 제일 나은 직장을 선택하게 된다. 또한 상당수는 미국 직장에서 한국 직장의 경력직으로 옮기기도 한다.

글로벌 경제의 영향으로 미국 학위 소지자에 대한 국내 기업의 수요는 꾸준히 증가하고 있다. 경제적 측면에서 미국과 한국의 트랜스내셔널 연줄이 확대될수록 양국 사이에서 이들의 역할은 증대될 것이다. 또한 국내 대기업 CEO와 임원진 중 상당수가 미국에서 공부한 경험이 있다. 미국 학위 소지자는 이들과 문화적 친화성을 가지며, 코즈모폴리턴적이고 개방적이며 진취적인 성향을 띤다.

미국의 교수 시장은 규모가 매우 크고 개방적이고 경쟁적이다. 후보자들은 적게는 여러 대학, 많게는 수십 군데의 대학에 지원한다. 한국과는 다르게 대학 역시 훌륭한 인재를 데려오기 위해 경쟁하며, 후보자를 소중하게 여긴다. 그리고 미국의 교수 시장은 철저히 자본주의적이다. 수요와 공급의 법칙에 의해 교수직의 시장 가치가 매겨진다. 가령 미국은 법대와 경영학과 교수가 사회학과 교수보다 초봉이 두 배가량 많다. 반면 한국은 법대 교수건 경영학과 교수건 사회학과 교수건 상관없이 모두 동등한 월급을 받는다. 이 때문에 미국 대학에서 교수의 이직은 한국보다 잦은 편이다. 우수한 교수가 있으면 스카우트 제의를 하여 높은 연봉을 주고 모셔온다.

미국 기업의 경우 공학, 경영, 경제, 회계 등의 분야에 구직 기회가 많은 편이다. 세계 경제가 소위 지식경제로 전환되고 확장되면서 미국 경제 역시 지식노동자에 대한 수요가 증가하고 있다. 미국과 한국 또는 아시아 사이의 긴밀한 경제적 관계는 한국 유학생들에게 더 많은 직업 기회를 제공한다. 다른 한편 한인 공동체에서 일하는 전문가들도 점점 더 늘어나고 있다. 이들은 170만 명에 달하는 한인들을 위해 다양한 전문 지식을 제공한다. 한미 양국의 많은 전문가들이 법률, 금융, 부동산, 세금 서비스를 제공하고 있으며, 이들로 인해 트랜스내셔널 연결망은 더 많아지고 긴밀해지고 있다.

5

글로컬 학벌 체제

한국 대학의 교수 임용 과정과 미국 학위의 우위

막스 베버는 『직업으로서의 학문』이라는 제목의 강연에서 대학교수가 되는 데는 '요행'이 커다란 역할을 한다고 말했다.[*] 그는 교수 임용 과정의 '객관적 근거'를 부정하진 않지만 자신도 이러한 '절대적 우연 덕분에' 교수가 되었다고 실토한다. 또한 대학교수들은 임용 과정에서 겪은 결코 유쾌하지 않은 경험을 떠올리기 싫어한다고도 말한다. 재력 없는 학생이 대학교수가 되려는 것은 '무모한 모험'이라는 경고도 빼놓지 않는다.

이 장에서는 미국 유학파가 한국 대학의 교수 임용 과정에서 어떻게 우대받는지를 살펴보고자 한다. 미국 박사학위와 한국 학사학위의 결합을 특징으로 하는 글로컬(글로벌+로컬) 학벌 체제는 교수 임용 과정에서 명백히 드러난다. 최근 한국 대학의 글로벌화는 영어 논문을 실력의 잣대로 여기는 경향이 있어 미국 학위에 대한 선호가 더욱 부각된다. 한편 한국 대학의 문화적, 조직적 특징은 교수 임용 과정에 지대한 영향을 미친다. 교수 임용은 한국 대학의 집단적 에토스(규범 또는 윤리)를 반영하는 리트머스 테스트다. 이 장은 한국 대학의 폐쇄적, 집단적 에토스가 어떻게 학문 세계의 비루함을 낳는지를 보여줄 것이다. 이 장과 8장에서 소개되는 한국과 미국 대학의 교수 임용을 통해 독자들은 미국 대학의 교수 임용 과정이 한국 대학보다 더 개방적이고 합리적임을 알 수 있을 것이다.

이 장은 한편으로는 앞에서 소개한 신베버주의적 사회계층 연구를, 다른 한편으로는 과학사회학의 전통에서 교수 임용에 대한 일련의 연구를 배경으로 한다. 나는 신베버주의적 입장에서 교수 임용 과정을 학력주의에 기반한 선택과 배제의 과정으로 설명한다. 교수 임용 과정에는 '실력주의'meritocracy에 기반한 보편적인 요소들과 한국 대학 문화의 조직적 특성이라는 특수한 요소들이 섞여 있음을 밝히며, 이는 과학사회학에서 지금껏 다루어진 교수 임용에 대한 일련의 논의들과의 비판적인 대화 속

[*] 막스 베버, 전성우 옮김, 『직업으로서의 학문』, 나남, 2006, 21~28쪽.

에서 분석될 것이다.

신베버주의에 따르면 개인의 사회적 위치는 상대방의 위치에 의해서 결정되므로 사회적 위치는 '상대적'이다. 가령 명성 있는 대학에서 학위를 받았음에도 불구하고 경쟁자가 더 명성 있는 대학의 학위를 받았다면 전자의 학위는 덜 가치 있는 것이 된다. 따라서 교수 임용 과정에서 경쟁하는 후보자들 사이의 위치 경쟁은 제로섬 게임이다. 위치 경쟁은 특정 집단이 기회를 독점하려고 하며, 다른 집단을 열등하다거나 자격이 없다는 이유로 배제하는 사회적 폐쇄social closure의 과정을 거친다. 아카데믹 시장에서 후보자들은 일종의 인격화된 지위 상품이 되어 심사자들로부터 평가를 받는다. 이들 지위 상품에 대한 평가는 표준화된 일반 상품과 달리 평가자들 간의 사회적 합의를 거쳐 그 가치가 결정된다.ᵜ 즉 한 후보자의 학문적 실력과 지위가 다른 후보자와의 비교에 의해 결정되며, 또한 심사자들의 토론과 타협을 거친다는 점에서 교수 임용은 아카데믹 폐쇄academic closure가 기계적으로 적용되는 것이 아니라 사회적 맥락 안에서 구성되는 것이다.

하지만 교수 임용에 대한 경험적인 연구는 과학사회학의 전통에서 비롯된다. 과학사회학 전통에서는 누가 어떤 대학에 교수로 임용되는가를 연구 문제로 다루어왔다. 여기서 후보자의 연구 업적, 박사학위 수여 대학, 젠더, 지도교수의 명성 등이 중요한 변수가 되는데, 이는 이후 보편주의 대 특수주의 논쟁을 불러일으켰다. 로버트 머튼Robert Merton은 「과학의 규범적 구조」라는 고전적인 논문에서 과학이 보편주의universalism, 공동체주의communism, 이해관계의 초월disinterestedness, 조직화된 회의주의organized skepticism라는 네 가지 규범에 근거한다고 주장하였다.ᵜ 과학의 보편주의는 이미 마련된 '비인격적인' 규준에 의거하는데, 이는 과학이 특수한 기

ᵜ Patrik Aspers, "Knowledge and Valuation in Markets", *Theory and Society* 38, 2009, pp.111~131.

ᵜ Robert Merton, *The Sociology of Science*, Chicago: The University of Chicago Press, 1973, pp.270~278.

준이 아닌 객관적 기준에 의거한다는 뜻이다. 이러한 보편주의는 연구자의 직업 기회에도 적용되는데 어떤 직책이든 편견 없이 오로지 연구자의 재능과 실력에 근거해야 한다는 것이다.[•] 카스트 제도처럼 출신 배경으로 과학자를 판단하는 것은 과학의 적이라고 머튼은 규정한다. 보편주의라는 '민주주의의 에토스'(과학 경력은 누구에게나 공평하게 열려 있다는 것)는 과학을 이끄는 '지배적인 원칙'이다.[•] 과학자의 출신 학교, 젠더, 계급, 연령, 인맥 등은 보편주의가 거부해야 하는 특수한 요소들이다. 보편주의는 곧 과학의 실력주의, 개방주의, 합리주의를 뜻한다.

머튼의 과학사회학은 과학자 사회의 계층화 연구로 진척되는데, 여기서는 박사학위 소지자가 어떤 대학에서 경력을 시작하는지가 주요한 문제 중 하나다. 과학자의 성공적인 초기 경력은 '누적 이익'cumulative advantage을 가지기 때문에 매우 중요하다.[•] 누적 이익은 초기의 조그마한 차이가 경력 과정에서 커진다는 것을 뜻한다. 누적 이익을 가진 사람은 그렇지 않은 사람보다 유리하다. 예를 들어 연구자가 명성 있는 연구소나 대학에서 훈련받거나 직업을 가진 경우 더 나은 연구 시설과 연구비를 획득하게 되며, 이것이 더 높은 연구 생산성으로 이어져 결국 과학자 사회에서 더 많은 인정을 받게 된다는 것이다. 한편 과학자 사회의 계층 분화는 게이트키퍼gate-keeper들의 평가evaluation가 결정적인데, 이는 대학교수와 같은 직위, 연구비와 수상 경력 등의 인정, 논문에 대한 학술지의 채택 여부 등과 관계된다. 과학사회학의 계층화 연구는 박사학위 소지자가 대학에서 자리 잡는 과정에서 후보자가 졸업한 대학의 명성, 젠더, 지도교수의 명성 등이 영향을 미친다는 일련의 경험적인 연구 결과들을 내놓았다.[•] 즉 연구 업적이 같거나 유사하다면 후보자가 명성이 높은 대학을 졸업할수록, 남성일수록, 지도교수의 명성이 높을수록 교수직에 임용될 가능성

■ Robert Merton, 위의 책, p.272.

▪ Robert Merton, 위의 책, p.273.

▌ Robert Merton, "The Matthew Effect in Science, II: Cumulative Advantage and the Symbolism of Intellectual Property", *Isis* 79(4), 1988, pp.606~623; 조혜선, 「마태 효과: 한국 과학자 사회의 누적 이익」, 『한국사회학』 41(6), 2007, 112~141쪽.

이 높다는 것이다. 교수 임용에 있어 특수주의의 존재는 다른 여러 연구들에 의해 뒷받침되었으며, 이는 머튼의 주장과 달리 과학자 사회는 불평등하다는 사실을 확인시켜주었다.

한국에서는 2000년대 이후부터 보편주의 요소와 특수주의 요소가 연구자의 위치와 연구 생산 성과에 어떤 영향을 미치는지에 대한 연구가 주로 양적 접근을 통하여 이루어졌다.[▶] 이 연구들은 한국 대학의 과학자 사회 계층화를 이해하는 데 의미 있는 진전을 이루었다. 그럼에도 몇 가지 지적할 점이 있다. 첫째, 대부분 이공 계열을 중점적으로 분석함으로써 다른 학문 분과에 적용하는 데 한계가 있다. 둘째, 미국 모델을 차용함으로써 한국 대학의 조직적, 문화적 특성을 충분히 고려하지 못했다. 셋째, 한국 대학의 구조와 문화가 급변하는 상황에서 시대적인 역동성을 포착하지 못했다. 최근 한국은 대학 순위와 글로벌화에 천착하면서 명성이 있는 대학일수록 영어 논문과 영어 강의를 강조하는 추세이며, 이것이 교수 임용 과정에도 영향을 미친다. 이는 실력이 특정한 언어로 표현되어야 함을 내포하며, 미국 학위 소지자가 국내 학위 소지자보다 유리하다는 것을 의미한다. 인문사회 계열의 실력에 대한 이원적 평가(영어 논문과 한글 논문)는 미국 대학의 임용 과정에서는 볼 수 없는 상황이다. 넷째, 양적 연구들은 방법적인 엄밀성으로 인해 하나 또는 두 가지 요소에만 집중하는 경향이 있다. 교수 임용 과정에서 후보자와 평가자들이 실제 '경험하는 현실'은 한두 가지 변수가 아니라 여러 요소들의 총체적인 체험이다. 종합하자면 한국의 교수 임용 과정에서 경험되는 보편주의와 특수주의는 미국적 경험과 질적으로 다르며, 양적 연구만으로 심도 있게 이해될 수 없다.

이 장과 8장에서 설명하는 한국 대학과 미국 대학의 교수 임용 과정

■ Jonathan Cole and Stephen Cole, *Social Stratification in Science*, Chicago: The University of Chicago Press, 1973; Scott Long, "Scientific Careers: Universalism and Particularism", *Annual Review of Sociology* 21, 1995, pp.45~71; Harriet Zuckerman, *Scientific Elite: Nobel Laureates in the United States*, New Brunswick: Transaction Publishers, 1996.

▶ 조혜선·김용학, 「과학기술자의 공동연구 네트워크: 성별 비교를 중심으로」, 『한국사회학』 39(6), 2005, 119~158쪽; 박찬웅, 「여성 고학력자들의 취업: 생화학 분야 여성과학자 교수 임용 과정을 중심으로」, 『한국인구학』 29(1), 2006, 157~183쪽; 김명심·박희제, 「한국 과학자의 경력 초기 생산성과 인정의 결정 요인들: 대학원 위신과 지도교수 후광효과의 영향을 중심으로」, 『한국사회학』 45(5), 2011, 105~142쪽.

의 비교에서 강조되는 것은 두 곳 모두 보편주의와 특수주의가 존재한다는 점이 아니다. 한국 대학에서는 한편으로는 수직적인 학벌 체제에 의해, 다른 한편으로는 교수 임용 과정 자체의 비합리성에 의해 특수주의가 미국 대학보다 훨씬 강하며, 후보자들은 이를 강렬하게 혹은 '더럽게' 체험한다. 반면 미국 대학도 특수주의가 존재하지만 한편으로 탈중심적 대학 경쟁 체제에 의해, 다른 한편으로는 교수 임용 과정 자체가 개방성, 합리성, 깊이를 담보하고 있기 때문에 후보자들이 평가 과정을 정당하고 합리적인 것으로 체험한다.

이 장은 무엇보다 글로컬 학벌 체제 내에서 보편주의 요소와 특수주의 요소가 맥락에 따라 다르게 적용되는 점을 강조하면서, 어떻게 미국 학위 소지자가 교수 임용 과정에서 상대적인 우위를 점하는지를 분석한다. 한국에서 보편적 요소는 학문 분과, 대학의 글로벌 명성, 대학의 지리적 위치(수도권/지방)에 따라서 다르게 적용된다. 가령 이공 계열에서 실력은 SCI 저널 같은 영문 저널로 객관화되어 평가되는 경향이 있지만, 인문사회 계열에서는 영문 저널/한국 저널의 이원적 평가 체계를 가진다. 인문사회 계열 내에서도 경제학의 경우 미국 학계의 영향력이 절대적이지만 역사학은 상대적으로 미약하다. 따라서 실력 평가의 잣대가 다양하고 학문 공동체 내에서 합의가 이루어지기 어려울수록 실력에 대한 평가는 경합한다.[*] 즉 한국 대학의 교수 임용은 글로벌과 로컬의 이중적 평가 잣대로 이루어진다. 다른 한편 특수주의 요소들은 강한 학벌주의, 학과의 소규모성, 가부장적 유교 질서에 따라 작동하는데, 이는 미국의 연구 중심 대학에서 발견하기 어려운 특징이다. 따라서 이 장은 교수 임용 과정이 객관적이고 보편적인 과정이라기보다 글로컬 학벌 체제 내에서 여러 후보들 간의 위치 경쟁으로부터 벌어지는 문화적이고 정치적인 과정으

---

[*] 미셸 라몽은 인문사회과학 계열에서 분과에 따라 실력 평가가 어떻게 다른지를 심층 면접을 통해 분석하였다. 예를 들어 미국에서 수학적 형식주의가 헤게모니를 장악한 경제학과에서의 실력 평가에 대한 합의가 크고, 포스트모더니즘의 영향을 받은 영문학과의 경우 실력 평가에 대한 합의가 적다. Michele Lamont, *How Professors Think: Inside the Curious World of Academic Judgment*, Cambridge, MA: Harvard University Press, 2009.

로 이해한다.

교수 임용 '과정'의 중요성

일련의 과학사회학적 연구들은 교수 임용에서 실력(보편주의)과 실력 외적인 요소(특수주의)가 한국과 미국 모두에서 나타남을 밝혔다. 하지만 앞서 지적한 대로 양적 연구에서는 이 '과정'이 어떻게 일어나는지보다 변수들 간의 인과관계에 관심을 가진다. 여기서 주목하는 것은 교수 임용에서 미국 대학과 한국 대학의 '평가 과정'이 다르다는 점이며, 이 차이가 '평가 결과'에 지대한 영향을 미친다는 점이다.

한국 대학의 교수 임용 과정은 미국 대학에 비해 절차가 간소하고 빨리 이루어지며 평가가 얕은 경향이 있다. 미국 대학의 임용 과정을 겪은 교수들은 한국 대학의 교수 임용 과정의 특징을 다음과 같이 말한다.

> **강 교수**▪ 미국 대학은 뮤추얼mutual(상호적)하다고 생각한 게 미국은 공개 발표도 하고 딘dean(학장) 만나고, 교수도 만나고, 저녁도 먹고 스케줄이 공식적으로 짜여 있잖아요. 이틀이 될 수도 있고, 하루 반 하는 데도 있고. 한마디로 그 사람들이 나를 알아가는 거겠지만 내가 그 사람을 거의 다 알고, 그 구조가 어떻고를 어느 정도 보는 거죠. 그러니까 저도 질문하고, 뮤추얼한 과정이 있는 거죠. 그리고 저에 대한 배려도 큰 거죠. (……) 한국은 내가 지원하는 과만 알지 프로시저procedure(절차) 상에서는 아는 게 없어요. 상당히 원웨이로one-way(일방적으로) '기다려라', 당연히 내가 여기 오는 걸 데스퍼레이트하게desperate(절박하게) 생각하기 때문에, 상당히 큰

▪ 5장과 6장에서 인용되는 사람의 성은 실제 면접자의 성과 다르다. 나는 익명성을 보장하기 위해 이들의 성을 바꾸었다. 이 두 장에서 언급되는 동일한 성은 같은 인물임을 뜻한다.

기회를 주는 상황이기 때문에 여기의 정보는 가려져 있는 거죠. 그런 얘길 할 기회는 없는 거죠. 저만 보여주고 그것도 아주 짧은 시간에, 물론 배려 없이. 그러니까 아주 짧은 시간에 저만 보여주고 가는 거죠. 너무나 대조적이죠.

미국 대학의 임용은 통상 2박 3일에서 3박 4일에 걸쳐 이루어지며, 공항에 도착할 때부터 심사 과정에 참여한 교수 및 학교 당국 관계자들과 접촉한다. 다음 날 학과 교수들과 아침식사를 함께 하는 것으로 심사가 본격적으로 시작된다. 이 자리에서 만나지 못한 사람들은 오전 또는 오후에 개별적으로 교수 사무실에 찾아가 30분 정도 대화를 하게 된다. 같은 날 공개발표가 이루어지는데, 지원 학과의 교수진과 학생들이 참석하여 그 후보의 연구에 대한 심도 깊은 토론이 진행된다. 강 교수가 언급하듯이 지원자와 해당 학과 교수들 간의 대화가 심도 있게 진행되며, 이는 지원자가 그 학과의 상황을 좀 더 깊이 이해하는 기회가 된다.

반면 한국 대학의 경우 교수 임용 과정에서 해당 학과 교수진을 만나는 기회가 제도적으로 주어지지 않기 때문에 지원자가 해당 학과의 특정 교수를 알 경우 그 사람을 통해서 정보를 얻는다. 여기서 후보자는 지원한 학과의 교수들을 찾아가서 인사를 해야 할지 말아야 할지를 고민하게 된다. 인사를 한다면 혹시 로비를 한다는 의심을 받지는 않을지, 인사를 하지 않으면 건방지다는 소리를 듣지는 않을지 걱정한다. 면접자들은 대부분 임용 과정이 진행되는 동안에는 서로 연락을 하지 않는 것이 좋다는 의견이었다. 따라서 후보자가 해당 학과 교수들을 만나는 시간은 공개발표와 최종 면접 때다. 최종 면접도 길면 30분 정도이므로 서로를 알 수 있는 기회가 제한될 수밖에 없다. 따라서 그 후보자에 대한 연구 업적 이외의 평가 및 정보는 학회 활동 등을 통해 그 후보자에 대해 기존에 알고 있던 교수들이 제공하는 경향이 있다.

미국의 교수 시장은 한국보다 경쟁적이고 개방적이다. 미국 대학의 교수 임용 과정에서는 적게는 수십 명에서 많게는 수백 명이 지원한다. 지원자는 통상 적게는 몇 군데, 많게는 수십 군데에 지원하기 때문에 반드시 한 학교만을 타깃으로 삼지 않는다. 하지만 한국에서는 교수 시장이 훨씬 작기 때문에 많은 곳을 지원하지 않는다. 교수 자리의 희소성과 폐쇄성 때문에 지원자는 '을'의 위치에 놓이게 된다. 이런 상황을 남 교수는 다음과 같이 설명한다.

남 교수 미국은 지원할 때까지는 학교가 갑이지만 일단 인비테이션invitation(최종 면접 심사를 위한 초대)을 주고 나면 그때부터는 지원자가 갑일 가능성이 높아요. 우리나라는 영원히 학교가 갑이죠. 어떤 상황에서든. 그러니까 (방문을 하는 데 필요한 항공료와 숙박비 등의) 금액을 지원해주는 건 당연하거니와 가급적이면 제가 원하는 시간에 맞춰주려고 하죠. 매번 그렇다고 할 수는 없지만 그쪽에서도 가급적이면 맞춰주고, 예를 들어서 공항에 직접 서치 커미티 헤드Search Committee Head(교수 임용 심사위원회 위원장)가, 대부분 학과장급이죠, 직접 자기 차로 몰고 나와서 공항에서 마중을 해주거든요. 사실 그런 대접을 한국에서 해준다는 건, 상상이 안 가잖아요. (미국 대학은) 그만큼 지원자들에 대해서 일단 서너 명을 뽑고 나면, 왜냐하면 이 사람도 알거든요, 이 서너 명이 우리 학교만 지원한 게 아니라는 걸. 우리 학교에 인비테이션을 받을 정도면 다른 학교에도 분명히 지원했을 거기 때문에 그다음부터는 보이지 않는 다른 학교와의 싸움이죠. 어떻게 해서든 얘가 괜찮으면 우리 학교로 끌어와야겠다, 그런 게 좀 강한 것

같아요. (밑줄은 강조 표시: 필자)

한국은 평가의 '심도'가 상대적으로 얕은데, 이는 지원자를 깊이 있게 평가할 수 있는 전문가가 적기 때문이며 이는 학과의 소규모성과 연관된다. 가령 사회학은 학과 교수진이 10여 명 내외이기 때문에 지원자의 세부 전공을 깊이 있게 평가하기가 어렵다. 한국 대학에서 교수 임용 평가 경험이 있는 교수 22명 중 지원자들의 논문을 상세히 읽었다는 사람은 거의 없었다. 이들이 중요하게 여기는 것은 논문의 수와 논문이 실린 학술지의 명성 또는 인용지수impact factor(특히 이공계의 경우)였다.

미국 대학의 경우 후보자의 잠재성potential을 한국 대학보다 더 많이 보는데, 이러한 차이는 임용 과정에서도 잘 드러난다. 강 교수는 미국 대학의 임용 과정에서 심사자들이 자신의 논문을 상당히 심도 있게 이해하고 있어 놀랐다고 한다. 한국 대학은 분야가 좁고 학과 교수의 수도 적기 때문에 후보자의 논문을 심도 있게 이해하기가 어렵다. 따라서 명성이 있는 저널에 많이 발표하면 할수록 후보자의 잠재성은 높게 평가되는데, 이는 미국 대학보다 후보 평가 과정이 좀 더 단순함을 의미한다.

양적 연구가 놓치는 또 다른 중요한 점은 한국 대학이 구조적, 문화적으로 급격하게 변하고 있다는 사실이다. 미국 대학의 임용 과정과 그 성격은 상대적으로 안정되어 있지만, 한국 대학은 급격한 팽창과 변화로 인해 교수 임용이 시대적 상황과 긴밀히 연관된다. 특히 2000년대 이후 진행된 한국 대학들 간의 극심한 경쟁은 교수 임용 과정에도 영향을 미쳤다. 대학 평가로 인해 한국 대학은 순위에 극도로 민감해졌으며 글로벌화 추진으로 SCI 논문, 영어 강의 등이 교수 임용의 주요 요건이 되었다. '실적주의'와 '글로벌주의'는 박사학위 소지자 평가에 있어 주요 이념적 잣대

한국 대학의 교수 임용 과정이 다른 나라들에 비해서 얕고 급박하고 평면적으로 이루어지고 있다는 사실은 미국뿐만 아니라 유럽 국가들의 임용 과정과 비교해도 잘 드러난다. 교수 직책의 무게와 함의가 한국과는 확연히 차이가 있지만 독일에서의 교수 임용 과정과 비교해도 한국 대학의 교수 임용 과정이 상대적으로 얕다는 사실이 잘 드러난다. 독일의 '교수'는 통상 한국의 정교수에 해당하는 자리로서 학문적으로 많은 업적을 이루고 박사학위 논문 이외의 교수 자격 논문까지 써야 한다는 점에서 한국과 현격한 차이가 있다. 박인우, 『대학 교원인사체제 개선 방안』, 고등교육정책연구소, 2008, 40~50쪽.

가 되었다. 도 교수는 이를 '완전 경쟁 체제'라고 설명한다.

> **도 교수** 우리 사회가 확 바뀌었잖아요. 우리나라 사회도, 대학 사회도 크게
> 바뀌었어요. 지금 대학은 완전 경쟁 체제잖아요. 과거에는 경쟁이랄 게 없
> 었잖아요. 예전에 교수하시는 분들이랑 지금이랑 완전히 달라요. (……)
> 2000년대 중반부터 대학이 경쟁 체제로 들어서가지고 그 이후 사람들은
> 죽는 거지. '실적 내라' '논문 내라' 그리고 대학 평가 해서 서열을 매기고,
> 신뢰도니, 지표 관리니 뭐…… 한없이 일들이 많죠.

도 교수가 말하듯이 경쟁주의는 대학 평가와 연관된다. 대학의 경쟁
은 해마다 발표되는 대학과 학과의 순위라는 결과로 나타나며, 중상위권
대학일수록 이에 극도로 민감하다.[•] 이는 한국 대학의 글로벌주의와 관
련한 체계적이고 구조적인 과정이기도 하다. 대학 순위는 여러 가지 지표
로 구성되며, 특히 교수들의 연구 업적은 상당히 중요한 부분을 차지한
다.[•] 이러한 상황에서 당연히 후보자의 논문과 책에 대한 평가는 양적 평
가가 질적 평가보다 우선시된다. 대학마다 우수한 교수진을 영입하기 위
한 치열한 경쟁이 벌어지고 연구 실적이 뛰어난 후보자를 채용하려는 경
향이 강해졌다. 또한 영어 논문이 순위에 큰 영향을 미치기 때문에 외국
학위 소지자를 선호하는 현상이 나타난다. 대학 순위와 관련하여 인터뷰
한 어느 대학 평가 담당자는 연구 실적의 양적 성장이 중요하다고 지적하
면서, 각 대학의 순위 경쟁을 '전쟁'으로 묘사하며 다음과 같이 말한다.

> **라 직원** 저희 대학이 논문이 1,400편인데 불과 3~4년만 해도 몇 편이었냐
> 면 놀랍게도 400편이었습니다. 400편에서 1,400편으로 늘어난 거예요. 드

[•] 대학 순위에 대한 각 대학의 대응은 차이가 있다. 명성이
높고, 수도권에 위치하며, 연구 중심을 지향하는 대학일수록
평가지표를 관리하는 부서가 있으며 대학 평가에 적극적으로
대응한다. 한국 대학이 순위에 대해 어떻게 전략적으로 대처하
는지는 전현식, 「대학랭킹문화: 문화기술지적 탐구」, 경희대
학교 석사학위 논문, 2014를 참고하기 바란다.

[•] Ellen Hazelkorn, 앞의 책, pp.70~74.

라마틱하죠. (……) (대학들끼리) 경쟁 관계 안에 들어 있으니까 여기에서
는 다 전쟁입니다. 전쟁터예요. 평가 이기는 전쟁.

한국 대학, 특히 중상위권 대학은 위의 담당자가 말하듯이 대학 순위
를 둘러싸고 들끓고 있다. 여러 통계지표들은 많은 대학의 연구 업적이
급성장하고 있음을 보여준다. 이런 양적 실적주의와 더불어 대학의 '글
로벌주의'는 영어 논문을 잘 쓰고 영어 강의가 가능한 후보자를 교수로
임용하게끔 한다. 이러한 기준은 분명 영어권에서 박사학위를 받은 후보
자, 특히 미국에서 박사학위를 받은 후보자에게 유리하다. 명성이 있는
미국 대학에서 박사학위를 받으면 국내 명문 대학에 취직할 확률이 높은
반면, 국내 박사는 그 확률이 낮다. 이은혜는 『교수신문』이 제공한 연도
별 교수 임용 패턴을 분석하였다. 그 결과 국내 상위권 대학은 외국 50위
권 대학의 박사 출신(특히 미국 박사)을 임용하였고, 국내 상위권 대학의
박사는 주로 국내 중하위권 대학에 임용된 것으로 나타났다.[*] 이는 외국
학위 소지자, 특히 미국 학위 소지자들이 교수 임용에서 유리하다는 점을
보여준다. 대학 정책과 평가를 담당하는 또 다른 직원은 미국 박사를 선
호한 적이 없지만 자연스럽게 그렇게 되었다고 말한다. 박 교수와 송 교
수는 교수 임용에서 영어 논문이 매우 중요하다고 강조한다(각기 다른 인
터뷰에서 발췌).

마 직원 (우리) 대학에서는 "미국 박사를 뽑아야 돼", 이렇게 얘기한 적은
한 번도 없고요. 우수한 교원을 유치해야 하는 것은 계속 정책으로 내려갔
었죠. 우수함의 하나의 요인으로 대부분의 사람들이 미국 박사를 선호하
셨던 것 같아요. 왜 그런 현상이 있는지는 잘 모르는데 저희도 그걸(학교

---

[*] 이은혜, 「대학교원의 박사학위 취득 대학과 임용 대학 간
의 구조적 관계 분석」, 서울대학교 석사학위 논문, 2013, 71쪽.

통계) 쭉 보니까 미국 박사들이 상당히 많이 영입되었더라고요. "중국이나 일본 박사는 안 돼", 이런 적은 없어요.

박 교수 우리 분야(자연 계열)에서 학진 등재지는 (교수 임용에서) 점수가 없어요. 의미가 없어요. 이공계에서는. 문과는 의미가 있지만, 그러니까 이공계는 SCI 저널이 아니면 점수가 안 된다고 보면 돼요.

송 교수 서울 주요 대학에서는 SSCI Social Sciences Citation Index(톰슨 로이터스가 만든 사회과학 분야 색인에 등재된 저널)가 (교수 임용에서) 넘버원 기준인 것 같고요. 그 밖에 자기 학교 출신 챙기는 거는 여전한 거 같고요. 지방대는 학생 취업이 너무 중시되니까, 실무 경력이 있는 분을 선호하는 경향이 있는 거 같고요. 대체로 SSCI인 것 같아요.

대학의 '글로벌화'는 영어 중심의 학문 문화를 야기하며, 이는 미국 대학의 글로벌 헤게모니와 연결된다. 학술지에 논문을 투고하는 것이 연구자들 사이의 커뮤니케이션임을 감안한다면 영어 중심의 평가는 분명 비영어권 연구자에게 불리하게 작용한다.

교수 임용의 우발성과 복합성

교수 임용의 제1 관건은 교수 시장의 상황이다. 특정 학과에 대한 수요가 늘어난다면 그 분야의 박사학위 소지자의 임용 기회는 많아진다. 가령 2000년대 사회복지학과의 시장이 급격하게 성장하는 과정에서 국내 박사와 외국 박사를 막론하고 교수직에 임용될 수 있는 기회가 많았다. 최근에 융복합 과정에서 새로운 학과가 설립되거나 아니면 전문화 과정에서 기존의 과가 분리되어 새로운 학과가 설립되는 경우에도 임용의 기회가 생긴다. 그 분야의 크기와 배출된 박사학위 소지자 수에 따라 임용 가능성 또한 영향을 받는다. 가령 예체능 계열은 교수 임용이 드문드문 발생하기 때문에 경쟁이 매우 치열하다. 그리고 공학 계열의 몇몇 학과들은 수요가 많은 만큼 상대적으로 기회가 많지만 박사학위 소지자 역시 많아 임용이 만만치 않은 실정이다. 면접자들은 전공의 수요가 중요하다며, 다음과 같이 말한다.

> **이교수** 타이밍, 운이랄까요. 나이가 너무 많으면 안 되고, 나이가 너무 적어도 안 되고. 그때 그 시기에 자기의 전공과 비슷한 걸 뽑아야 되고. 일단 제일 중요한 게 타이밍이죠. 자기 전공으로 사람을 뽑아야 되니깐요. 기다리고 있다가 "박사 하셨어요, 오세요" 하는 건 아니죠. 타이밍이 맞아야 되고 말했던 것처럼 엄청난 반대파가 없어야 돼요. 다른 여러 가지 객관적인 요소도 어느 정도 갖춰야 되고 그런 거죠.

타이밍은 후보자들이 통제할 수 없는 우발적인 것이다. 폴 오이어 Paul Oyer는 경제학 박사들의 교수 임용에서 경기 여건이 나쁠 때 비록 실력이 있는 박사라도 조건이 좋지 않은 대학에 임용될 가능성이 커진다는 실증적 자료를 제시하면서, 경력 초기 교수 시장에 진입하는 데는 운이 중요하며, 이는 향후에도 대학에서의 위치와 생산성에 영향을 미친다고 말한다.[■]
해당 분야의 자리가 생기면 박사학위 소지자들은 교수 자리에 지원하여 심사 과정을 거친다. 후보자에 대한 평가는 실력만을 보는 것이 아

■   Paul Oyer, "Initial Labor Market Conditions and Long-Term Outcomes for Economists", *Journal of Economic Perspectives* 20(3), 2006, p.159.

니라 종합적으로 이루어진다. 임용 심사에 직접 관여해본 경험이 있는 교수들은 다음과 같이 말한다(각기 다른 인터뷰에서 발췌).

> **정 교수** 실력이 50퍼센트라면 자기가 통제할 수 없는 운 같은 거, 그런 것도 50퍼센트 정도 되는 것 같아요. 학과 교수들 간의 폴리틱스, 주로 학연, 학교 간에 급이 분류가 되어 있을 때, 같은 동일한 학교를 뽑지 않는다든지, 그다음에 연구 분야가 맞지 않는다든지, 그다음에 학과에서 원하는 분야가 있는데 그게 맞지 않는다든지, 그다음에 붙은(경쟁하는) 사람들이 누구냐, 그것도 굉장히 중요하죠.

> **조 교수** 골고루 다 보죠. 학벌도 보고, 연구 실적도 보고, 강의 경력도 보고. 대충 그 정도 맞으면 되죠. 근데 그런 사람들이 잘 없어요, 문제는.

정 교수와 조 교수가 말하듯이 교수 임용 과정에는 다양한 변수들이 작용하며, 심사 과정은 까다롭게 진행된다. 연구 업적, 학벌, 경력, 연령, 젠더, 성격 등의 다양한 요소 가운데 하나라도 부정적인 평가를 받으면 임용되는 데 걸림돌이 된다. 임용 과정은 실력이라는 보편적인 요소와 후보자가 가진 개인적이고 사회적인 속성과 같은 특수한 요소가 혼재된 평가 과정이다. 뒤에서는 교수 임용 과정에 영향을 미치는 보편주의적 요소와 특수주의적 요소가 후보자들의 위치 경쟁에서 어떻게 평가되는지를 차례대로 분석할 것이다.

인정의 매체와 글로컬 학벌 체제에서의 실력 평가:
학문적 평가의 사회적 구성

학문적 실력은 동료들의 인정을 통해 승인되며, 이는 동료들의 평가에 의한 논문 출판을 통해 주로 이루어진다. 따라서 논문 실적은 대부분 교수 임용에서 가장 중요한 요소다. 대학 순위에서 논문 실적이 중요한 부분을 차지하기 때문에 연구 실적이 우수한 후보자를 모셔오기 위해 애쓴다. 대부분의 대학에서 교수 임용 공고를 낼 때 적어도 몇 편 이상의 연구 실적이 있어야 한다는 것을 구체적인 조항으로 명시하는데 그렇지 못할 경우 지원 기회에서부터 차단된다. 이 교수는 교수 임용 시 연구 실적이 가장 중요시된다고 말한다.

> **이 교수** 요즘에는 예전에 비해서 인맥이나 학과의 정치적 다이내믹이 영향을 덜 미치고 연구 업적이 가장 중요한 기준이 되죠. 학교 수준에 따라 임용 과정에서 연구 업적이 미치는 효과가 달라요. 연구 중심일수록 업적과 연구 경력을 중시 여기죠. 수준이 낮은 데는 학과 교수들이 위협을 느껴 안 뽑기도 하는 것 같습니다. 임용 과정에서 연구 업적이 우수한 사람이 탈락되면 거기에 대해 뒷말이 무성합니다.

이 인용문은 교수 임용이 실력주의에 기반하는 쪽으로 가고 있다는 점에서 긍정적으로 보이는 듯하다. 하지만 국내 상위 대학에서 학문적 실력을 평가하는 데 국내 논문보다 SCI라는 영어 논문이 기준이 된다는 점은 매우 중요하다. 이는 후보자의 학문적 평가가 글로컬 학벌 체제 속에서 이루어짐을 의미하기 때문이다. 이 교수(인문사회 계열)는 다음과 같이 말한다.

> **필자** 국내 박사가 해외 박사보다 불리한가요?
>
> **이 교수** 당연히 불리하죠. 보통 학교에서 SSCI 영어 논문이나 영어 강의 능력을 많이 요구하기 때문에 국내 박사는 이런 점에서 부족할 거라는 선입견이 있고요. 학벌 차원에서도 국내 학위를 선호하지는 않죠.

여기서 학문 분과별로 논문에 대한 평가의 접근이 다르다는 점은 중요하다. 이공 계열의 경우 학위 수여 국가와 상관없이 영어 논문인 SCI로 평가가 통일되어 있다. 이공 계열의 경우 국내 대학원 과정에서는 일반적으로 영어 논문을 쓰는 훈련을 받는다. 이종욱은 국내외 박사학위 취득자의 연구 성과 차이 분석에서 새롭게 임용된 교수들 중 국내 박사의 SCI 실적이 해외 박사보다 더 높다는 것이 통계적으로 유의미함을 밝혔다.[*] 미국 박사학위 소지자인 도 교수는 교수 임용 과정에서 국내 박사인 후배들에게 여러 번 고배를 마신 적이 있다며 다음과 같이 말한다.

> **도 교수** (국내 박사인) 후배도 다 뛰어난 애들이에요. 국내 박사지만은 어쨌든 걔들이 되는 이유는 그만큼 이제 국내 대학 박사들도 경쟁력이 있다는 거예요. 유학 갔다 오는 거, 크게 필요 없어요. (연구 업적을) 크게 낼 수 있지만은 압도할 수 있는 건 없다고. 국내 박사들도 많이 뽑아요, 이제. 그 정도면 능력이 된다는 거지. (……) 어차피 (국내 대학원에서) SCI 논문 이미 쓰고 있는데 뭐 그렇잖아요.

여기서 주의해야 할 점은 이공 계열의 경우 서울대, 카이스트, 포스

[*] 이종욱, 『국내·외 박사학위 취득자의 연구환경 요인 분석을 통한 연구 성과 차이 분석』, 한국연구재단, 2012, 99쪽.

텍, 국내 상위 3개 학교와 나머지 학교들 간의 격차다. 통계적으로 이 세 학교 출신의 박사들은 외국 박사들보다 연구 실적이 떨어지지 않지만 나머지 학교들은 외국 박사학위 소지자들보다 연구 생산성이 현격하게 떨어진다.[*] 이 세 학교는 글로벌 학벌 체제(특히 이공계 분야)에서 세계적인 경쟁력을 점점 더 키워가고 있으며, 이는 여러 지표를 통해 확인된다. 즉 국내 대학일지라도 글로벌 학벌 체제에서 상위권에 속하느냐가 중요하며, 한국에서는 몇 개 학교만이 여기에 속한다.[*]

　　연구 실적이 점수로 정량화되고, 특히 이공계와 상당수의 인문사회 계열에서 SCI급 논문(이공 계열은 SCI, 사회 계열은 SSCI, 인문 계열은 AHCI Arts & Humanities Citation Index로 각각 다른 색인을 가지고 있는데, 이 모두를 SCI급 논문이라고 칭한다)을 통한 표준화가 진행되는 것은 한국 대학의 교수 임용 과정에서 나타나는 중요한 특징이다. 실적의 정량화, 표준화는 교수 임용 과정에서 후보자의 인맥, 젠더, 연령 등 특수주의를 배제하기 위한 장치다. 박 교수는 이에 대해 이렇게 설명한다.

> **박 교수** 미국에서는 논문의 질로 평가하는데 한국에서는 현실적으로 SCI를 따지는 이유가 말인즉 이해가 되는 게, 그전에는 교수 뽑을 때 후배를 뽑고 그랬잖아요. 객관적인 지표가 필요하잖아. 그러니까 저널로 평가하는 거죠. 저널로 평가하는 게 그나마 객관적인 거지. 그래서 어떻게 보면 나름대로 합리적으로 평가하려고 하는 노력 같은데, 약간은 실제적으로 완벽하게 합리적인 건 아니죠.

　　인문사회 계열의 경우 사정은 더 복잡하다. 그 이유는 학문 분과별 특성이 임용 기준에 반영되기 때문이다. 가령 경제학의 경우 2011년 기준

[*] 학위의 위신prestige과 교수 임용에 대한 관계는 세심하고 복잡한 해석이 필요하다. 위신이 높은 대학일수록 지도교수의 명성이 높고, 연구 시설과 연구비가 집중되어 있기 때문에 연구 실적(논문, 즉 실력 평가의 잣대)의 생산이 좀 더 용이하다. 즉 학위의 위신이라는 특수주의 요소 안에 이미 보편주의적 요소가 섞여 있다. 국내 이공계에서는 실력 평가의 잣대가 일원화되어 있고 몇몇 대학들은 세계적인 수준을 유지하고 있

[*] 김명심·박희제, 앞의 글, 135쪽.

외국 박사(특히 미국 박사)가 교수에 임용되는 비율이 76.5퍼센트를 차지하는 반면 역사학은 33.3퍼센트다.▜ 서울 모 대학의 경제학과 교수인 K교수는 자기 학교에서 최근 10년간 모두 미국 박사를 뽑았으며, 가장 중요한 임용 기준은 SSCI 논문이라고 말한다. 서울 소재 대학의 여타 경제학과의 사정도 크게 다르지 않다. 반면 역사학은 지역별, 시대별로 다양한 하위 분과가 존재하기 때문에 영어 논문의 비중이 경제학에 비해 크지 않다.

분야에 따라 다르지만 인문사회 계열은 이공계에 비해 평가가 이원적이다. 국내 논문과 영어 논문으로 대별되는 실력 평가 방식에서 통상 영어 논문이 더 높은 점수를 받는다. 교수 임용 과정에서 요구받는 논문의 점수는 정량화되는데, SSCI 논문(또는 AHCI 논문)은 국내 논문보다 2~6배 더 높은 평가를 받는다. 이는 몇 가지 가정에 기반하는데 첫째, 영문 학술지가 국내 학술지보다 심사 과정이 엄격하다는 점, 둘째, 영문 학술지의 심사자가 국내 심사자보다 좀 더 전문성이 있을 것이라는 점(권위 있는 동료 집단의 인정), 셋째, 세계의 모든 연구자들이 투고하는 만큼 영문 저널이 국내 저널보다 더 경쟁적이라는 점이다. SCI급 논문은 한국의 인문사회 계열의 연구자들에게는 중요한 '문화자본'이며, 저자가 국제적으로 경쟁력 있는 연구자임을 드러내는 징표로 여겨진다. 글로벌화를 지향하는 대학에서는 분야를 막론하고 SCI급 논문을 높이 평가하는 경향이 있는데, 이는 대학 순위의 지표에 이러한 평가가 반영되기 때문이다. 따라서 수도권과 명문대의 인문사회 계열을 중심으로 SCI급 논문은 국내 논문에 비해 그 영향력이 점점 더 높아지고 있다. 이는 실력의 평가에서 외국 학위 소지자(특히 미국 학위 소지자)에게 유리하게 작용한다. 특정한 학술 매체(영문 저널)에 부여된 가중치가 후보자의 학위와 연관이 있다는 것은 실력의 평가가 특정한 학문권력 관계 속에 배태되어 있음을 의미한다.

어 외국 학위 취득자와 국내 학위 취득자의 교수 임용 비율에서는 큰 차이를 보이지 않을 수 있다. 하지만 명성이 있는 대학일수록 외국 학위 소지자, 특히 미국 연구 중심 대학의 학위 소지자를 선호하는 것은 통계적으로 그리고 경험적으로 명백해 보인다.

▜ 이은혜, 앞의 글, 39쪽.

인문사회 계열에서 나타나는 미국 학위 소지자의 한국 학계 지배에 대한 문제 제기는 2000년대 이후 간헐적으로 이루어져왔다. 사회학의 경우 미국 박사의 전임교수 비율이 77.6퍼센트, 한국 박사의 전임 비율이 57.8퍼센트이며, 수도권 주요 대학의 교수들의 학위 출신은 미국 박사가 67퍼센트, 국내 박사가 22퍼센트로 구성되어 있다(2000년대 초 조사).[•] 행정학의 경우 서울 소재 대학의 교수진 중 미국 박사는 77.7퍼센트, 국내 박사는 16.5퍼센트로 나타났다(2008년 조사).[•] 교육학의 경우 서울 주요 대학(서울대, 연세대, 고려대, 이화여대)의 교수진은 미국 박사가 90퍼센트에 달하고, 국내 박사는 5퍼센트에 불과했다(2003년 조사).[•]

대학교수 임용에서 인문사회 계열의 국내 학위 소지자들의 불만은 대단하다. 한 설문조사 결과는 국내 박사학위 취득자는 외국 박사학위 취득자에 비해 차별받고 있다는 인식이 강하다는 것을 보여준다.[•] 국내 박사 출신 교수들을 대상으로 한 질문에서 외국 박사가 국내 박사보다 우수하다는 긍정적인 응답이 24.1퍼센트, 그렇지 않다는 부정적인 응답이 55.1퍼센트였다. 반면 같은 질문에 대해 외국 박사 출신 교수들은 긍정적인 답변이 66.7퍼센트로 나타나, 양 집단 간의 인식 차이가 크다는 것을 보여주었다. 그리고 국내 박사가 차별받고 있다는 인식에 대해서는 국내 박사학위 취득 교수의 82.8퍼센트, 외국 박사학위 취득 교수의 61.3퍼센트가 동의했다. 이러한 인식의 차이는 교수 임용 과정에서 외국 학위자 교수진과 국내 학위자 교수진 사이에 갈등을 불러일으킨다. 이 교수는 학과의 파벌이 국내 학위자와 미국 학위자로 양분되어 있어서 지난 7년 동안 교수 임용이 무산되었다고 말한다.

인문사회 계열의 교수 다수가 교수 임용 과정에 대한 질문에서 다른 교수들에 대한 강한 불신을 드러냈다. "서로를 너무 불신해요", "너무 구

■ 윤상철, 「미국 사회학의 지적·인적 지배와 '한국적 사회학'의 지체」, 학술단체협의회 엮음, 『우리 학문 속의 미국: 미국적 학문 패러다임 이식에 대한 비판적 성찰』, 한울, 2003, 194~198쪽.

■ 권해수, 「한국 행정학의 학문 후속세대 교육의 위기 구조와 대응방안 연구」, 『한국행정학보』 43(1), 2009, 308쪽.

■ 김용일, 「한국 교육학의 지배세력과 미국」, 학술단체협의회 엮음, 『우리 학문 속의 미국: 미국적 학문 패러다임 이식에 대한 비판적 성찰』, 한울, 2003, 222쪽.

려요", "개판이죠" 등의 말은 인문사회 계열 교수들이 교수 임용을 묘사할 때 흔히 쓰는 표현이었다. 실력을 퍼포먼스로 평가받는 예체능 계열은 불신의 정도가 더 심했다. 한 후보자는 소위 '딜'을 받은 적이 있다고 고백하면서 8,000만 원에 교수직을 제안받았으나 거절했다고 한다.▟ 예체능 계열의 다른 후보자들은 교수 임용 공고가 나면 내정자에 대한 소문이 도는데, 대부분 그 소문이 맞는 것을 경험했다고 한다. 예체능계에서 실력을 평가할 수 없냐는 질문에 일반적으로 한 후보자가 다른 후보들을 압도할 만큼 실력이 뛰어난 경우는 드물고, 퍼포먼스로 평가하기 때문에 주관적인 요소가 많다고 대답했다. 인터뷰 결과 실력에 대한 합의는 이공계열에서 가장 높고, 인문사회 계열에서는 종종 경합하고, 예체능 계열에서는 가장 낮았다. 이는 교수 임용 과정에서 특수주의적 요소들이 개입한다는 의미다. 이에 대해서는 다음에서 자세히 다룬다.

아카데믹 특수주의의 비루함

특수주의는 미국 대학과 한국 대학의 교수 선발 과정에서 모두 개입된다. 하지만 이 특수주의는 미국과 한국에서 '질적으로' 다르게 경험된다. 학벌, 인맥, 젠더, 성격 등은 미국 대학과 한국 대학에서 공히 개입된다. 그러나 평가 과정과 평가자에 대한 권위와 신뢰는 이를 전적으로 다르게 경험하게 만든다. 특수주의의 존재에도 불구하고 미국 대학의 후보자에 대한 평가가 한국 대학보다 권위와 신뢰를 가지는 것은 평가 과정의 전문성, 민주성, 공정성이 이 특수주의를 최대한 억제하도록 기능하기 때문이다. 한국과 미국 모두 학벌이 교수 임용에 작용하지만, 출신 '학부'의 학벌이

■ 한상연·김안나, 「국내 박사학위 과정의 현황과 문제: 제도 개선을 위한 탐색적 분석」, 『교육과학연구』 40(3), 2009, 276쪽.

▟ 한국 대학의 교수 임용 과정을 자극적으로 묘사한다는 지적이 나올 수 있겠다. 하지만 실제 인터뷰 내용은 훨씬 더 자극적이었는데 이 글을 쓰면서는 최대한 이를 누그러뜨리려 노력했다.

교수 임용 과정에 지대한 영향을 미치는 것은 한국이다. 한국은 학부의 학벌 요소가 대단히 중요하며, 특히 서울대를 정점으로 하는 연고주의(서울대와 '자대' 사이의 갈등, 서울대와 비서울대의 갈등 등)는 교수 임용 과정에 큰 영향을 미친다. 더 나아가 한국의 유교문화와 가족주의는 후보자를 독립적인 인격체라기보다는 '아랫사람'으로 보고, 한국 대학의 작은 학과 규모와 정년제도는 예비 교수를 '평생 같이 살 사람'으로 보기 때문에 성격을 중시하는 경향이 있다. 이러한 질적 경험의 차이 때문에 한국 대학의 교수 임용이 훨씬 폐쇄적이고 비합리적인 것으로 여겨진다. 여기에서는 이를 학위의 글로컬 위계와 학벌 정치, 인맥과 학과 내부 정치, 그리고 가부장적 유교문화와 조직문화의 영향, 세 가지 차원에서 살펴본다.

학위의 글로컬 위계와 학벌 정치

한국 대학의 교수 임용에서 후보자의 학위는 매우 중요하다. 학위는 일종의 '지위재'로서 그 가치는 대학의 명성에 의존한다. 근대 대학 체제에서 '연구 중심 대학의 승리'는 대학의 위계를 형성시켰다.˙ 즉 연구 중심 대학일수록 명성과 순위가 높고, 그렇지 않을수록 낮다. 여기서 외국 대학과 국내 대학 간의 위계가 형성되며, 학위도 마찬가지다. 한국에서는 학사학위와 박사학위의 위계가 이중적으로 서열화되어 있는데, 이는 교수 임용 과정에 지대한 영향을 미친다. 미국의 연구에서는 학사학위의 영향력에 대한 조사가 거의 이루어지지 않았는데, 이는 학사학위의 영향력이 미미할 것이라는 경험적 가정에 따른 것이다. 이는 한국적 상황과는 아주 중요한 차이다. 왜냐하면 한국에서는 아카데믹 폐쇄의 과정이 학사 학교와 박사 학교에 따라 이중적으로 이루어지기 때문이다. 따라서 교수 후보자 학위의 로컬-글로벌의 배합(가령 서울대 학사-미국 박사)은 대단히 중요

▪ Randall Collins, 앞의 책, p.783.

하다. 임용 과정에서 후보자의 학위를 평가할 때 세계적으로 유명한 대학의 박사학위 소지자를 선호한다.

> **박 교수** 한국 사람들이 거의 가기 힘든 (미국) 특급 사립학교에서 박사학위를 받고, 그런 사람들이 또 하나의 좋은 캔디데이트candidate(후보자)로 인정받죠. 그런 사람들은 논문을 아주 잘 쓰지 않아도 취직하는 경우가 꽤 많아요. (……)
>
> **필자** 그런 특급 사립학교가 어디인지요?
>
> **박 교수** 하버드, 예일, 프린스턴, MIT 등이죠.

면접자들의 이러한 언급은 학위의 글로벌 서열이 실제 임용 과정에서 일종의 '상식'으로 받아들여지고 있을 만큼 헤게모니화되어 있음을 드러낸다. 이공계 박 교수의 경우 교수 임용 때 학벌이 상대적으로 덜 중요하다고 언급했음에도 명문 대학에서의 박사학위가 더 우대를 받는다고 말한다. 학위 수여 대학의 명성과 교수 임용 간의 연구는 상대적으로 많이 이루어졌다. 명성이 높은 대학은 명성이 낮은 대학의 박사학위 소지자를 거의 임용하지 않는데, 이는 명성의 낙수효과 때문이다. 물이 위에서 아래로 흐르듯 명성이 낮은 대학의 박사학위 소지자가 명성이 높은 대학에 취직할 확률은 낮다.▪ 이는 박사학위 출신 학교의 글로벌 위계와 학사학위 출신 학교의 로컬 위계에도 같이 작용한다. 가령 미국 박사라도 SKY(서울대·고려대·연세대) 출신이 아니라면 SKY 대학에 임용될 가능성이 낮다.▪

교수 임용 때 명성이 있는 대학을 졸업할수록 더 주목받는 것이 현실이다. 만약 국내 학사학위가 명성이 있는 대학의 것이 아니라면 명성 있

▪ Val Burris, "The Academic Caste System: Prestige Hierarchies in PhD Exchange Networks", *American Sociological Review* 69(April), 2004, p.249.

▪ 이은혜, 앞의글, 51쪽.

는 외국 대학의 박사학위가 더 필요하다(각기 다른 인터뷰에서 발췌).

> **박 교수** 대학교에서 교수 뽑을 때 기준이 있어요. 우리 학교 교수는 이 정도 레벨이 돼야 한다, 이 정도 레벨이라는 게 학부가 중요하고 학부가 약할 때는 어떤 이미지의 희석이 돼야 하잖아요. 논문이 엄청 많거나 아니면 좋은 데서 박사학위를 받거나.
>
> **필자** 좋은 데라면?
>
> **박 교수** 미국이나 영국이나 유명한 곳에서 받으면 희석이 되는 거죠.

> **도 교수** 외국 유학이 약간 작용해요. 제 느낌으로는 그냥 대외적인 이미지. 학과 홈페이지 들어가면 프로필이 있잖아요. 외국 대학 출신을 조금 생각하는 것 같아요.

한국 대학의 학과는 교수진의 수가 상대적으로 적기 때문에 교수 한 명 한 명이 대외적으로 학과를 대변하고 상징하는 사람으로서 일반인들에게 좋은 이미지를 줄 필요가 있다. 그 분야의 전문가가 아니라면 대학생과 그들의 학부모를 포함한 일반인들은 해당 교수의 연구 업적을 상세히 알기 어렵다. 이런 상황에서 교수진의 학벌이 그 학과의 수준을 대변하게 된다. 즉 명성이 높은 대학의 출신자들이 더 어필하는 경향이 있다. 한국에서 학벌은 사람을 평가하는 중요한 기준이기 때문에 명성 있는 대학의 학위 취득자를 임용하려고 한다.

교수 임용 과정에서 학위를 둘러싼 논쟁은 학벌 정치로 비화된다. 특히 서울대 중심의 학벌 문제가 큰 이슈가 되는데, 이는 '학사' 출신의 사회적 네트워크의 영향과 관계가 있으며 미국의 연구에서는 이 부분에 대한 언급이 거의 없다.[.] 상당히 많은 학과의 경우 학부 출신 기준으로 서울대와 자대(모교 출신) 간의 경쟁이 일어난다.

> **정 교수** 우리 사회에 어쩔 수 없는 학연(주로 학부 출신)이라는 거 너무너무 중요하잖아요. 아직도 그러니까 서울대 나온 사람들은 서울대 이하의 학교를 나온 사람이 공부를 했다는 거 자체에 믿음이 없는 거 같아요. 거기에 대한 폄하가 있는 거 같아요. (……) 그리고 그 외 학교들은 뭐냐면, 우리 학교도 행정에서 중요한 보직은 (자대) 출신들이 하고 있거든요. 그러니까 자기네끼리 '끼리끼리' 문화를 만들죠. 카운터 헤게모니^{counter} hegemony(대항 헤게모니)를 형성하는 방식 역시 같은 학교 출신들끼리 뭉치는 것이잖아요.

정 교수는 교수 임용 과정에서 서울대 출신의 교수들이 우월감을 드러내는 것에 대해 자대 출신 교수들이 반발하여 대항 헤게모니를 형성하려는 경향이 나타난다고 말했다.[.] 이처럼 교수 임용 과정에서 특정 학부 출신들 간의 적대성은 꽤 중요한 변수가 된다. 이 적대성이 지나쳐서 분란이 일어나기도 한다. 특정 학부 출신 교수의 비율이 너무 높고 자대 출신이 낮은 경우 합의를 통해 자대 출신의 후보자를 선정하기도 한다. 물론 이와 반대되는 경우도 있다. 국내 학사학위, 국내/외국 박사학위를 둘러싸고 다양한 학벌 정치가 벌어지며, 이는 교수 임용 과정을 가장 '더럽게' 만드는 요소다. 학문은 멀고 학연은 가깝다. 학벌 앞에 지식인의 이성은 마비된다. 그리고 출신 학교는 아래에서 말하는 인맥과 학과 내부 정치와 긴밀하게 연결된다.

[.] 김용학 외(「과학기술 공동연구의 연결망 구조: 좁은 세상과 위치 효과」, 『한국사회학』 41(4), 2007, 82, 93쪽)의 양적 연구에서도 서울대 '학부' 학벌의 영향력이 과학기술계 내에 상당함을 확인할 수 있다. 예를 들어 연구 네트워크의 중심을 차지하는 사람들 중 70퍼센트의 학부 출신이 서울대이며, 이들의 연구비 수혜 규모는 명망이 낮은 대학 출신보다 더 크다.

[.] 서울대-자대의 갈등이 아니라도 학벌을 둘러싼 갈등은 다양한 방식으로 일어난다. 가령 갑 대학과 을 대학 또는 병 학과와 정 학과가 경쟁관계라면 실력 여부를 떠나 서로 간의 임용을 꺼려한다.

인맥과 학과 내부 정치

교수 임용 과정에서 인맥은 중요한 변수다. 상황에 따라 인맥이 강하게 작용하기도 하고 전혀 작용하지 않기도 하지만, 실력이나 학벌이 경쟁자를 압도하지 않는다면 종합적인 평가 과정에서 인맥이 중요하게 작용한다. 박 교수는 임용 과정에서 특히 후보자와의 인연이 중요하다고 말한다.

> **박교수** 개인적인 인연은 무시 못하죠. 나하고 친한 사람이면 좀 후하게 주고, 친하지 않으면 그냥 학교에서 요구하는 지침대로 주고…… . 근데 개인적으로 인연이 있는 사람은, 학교에서 요구하는 지침 있죠?, 거기서 줄 수 있는 내 재량권의 최대로 주는 거죠.

하지만 인맥은 양날의 칼이 될 수 있다. 파벌이 심한 학과일수록 더욱 그러한 경향을 보인다. 만약 임용 과정에서 심사자인 교수들에게 특정 후보자가 상대편 파벌로 인식되고 위협이 될 수 있다고 여겨지면, 오히려 불리한 입장에 놓일 수 있다. 심사자들은 여러 가지 수단을 통해 특정 후보자를 탈락시키려는 시도를 하기도 하고, 이에 반발하는 다른 심사자들은 투서를 하기도 한다. 후보자는 다른 파벌을 자극하지 않으면서 학과 내부의 전 구성원을 상대로 승인을 받아야 한다. 이 교수와의 인터뷰는 이 점을 잘 드러낸다.

> **이교수** 인맥은 임용의 거의 필요조건이라고 할 수 있죠. 전혀 모르는 사람을 실적만 보고 뽑는 건 어려운 것 같습니다. 적어도 레퓨테이션 체크reputation check라도 하겠죠. 꼭 친하다고 해서 되는 건 아닙니다. 하지만 전혀 모르는 사람을 뽑기는 어렵습니다. 근데 너무 친해도 견제를 받습니다. 그

사람이 너무 많이 눈에 띄면 다른 편에서 경계를 하기 시작하죠. 예를 들어 특정 교수와 논문을 많이 쓴다거나, 일을 많이 한다거나, 강의를 많이 맡아서 한다거나 하면 저 사람이 앞으로 교수 자리를 노리나 싶어 다른 입장에 있는 교수들이 경계를 하는 것 같아요.

위의 내용은 많은 것을 시사한다. 인맥이 있으면 좋지만 특정 교수나 파벌과의 관계가 돈독하다면 오히려 역효과를 낼 수 있다. 교수진 사이에 파벌이 강하게 형성되어 있다면 한 후보자의 임용이 학과 정치에 큰 영향을 미치게 된다.

일부 면접자들은 교수 임용 과정에서 겪은 파벌 싸움에 넌더리를 냈다. 박 교수는 교수 사회가 얼마나 불합리한 사회인지 교수 임용 과정에서 적나라하게 드러난다고 말한다.

박 교수 교수 사회에서 가장 큰 문제가 "이건 불합리하다"라고 의견을 개진하면 그걸 경청해서 상대편 의견을 들어줘야 하는데 그게 아니고, 자기한테 손해가 난다고 생각하면 무조건 거부하면서 반박 논리만 계속 궁리하는 거예요.

학과 내부의 파벌이 심하면 심할수록 교수 임용 과정은 합리적이기보다 온갖 술수가 난무하게 된다. 박 교수는 후보 A와 B가 서로 다른 파벌의 지지를 받을 경우 각각의 파벌과 관련된 심사자가 교묘한 수단으로 상대 후보자를 공격한다고 한다. 박 교수는 "A를 지지하는데 B가 경쟁자다 그러면 그냥 토론이 아니라 B의 논문에 대해 나쁜 얘기만 하는 거죠"라고 말하며, 파벌이 실적 평가에도 영향을 미친다고 지적한다. 명성이 높은 저널에 실린 논문이 아니라면 논문에 대한 절대적인 평가 기준은 없으므로 얼마든지 비판할 수 있는 것이다. 몇몇 면접자는 해당 학과의 교수에게서 지원을 포기하라는 전화를 받기도 했다. 그런 전화를 받은 차 박사는 이렇게 말한다.

> **차 박사** (전화를) 딱 끊는 순간 눈물이 쫙 흘렀어요. 세상 참 무섭고 더럽다, 교수가 뭔데……. 그러면 자기가 안 뽑으면 될 거 아니에요.

지원하지 말라는 전화를 한 이유는 차 박사가 내정된 후보자에게 강력한 경쟁자가 될 수 있고, 그렇게 되면 해당 학과의 교수가 생각한 대로 과가 구성되지 않아서 자신의 파벌에 영향을 주기 때문이다. 차 박사는 실력을 중시하는 요즘 같은 시대에 이렇게 직접적인 압력을 가하는 일이 벌어지고 있다는 사실에 분개한다. 무언의 압력이나 소문을 통해 지원자들을 걸러내는 일은 여전히 벌어지고 있다. 이 교수는 자기 학과의 상대 파벌이 지원자를 제한하는 술수를 쓰기도 한다고 말한다.

> **이 교수** 지원자를 걸러낸다고도 들었습니다. 지원 분야를 너무 제한적으로 낸다거나 까다로운 조건을 다는 경우가 있어요. 그리고 특정 교수가 그 분야 사람들에게 지원하지 말라는 무언의 압력을 준다는 소리도 있고요.

해당 학과의 파벌 때문에 임용 자체가 취소되는 일도 종종 발생한다. 특정 후보가 다른 파벌의 강력한 지원군이거나 특정 교수의 제자일 때는 최종 낙점이 어려워질 때가 있다.

이교수 우리 과는 두 파로 갈라져 있어요. 근데 두 파가 수가 굉장히 비슷비슷하단 말이에요. 굉장히 아슬아슬하게 균형을 유지하고 있는 거예요. 근데 갑자기 한쪽이 이쪽이나 다른 쪽이 들어오게 되면 기울어질 것 아니에요? 서로 견제를 하기 때문에 사람을 계속 못 뽑는 거죠.

반면에 실력을 중시하는 학과일수록, 파벌이 약하거나 없는 학과일수록, 교수진이 다양한 학력과 배경을 가질수록 인맥의 영향이 적다. 실제로 몇몇 면접자들은 인맥이 전혀 없었음에도 교수로 임용되었다.

도교수 여긴 우리 선배가 없잖아요. 그전까지 아는 사람이 한 명도 없었어요. 그러니까 (이 학교) 지원하기 전까지 내가 한 열 군데 정도 썼어요, 대학을. 거기 다 내 선배들이 있었어요. 다 안 됐어요.

도 교수가 임용된 학과는 상대적으로 파벌이 약하고 실력주의에 의해 뽑으려는 경향이 강해서 인맥이 덜 중요했다고 한다. 이처럼 인맥은 학과 내부 정치와 연결되어 있으며, 이 연결고리가 강할수록 갈등이 촉발될 가능성이 크고 연결고리가 약할수록 실력과 학위에 의해 임용이 결정될 가능성이 커진다.

가부장적 유교문화와 조직문화의 영향

교수 임용 과정에서 한국 대학 사회의 문화는 대단히 중요하다. 우선 가부장적 유교문화로 인해 젠더와 연령은 중요한 변수가 된다. 다른 한편 한국 대학의 학과는 미국의 연구 중심 대학에 비해 교수진의 수가 적고 임용되는 순간 사실상 정년이 보장되는 조직적 특성이 있다.▪ 또한 학과 내 인

▪ 대부분의 대학에서는 교수가 되면 계약 연장과 승진을 위해 최소한의 연구 업적을 부과하는데 대부분의 교수는 이를 충족시킨다. 신임 교수에게 많은 연구 업적을 요구하는 대학에서는 재계약에 탈락하는 경우가 아주 가끔 있다.

간관계가 미국보다 훨씬 긴밀하다. 따라서 후보자가 기존의 교수들과 잘 어울릴 수 있는지가 중요한 문제가 된다. 여기서는 젠더, 연령, 성격이 교수 임용 과정에서 어떻게 평가받는지를 살펴볼 것이다.

여성 박사학위 소지자는 남성 박사학위 소지자에 비해 교수직으로 덜 임용된다는 사실은 오랫동안 문제시되어왔다. 한국여성학회와 전국 여교수연합회는 2000년대 초반 이 문제를 집중적으로 제기하였고, 2003년 교육공무원법 개정을 통해 '국공립대 여교수 임용 목표제'를 수립하였다.[•] 이는 여성 교수의 비율을 점진적으로 높이는 데 공헌한 중요한 정책적 전환이었다.[••]

여성 교수 임용에 대해 남성 교수들은 신중한 반응을 보였다. 최근 여성의 사회 진출이 활발한 상황에서 적극적으로 여성의 교수 임용을 반대하는 교수들은 없었다. 남성 교수들은 여성 교수 임용에 대해 적어도 '정치적으로 옳은'politically correct 발언을 하려고 했다. 하지만 여성 교수들과 같이 일하기 힘들다는 언급은 많았는데, 이 점은 분명 여성이 교수로 임용되는 데 불리한 조건으로 작용한다. 남성 교수들은 "학과에서 일하는 사람들은 남자들이고 여자 교수들은 일을 잘 하지 않는다", "여자 교수들은 개인주의적이어서 학교 일에 신경을 쓰지 않는다"며 가부장적 조직문화에 근거하여 여성 교수를 일을 적극적으로 하지 않는 무임승차자로 인식하는 경향을 보였다. 이런 상황은 교수 임용 과정에서도 그대로 반영되어 남성 교수들은 대체로 여성 교수를 덜 선호한다.

여성 교수들의 입장은 다르다. 여성은 남성에 비해 실력이 월등해야만 교수로 임용될 수 있다는 것이다. 열등한 학벌을 가진 사람이 더 많은 것을 입증해야 한다는 논리와 비슷하다. 따라서 최근에 임용되는 여성 교수의 실력이 남성 교수보다 상대적으로 높다고 평가한다.

■ 구자순, 「여성 교수의 지위와 현황을 통해 본 대학 사회의 성정치」, 『교육정치학연구』14(2), 2007, 17쪽.

■• 2013년 기준 전국 433개 대학에서 남자 교수는 76.9퍼센트(6만 6,638명), 여자 교수는 23.1퍼센트(2만 18명)를 차지하고 있다. 이 통계에 대해서는 한국교육개발원, 『2013 간추린 교육통계』, 2013, 16쪽을 볼 것.

한 교수 한국에서 임용되는 여자 교수님들은 되게 탁월하신 분들이에요. 어느 대학에 여자 교수가 됐다, 그러면은 그냥 대충 되는 사람은 없어요. 진짜 그 분야에서 다 알 정도로 괜찮은 사람이 되는 거지. 오히려 남자들은 (……) 난 처음 들어본 사람이야. 근데 여자들은 다 아는 사람들이었어요.

한 교수의 언급은 여성이 교수로 임용되기 위해서는 '증명 부담'으로 인해 남성보다 실력이 뛰어나야만 함을 의미한다.▼

여성 교수의 존재는 남성 중심주의에 대한 일종의 면죄부가 되기도 한다. 정 교수는 다수의 학과들이 남성 중심적이며, 여성 교수는 한 명 뽑은 것으로 만족하고 더는 뽑지 않으려는 경향이 있다고 말한다. 즉 여성 교수의 임용은 '생색내기용'이라는 것이다.

정 교수 (한 과에서) 여자 하나 뽑으면 된다고 생각해요. 대체로 많은 사람들이. (……) 여자는 자리를 못 잡아요. 남자의 서너 배의 논문을 쓰지 않는 한은, 그리고 미국 박사이지 않는 한은 불가능한 일이죠. (……) 실제로 여자들이, 결혼한 여자들 같은 경우 한창 애를 낳고 애들이 어릴 때 임용이 되거나 이런 경우가 많아요. 우리나라 학계가 알다시피 밤에 뭔가 많이 되잖아요. 학회 끝나고 일도, 학과 행사도 그렇고, 엠티도 그렇고. 그걸 어떻게 다 따라가요. 그거를 만약에 익스큐즈excuse(변명)를 하면, 그래도 본인이 미안하니까 되도록 안 빠지도록 노력을 하지만, "(남자 교수들이) 아, 역시 여자를 뽑아놨더니 학과 일 안 한다"고 말하는 선생들도 있어요.

유교주의와 연공서열 의식이 강한 한국 대학에서는 나이가 중요한 변수로 작용하기도 한다. 후보자의 나이가 너무 어리거나 너무 많아도 안

▼ 조혜선·김용학, 앞의 글, 151쪽.

된다고 면접자들은 말한다. 나이가 많은 후보자는 나이가 어린 후보자보다 불리하다. 한국의 조직문화에서 선임 교수가 나이 많은 후임 교수에게 일을 시키기 부담스럽기 때문이다. 이는 연공서열이 뚜렷한 학과에서 더 두드러지게 나타난다. 도 교수는 다음과 같이 말한다.

> **도 교수** 우리나라에서 중요한 거는 나이인데…… (웃음) 이것도 상당히 중요한 거거든요. 그게 진짜 커요. 저도 지금 저보다 나이 많은 교수가 제 후임으로 온다면 절대 안 뽑을 겁니다. 그건 절대로 백 프로인 거고. 생각해 보시면 아시겠지만은, 그것은 절대적인 기준입니다.

도 교수의 말처럼 나이 많은 후임자에 대한 거부가 아주 강하지는 않더라도 대부분 나이는 임용의 중요한 기준이 된다. 그러나 새로 임용되는 교수가 해당 학과의 최연소 교수보다 나이가 많은 경우는 종종 있다. 이는 최연소 교수가 학과의 의사결정에서 중요한 영향력을 행사할 정도의 위치가 아닌 경우다. 만약 후보자가 학과의 대다수 교수보다 나이가 많다면 탈락할 가능성이 매우 높다.

다수의 교수들은 젠더와 나이보다 성격을 더 많이 언급했다. 대학도 직장의 일부로서, 교수 사회가 다른 직장보다 자유롭다고 해도 많은 일을 공유하고 같이 시간을 보내야 하기 때문이다. 앞서 정 교수의 말에서 드러나듯 한국 대학 교수들은 집단적인 사회생활을 해야만 하는 상황에 놓이게 된다. 그리고 비록 최근에 교수 임용이 계약제로 바뀌었지만 정년이 보장된 것과 마찬가지이기 때문에 한 번 임용된 교수가 중간에 다른 대학으로 옮기지 않는 이상 평생 같이 지낸다고 보아야 한다. 이러한 문화적, 조직적 이유로 인해 후보자의 성격을 중요하게 평가하게 된다(각기 다른 인터뷰에서 발췌).

도교수 실력은 다 비슷하지만 교수는 계속 같이, 평생을 육십 몇까지 어차피 생활을 해야 하기 때문에 그런 게(성격) 좀 작용한다고 보면 되죠.

추교수 인간적인 측면도 굉장히 중요하다고들 말씀을 하시죠. 어차피 들어와서 아웃풋output(연구 실적)을 많이 내고 연구 많이 하는 것도 중요하긴 하지만 결국은 사람이 사는 조직이기 때문에, 특히 아시다시피 교수라는 조직 자체가 한 번 관계가 틀어지면 서로 쳐다보지 않아도 살 수 있는 그런 조직이잖아요.

면접자들의 말에 따르면 공통적으로 경계하는 성격은 고집이 센 '독불장군형'이다. 과의 화합을 해칠 수 있기 때문이다. 성격에 대한 판단은 깊이 있게 이루어지는 것이 아니라 짧은 면접에서 파악되는 인상이나 학계의 평판에 의존하는 경우가 많다. 후보자들은 최대한 예의 바르고 성격 좋은 사람으로 보이고 싶어한다. 교수 임용 심사에서 보여주는 성격마저 잘 관리하지 못한다는 것은 큰 결점으로 인식된다. 그래서인지 성격으로 인해 탈락하는 경우는 드물다.

대부분의 교수들은 강력한 후보자가 있으면 지인을 통해 그 사람의 정보를 수집하는 이른바 레퍼런스 체크reference check를 한다. 미국 대학에서 레퍼런스는 일반적으로 3명 내외의 공식적인 추천서로 이루어지지만 한국 대학의 임용 과정에서는 별도의 추천서 제출을 요구하는 곳이 거의 없다. 미국 대학도 교수 임용에서 지인을 통해 후보자에 대한 레퍼런스 체크를 하기도 한다. 다만 앞서 말했듯이 교수 임용의 국가적 맥락에서 미국 대학의 교수 임용 후보자들은 2박 3일 또는 3박 4일 동안의 심도 있는 상호작용을 통해 서로를 파악할 수 있는 기회를 갖지만 한국 대학에서는 그렇지 못하다. 따라서 한국 대학은 후보자에 대한 정보를 비공식적인 경로를 통해 얻는 경우가 일반적이다.

글로컬 학벌 체제와 학문적 폐쇄

한국 대학의 교수 임용은 미국 학위를 정점으로 한 글로컬 학벌 체제와 한국 대학의 문화적, 조직적 맥락을 동시에 고려해서 이해해야 한다. 임용 과정에서 후보자의 위치 상품은 다른 후보자의 위치에 의해 결정되는 지위 경쟁의 과정을 거친다. 글로컬 학벌 체제와 실력에 대한 사회적 평가는 자원과 기회를 특정 집단에게 제한하는 학문적 폐쇄의 과정을 거친다.[*] 임용 과정은 후보자들의 지위 상품을 '해석'하고 '합의'하는 '공간'이며, 평가자들이 해석과 합의를 적극적으로 구성하는 '과정'이다. 따라서 이 사회적 폐쇄의 과정은 기계적으로 일어나는 것이 아니라 여러 맥락들 간의 상호작용 속에서 복합적으로 일어난다. 과학사회학의 많은 양적 연구에서 밝혔듯이 교수 임용 과정에서의 보편주의와 특수주의 요소들은 미국과 한국에 모두 공히 존재하지만 이 장은 이 요소들이 질적으로 전혀 다르게 경험됨을 강조하였다. 즉 특수주의는 한국 대학의 교수 임용 과정에서 강력하게 경험된다.

　　우선 실력에 대한 평가는 객관적으로 주어진 것이 아니라 행위자들

---

[*] 한국 대학의 교수 임용이 글로컬 학벌 체제라는 사회적 폐쇄와 연관되어 있다면 이를 개선하기 위한 실천적 문제에 봉착하게 된다. 신베버주의 계층이론가인 파킨(Frank Parkin, 앞의 책, p.45)에 따르면 사회적 폐쇄에는 '배제'exclusion와 '탈취'usurpation의 두 가지 전략이 있다. 배제 전략은 사회적 폐쇄에서 빈번하게 경험되는 지배적인 전략이며, 탈취는 간간이 발생하는 전략이다. 즉 배제는 지배층의 전략이며, 탈취는 피지배층의 전략이다. 배제는 합법적인 제도적 장치와 규칙에 의거하는데 교수 임용에서는 명성이 높은 대학의 학위자를 뽑고 나머지를 배제하는 것이 그 예라고 할 수 있다. 배제에 의한 폐쇄는 항상 '아웃사이더'들이 가치 있는 자원과 지위에 접근하지 못하도록 그 기회를 독점하는 것이다. 이에 반해 '탈취'는 배제를 경험한 종속적인 위치에 있는 집단이 지배층이 차지한 자원과 지위의 일부 또는 전체를 '점령'하는 것이다. 이는 배제에 의해 제한된 자원의 '재분배'를 요구하는 전략이다. 배제와 탈취의 중요한 차이는 전자가 합법적인 제도와 장치에 의한다면 후자는 데모, 파업, 항의 등의 대중적 동원을 통한다는 점이다(Frank Parkin, 앞의 책, p.74). 이 때문에 탈취는 제도권과 긴장 관계에 놓일 수밖에 없고 때로는 투쟁과 같이 법을 넘어서는 갈등이 일어나기도 한다. 이 점에서 대학 사회에서의 여성

의 해석과 학문 분과의 문화에 의해 적극적으로 이루어진다. 특히 분야별로 실력은 다른 방식으로 평가받으며, 이는 학문의 글로컬 체제와 연결된다. 가령 이공 계열의 경우 실력에 대한 평가가 영어 논문과 인용지수로 표준화되어 있기 때문에 실력에 대한 사회적 합의가 확고히 형성된 반면, 인문사회 계열의 경우 실력에 대한 평가가 영어 논문과 한글 논문으로 이원화되어 있어 평가에 대한 합의를 어렵게 만들며, 이로 인해 특수주의 요소들이 더 많이 개입할 수 있는 여지를 제공한다. 예체능 계열의 경우 퍼포먼스로 평가받기 때문에 보편주의적 요소가 무엇인지에 대한 잣대 자체를 합의하는 데 어려움을 겪는다.

한국 대학의 문화적, 조직적 특성들은 교수 임용 '과정' 자체에 영향을 미치며, 이는 임용 결과에 중대한 영향을 미친다. 후보자의 공개발표와 면접은 짧은 시간에 급박하게 이루어지며, 평가자들은 '갑'의 위치에서 학문적으로 심도 있는 소통을 하지 못한다. 또한 정량 평가 중심의 평가를 할 경우 후보자의 잠재성과 연구의 심층적인 이해보다는 논문의 수와 학벌에 치중하게 된다. 학벌은 미국과 달리 학부 학벌과 대학원 학벌이 이중적으로 작동하게 되고, '학부' 학벌의 인맥과 맞물려서 종종 학벌 정치로 비화되기도 한다.

한국 대학의 가부장적 유교문화와 소규모의 영세한 학과 구조는 후보자의 젠더, 나이, 성격과 같은 특수주의적 요소들이 더 중요해지는 주요 원인이다. 여성 박사들은 연구 업적이 탁월하지 않거나 명성 있는 대학을 졸업하지 않으면 같은 조건의 남성 박사보다 교수로 임용되기 어렵다. 남성 교수들은 여성 교수들을 개인주의적이고 자기 일만 챙기는 존재

교수들에 대한 성정치의 예는 교수 임용 과정을 개선하는 데 중요한 사례가 된다(구자순, 앞의 글). 여성 교수들은 여성 박사의 비율(27.4퍼센트, 2006년 기준)에 비해서 여성 교수의 비율이 너무 낮다(18.8퍼센트)는 점을 문제 삼고 여성 교수 단체를 중심으로 여론을 확산시키고 국공립대에서 여성 교수의 임용을 촉진하는 것을 법제화하는 데 성공했다. 2003년 '여성 교수 채용 목표제'는 한국여성학회, 국회여성분과위원회, 전국여교수연합회를 중심으로 입법화되었고, 여성들이 국공립대학에 임용될 수 있는 기회의 구조를 확장시켰다. 여성 교수들의 대학에서의 성정치는 사회적 폐쇄 이론의 '탈취' 전략에 해당 한다. 인문사회 계열 교수들이 주장하고 있는 '국내 박사 교수 할당제'는 탈취의 주요 전략에 해당하며, 그 성공 여부는 '여성 교수 채용 목표제'를 통한 탈취 전략 성공 사례와 마찬가지로 전적으로 대학과 교육 영역에서의 정치적, 법적 투쟁에 달려 있다. 미국 박사는 국내 박사의 '실력'이 상대적으로 낮다고 평가하고, 반대로 국내 박사는 이는 구조적 편견의 결과라고 주장한다. 따라서 외국 박사가 이런 탈취의 전략에 순순히 동의할 가능성은 낮다고 보아야 한다.

로 인식하고 있었으며, 교수 임용 과정에서 여성 후보자에게 더 많은 문화적인 이질감을 느끼고 있었다. 한국 대학 교수진의 80퍼센트 정도가 남성이기 때문에 의사결정은 남성 중심적으로 이루어지기 쉽고, 여성 교수는 학과에 한 명만 있으면 된다는 인식은 면접을 통해서도 여실히 드러났다. 나이도 임용 과정에서 중요한 요소로 작용하여, 후보자의 나이가 학과 교수들보다 많다면 교수 임용에 큰 걸림돌이 된다. 하지만 권력이 없는 신임 교수 1~3명보다 나이가 많거나 동년배라면 큰 문제가 되지 않았다. 한국 대학 사회는 연공서열 문화가 있고, 잡일은 주로 나이 어린 교수들이 맡아서 하기 때문에 심사자들은 나이 많은 후보자를 기피하는 경향이 있다.

무엇보다 교수 임용은 '실력만' 뛰어난 사람을 뽑는 것이 아니라 기존의 교수들과 평생을 같이 지낼 사람을 선발하는 것이라는 인식이 있기 때문에 한국 대학의 가부장적 유교문화의 영향을 많이 받는다. 교수직에 한 번 임용되면 평생 동료로 지낼 가능성이 크다. 한국 대학에서 중간에 재임용이 거부될 확률은 매우 낮으며, 심사자들도 후보자를 평생 같이 지낼 사람으로 인식한다. 따라서 후보자의 '성격'을 중요하게 여기게 된다. 이러한 이유로 같이 일하기 힘들거나 혼자 공부만 할 것 같은 '독불장군형'은 경계하는 경향이 있다. 미국 대학 사회와 달리 한국 대학 사회는 교수들 사이의 상호작용이 빈번하고 연공서열에 의해 일이 배분되는 경향이 있어 '성격이 모나 보이는' 후보자 역시 배제되기 쉽다.

이 장은 한국의 학문 공동체에 '글로컬 학벌 체제' 속에서 교수 임용 '과정'에 대해 심도 있게 논의할 것을 요구한다. 미국과 한국 대학의 교수 임용 '과정'은 질적으로 다르며, 이는 임용 결과에 중요한 영향을 미친다. 이 장이 보여주듯이 학계에 진입하려는 상당수의 후보자들은 교수 임용 과정에서 비합리성과 비루함을 강렬하게 체험한다. 임용 역시 '사람이 하는 일'이기 때문에 완벽할 수 없지만 개선해야 할 점이 상당히 많다. 한국 학계의 계층화 문제, 특히 교수 임용에 대한 주제에 대해서는 한국 대학의 조직적, 문화적 맥락을 고려하여 더 많은 연구가 이루어져야 할 것이다. 양적 연구는 미국식 모델을 그대로 적용하는 것에서 벗어나, 한편으로는 교수 임용 '과정' 자체에 주목하고, 다른 한편으로는 '미국식 탈중심적 대학 경쟁 체제' 대 '한국식 독점적 학벌 체제'의 구조를 고려하여 섬세한 연구를 수행할 필요가 있다. 질적 연구는 좀 더 다양한 학문 집단의 체험을 담아낼 필요가 있으며, 양적 연구와의 협력적 작업을 통해 교수 임용 제도를 개선하는 데 현장의 목소리를 전달할 필요가 있다. 이런 공동의 노력이 요구되는 이유는 학문의 보편주의, 즉 실력주의와 개방주의가 학문 공동체에 거저 주어지는 것이 아니라 학문 정치를 통해 적극적으로 성취해야만 하는 것이라는 점에 있다.

6

트랜스내셔널 미들맨 지식인

미국 유학파 한국 대학 교수들의 연구 경험

미국 명문대에서 항공우주공학 박사학위를 받고 국내 명문대에서 재직 중인 홍 교수는 미국에서 배운 내용을 한국에 적용하는 데 많은 한계가 있음을 토로한다. 유학생 시절 지도교수와 함께 나사의 우주탐사 개발 프로젝트를 수행했던 그는 현재 한국에서 항공우주 개발과 관련한 연구를 진행하고 있다. 정부가 대규모 연구비를 지원하고 있지만 나로호 발사 실패가 보여주듯 한국의 항공우주 기술의 진보는 요원하다. 정부는 미국이 1960년대에 성취했던 수준에 아직도 도달하지 못했다며 한국 연구자들의 실력에 회의를 품고 있다. 항공우주공학은 여타 분야와 달리 국가의 군사기술과 연관되기 때문에 보안 문제로 지식과 기술 이전이 용이하지 않다. 따라서 한국 공학자들은 미국 공학자들이 겪은 시행착오를 똑같이 겪으며 기술적 진보를 이루어낼 수밖에 없다. 이런 환경은 미국에서 공부한 공학자라 하더라도 한국 상황에 맞는 연구를 수행할 수밖에 없게 만든다. 항공우주 분야의 후발주자인 한국에서 항공우주공학자들은 우주선 발사와 같은 실질적인 문제보다 접근하기 쉬운 이론적인 문제에 치우치는 경향이 있다. 홍 교수는 미국에서 배운 첨단 항공우주공학은 한국 기술이 발전하고 나서 미래에나 유용할 것이라며 자조 섞인 말을 한다. "나중에 쓸모 있을 수도 있겠죠. 한 20년 후에⋯⋯."

미국 명문대에서 사회학 박사학위를 받고 국내 대학에 재직 중인 남 교수는 한국 연구자들의 접근 방식에 답답함을 느낀다. 미국에서는 해당 전공 분야가 전문화되어 있는 반면 한국은 그렇지 못하기 때문이다. 즉 미국의 사회학자들은 이미 고민을 끝낸 문제들에 한국의 사회학자들이 천착하고 있다는 것이다. 미국식 사회학을 한국에 그대로 적용하기 어렵다는 점도 남 교수에게는 애로 사항이다. 남 교수가 써왔던 사회학적 개념들은 미국의 학자 집단에서는 자연스럽게 통용되지만 한국에서는 무척 낯선 개념이다. 미국 자료를 이용해 영어로 논문을 써왔던 남 교수는 한국 자료를 가지고 어떻게 논문을 써야 할지 무척 고민이다. 미국 대학에 있을 때는 학술지 심사자들이 자료에 대한 의심을 제기하지 않았지만 한국에서 논문을 투고하면 심사자들이 한국 자료에 대해 의심하는 경우가 많다는 것이다. 또 한국의 사회학계는 경쟁이 없고 폐쇄적이며 학문적 열정을 가진 사회학자가 매우 드물다고 지적한다. 이런 상황은 연구에 대한 열정을 가로막는다. 남 교수는 한국에서 어떻게 연구해야 할지가 가장 큰 고민이라고 토로한다.

이 장에서는 미국 유학파 교수들의 연구 경험과 전략을 분석한다. 교수에게 연구는 자신의 명성과 지위에 가장 큰 영향을 주는 작업이다. 연구의 우수성이 곧 그 학자의 우수성이며 정체성이다. 그러나 위의 두 사례가 잘 보여주듯이 미국 유학파 지식인들은 '트랜스내셔널' 상황에서 여러 장벽을 경험한다. 연구는 진공 상태에서 이루어지는 것이 아니라 물질적, 사회적, 언어적 조건 속에서 이루어지며, 그런 조건에서 연구자들은 자신의 학문 업적을 성취해야 한다. 트랜스내셔널 미들맨 지식인으로서의 미국 유학파 교수들은 중요하고 독창적인 연구 결과를 내기 어려운데, 그 이유를 살펴보고자 한다.

연구는 경쟁적인 과정이며, 중요하고 독창적인 연구를 할수록 인정을 받는다. 무엇보다 중요하고 독창적인 연구는 또 다른 연구들을 파생시킨다. 따라서 이러한 연구들은 다른 연구자들에 의해 자주 인용되며, 이 과정에서 이 연구를 수행한 연구자는 학자적 명성을 얻는다. 가령 부르디외의 '문화자본'은 프랑스를 넘어 한국, 미국, 영국, 일본 등의 다른 나라에서 적용될 수 있는 독창성과 중요성을 가지기 때문에 각국의 문화사회학자들이 자국에 이 개념을 적용시켜왔다. 중요하고 독창적인 연구는 기존에 다른 사람들이 천착하지 않았던 새로운 문제를 다루거나 연구자 공동체가 중요하다고 여겨왔음에도 풀지 못한 문제를 해결하는 것을 의미한다. 이런 연구를 흔히 프론티어frontier 연구(또는 첨단 연구)라고 한다.

　　미국 유학파 한국 지식인들이 이런 프론티어 연구를 수행하는 것은 상당히 어려운 일이다. 앞의 두 사례가 그 이유를 일부 설명해준다. 이들의 연구 활동은 학문 분과, 소속 대학의 명성과 특성, 연구자 자신의 연구 능력 등에 따라 다르지만 일련의 공통 조건들을 공유한다. 나는 인터뷰를 통해 그 이유들을 아래로부터 구성하여 다음과 같이 여섯 가지로 분류한다. 연구의 트랜스내셔널 시공간성, 열등한 연구 환경, 파편화된 인정 시스템, 집중할 수 없는 연구 문화, 학문 공동체의 폐쇄성과 타율성, 그리고 학문적 열정의 쇠락. 이 요소들은 상호 연관되어 있으며 독창적이고 우수한 연구를 생산하지 못하는 원인으로 작동한다. 탁월한 연구를 수행하는 것이 극도로 힘들기 때문에 미국 유학파 지식인들은 미국에서 만들어진 개념이나 방법론을 한국적 맥락에 적용시키거나 미국 연구자들이 경쟁적으로 다투는 문제를 회피하여 덜 중요한 문제를 다루게 된다. 즉 이들의 트랜스내셔널 '미들맨' 지식인으로서의 위치는 새롭고 중요한 지식상품 개발에 천착하는 것이 아니라 미국에서 이미 만들어진 지식상품을 일부 개조하는 방식으로 유지된다. 그러나 미국에서의 연구와 학습 경험으로 국내 학위자보다 새로운 지식을 받아들이는 데 유리하기 때문에 이들의 위치와 지식 생산 자체는 미국의 우수한 연구자들과 국내 로컬의 연구자들 사이의 중간에 자리 잡고 있다.

연구의 트랜스내셔널 시공간 격차

연구는 특정한 물질적, 조직적, 사회적 맥락 속에서 수행된다. 미국의 대학원 과정에서 길러진 미국 유학파 지식인들은 한국 대학으로 이동함에 따라 탈구displacement를 경험한다. 미국에서의 학문 수행 방식과 한국에서의 학문 수행 방식의 차이로 인해, 미국 유학파 지식인들은 양쪽 사이에 끼인 모순된 상황을 경험하는 것이다. 먼저 이들은 연구의 트랜스내셔널 시공간성에 직면한다.

미국과 한국의 지식 격차는 그 간극을 메울 시간이 필요하다는 것을 함축한다. 한국의 거의 모든 분야는 미국에 비해 뒤처져 있다. 이는 첨단 연구와 트렌드를 미국이 주도하고 있고, 한국은 이를 수입하는 입장이기 때문이다. 이런 상황을 오 교수(생명과학)와 남 교수(사회학)는 다음과 같이 표현한다(각기 다른 인터뷰에서 발췌).

오교수 트렌드를 우리가 따라가면 항상 늦어요. 우리가 갖고 있는 트렌드는 외국에서 갖고 오는 거기 때문에 항상 한 발 늦어요. 미국에서 지금 뭐가 뜬다, 그러면 갑자기 정책이 확 바뀌어서 돈이 이쪽에 있던 게 다 에너지(최근에 뜨는 과학기술 분야 중 하나)로 가는 거예요.

남교수 (한국 연구들은 미국 연구들에 비해) 시간적으로 늦는 거죠. 그걸 비방할 필요는 없다고 생각해요. 우리나라가 늦게 시작했으니까. 왜냐하면 사람들이 수입해서…… 하지만 그걸 가지고 소위 말하는 세계 수준이랑 같이 갖다 붙이기는 아직 시간이…….

연구는 시간을 다투는 경쟁적인 작업이다. 첨단 연구일수록 시간, 자원, 조직이 많이 요구된다. 그런 면에서 미국 연구자들과 경쟁하는 것은 상당히 버거운 일이다. 수학을 전공하는 박 교수는 미국 연구자들이 뛰어들지 않는 연구 분야를 택한다며 다음과 같이 말한다. "시간 싸움이 안 되거든요. 미국이나 이런 데서 인기 없는 분야가 있거든요. 그거는 우리가 시간 싸움에서 할 수가 있거든요." 많은 연구자들이 중요하다고 생각하는 분야가 곧 인기 분야다. 인기 분야의 경우 세계적으로 탁월한 연구자들이 뛰어들기 때문에 경쟁하기가 쉽지 않다. 박 교수는 경쟁이 덜한 연구 분야를 선택했음에도 불구하고 연구 동향을 파악하고 네트워크를 유지하기 위해 방학 때마다 미국 대학을 방문한다. 한국 교수들과는 연구 분야가 다르기 때문에 "같이 수학 하는데도 서로 얘기가 안 통해요"라고 말한다. 박 교수는 같은 분야의 우수한 연구자들을 만나기 위해 미국에 가서 그들과 교류하며 연구의 의지를 높인다.

한국 교수들이 미국을 방문하여 연구자들과 교류하려는 이유는 연구 문화의 차이에 있기도 하다. 한국의 학문 문화는 상대적으로 폐쇄적이기 때문에 지적 교류가 미흡하고 전문가가 적어 자신의 연구를 평가해줄 사람이 드물다. 남 교수는 이 상황을 이렇게 말한다.

남 교수 (한국에서는) 지적 자극도 덜하고, 지적으로 교류하는 과정에서, '아 이런 새로운 걸 해야겠다'는 생각이 전혀 안 생기는 거죠. 왜냐하면 어차피 내 연구를 읽고 평가해줄 사람도 없고, 내 연구에 관심 있는 사람도 정말 뻔하고…….

미국 연구자들과의 접촉은 첨단 지식을 공급받을 수 있는 기회다. 따라서 미국 유학파 지식인들은 여러 통로를 통해 한국과 미국 사이의 트랜스내셔널 연결점을 계속해서 유지하려고 한다.

유전체 연구 전문가인 양 교수는 수십 억 원의 연구비를 들여서 모은 자료를 분석하기 위해 미국을 방문했다. 양 교수는 자신의 자료를 '금광'이라고 표현하며, 이를 활용하기 위해 외국 연구자들과 접촉한다고 말한다. 그는 그 분야의 대가와 연락하여 열흘 동안 미국에 머물면서 토론을 해가며 논문을 작성했다. 한국에서는 뛰어난 전문가가 드물기 때문에 미국 연구자와의 강도 높은 협업은 연구의 효율성과 집중도를 높였다. 그 결과 양 교수는 유전체 분야의 세계적인 학술지에 여러 편의 논문을 게재하는 성과를 거두었다. 양 교수가 만든 유전체 자료는 상당한 가치가 있는 것인데, 이를 분석할 수 있는 전문가와 방법론을 미국 연구자들에게 의존했던 것이다. 자연과학 분야에서 한국 과학자가 세계적인 리더십을 가지기는 어려우며, 뛰어난 기술과 첨단 연구를 계속해서 배워야만 살아남을 수 있다.

한국과 미국 사이의 지식 격차는 시공간의 격차를 의미하며, 이를 메우기 위해 개인적, 조직적 차원의 전략이 요구된다. 소극적인 전략은 미국에서 출판되는 논문을 꾸준히 읽는 것이고, 적극적인 전략은 직접 미국을 방문하여 공동 연구를 하는 것이다. 이 전략들은 학문 분과, 연구자가 소속된 대학과 연구실의 역량, 연구자 개인의 학문자본 등에 따라 다양하게 구사된다. 남 교수는 미국 사회학의 동향을 따라가는 데 한 번 뒤처지면 격차를 좁히기 힘들다고 토로한다. 박 교수와 양 교수처럼 기회가 될 때마다 미국을 방문하는 것은 세계적인 연구 네트워크를 유지하려는 노력의 일환이다.

조직적 차원에서 한국과 미국의 시공간 격차를 줄이려는 노력을 기울이는 데도 여러 가지 어려움에 부딪히곤 한다. 가령 카이스트에서는 미국 대학 학제를 모방하여 한동안 봄학기를 1월 말이나 2월에 시작하려는 시도를 했었다. 통상 미국 대학의 가을학기는 9월에 시작되고 짧은 겨울방학이 끝나자마자 봄학기가 시작된다. 미국 대학은 통상 5월 말경에 시작하여 석 달에 걸친 긴 여름방학을 가진다. 서남표 전 카이스트 총장은 미국과 한국의 시공간적 격차를 줄이고 한국 연구자들과 미국 연구자들의 협업을 위해 학기를 조정하였다. 하지만 한국의 학사 일정과 연구자들의 시간 프레임 등의 문제로 충돌이 발생했고, 결국 봄학기는 다시 3월에 시작하게 되었다. 예를 들어 2월에 학기를 시작하면 아직 고등학교를 졸업하지 않은 학생들의 카이스트 입학이 문제가 된다. 또한 연구비를 수주하기 위한 연구 계획서 마감이 2월인 경우가 많은데, 2월에 학기가 시작되면 연구 계획서를 작성할 수 있는 시간적 여유가 없어진다.

한국 교수들은 연구의 트랜스내셔널 시공간적 압박에 끊임없이 시달리며, 중간에 끼인 상태에서 연구의 시공간적 프레임을 관리해나간다. 항공우주공학을 전공하는 홍 교수가 토로하듯 한국과 미국의 지식 격차는 분야에 따라 길게는 50년, 짧게는 10여 년의 차이가 존재한다. 이러한 시공간적 격차를 극복하기 위한 노력은 상당한 스트레스를 동반하며, 한국 연구자들이 첨단 연구를 수행하지 못하는 중요한 장애가 된다.

열등한 연구 환경

한국의 연구 환경이 급속히 발전해왔음에도 불구하고 세계적인 수준의 연구 환경과는 여전히 큰 차이가 있다. 미국 유학파 교수들의 연구에 대한 눈높이는 미국에 맞춰져 있다. 즉 연구 환경에 대한 준거의 대상은 미국이다. 연구 환경은 학문 분과와 연구자의 소속 기관에 따라 다르지만 이공계는 특히 연구의 물질적, 조직적 조건에 큰 영향을 받는다. 연구의 중요한 세 가지 요소는 연구 시설, 연구 인력, 연구비다.

화학을 전공하는 장 교수는 실험 장비가 없어서 첨단 연구에서 기본적인 연구로 돌아섰다고 말한다. 미국의 우수한 실험실에서 연구해왔던 장 교수는 "하고 싶은 연구가 아니라 할 수 있는 연구를 하게 된다"고 말한다. 연구 시설과 연구 인력이 미흡해 첨단 연구를 할 수 없기 때문에 한국 상황에 맞는 연구를 한다는 것이다. 장 교수는 이를 "affordable chemistry"(연구비에 맞는 화학)이라고 표현했다. 연구비와 연구 시설에 맞추다 보니 수준이 높지 않은 화학을 연구하게 된다는 뜻이다. 첨단 연구는 고가의 실험 장비를 필요로 하는데, 미국 연구 중심 대학의 실험실과 맞먹는 실험 시설을 갖춘 한국 대학은 몇몇을 제외하고는 드물다.

생명과학을 전공하는 오 교수는 미국에서 오랜 연구 생활을 하다가 한국으로 들어왔다. 한국 대학에서 가장 힘든 점이 무엇이냐는 질문에 그는 주저 없이 연구를 뒷받침해줄 시설이 없다는 것을 꼽았다.

오 교수 (미국의) 어느 대학이든 다 그렇겠지만, 모든 실험실이 모든 기기를 다 가질 수는 없잖아요. 그래서 제일 중요하게 여기는 코어 퍼실리티 core facility (핵심 실험실)라고 해서, 여러 실험실에서 하는 것들을 해주는 서비스 개념의 퍼실리티가 있어요, 미국에는 다. (……) 근데 한국에는 그런 게 있는 데가 없어요, 별로. 그래서 저희가 다 해야 되니까 이걸 아웃소싱을 하려고 하면 퀄리티를 못 믿겠고, 저희가 하려고 하면 기기가 없고…… 그러니까 (기기가) 몇십 억 하는 건데 그걸 다 살 순 없잖아요. 그런 코어 퍼실리티가 없는 게 제일 힘든 것 같아요.

오 교수가 국내 빅3 대학(서울대, 카이스트, 포스텍) 중 하나에 근무하고 있기 때문에 연구 시설이 뒤처져 있다는 점이 의아해서 나는 재차 질문했다. 하지만 오 교수는 빅3 대학 연구실도 대부분 미국 연구 중심 대학의 시설에 비해 뒤떨어져 있다고 증언한다. 빅3 대학의 사정이 이러할진대 지방 대학이나 연구비가 적은 대학의 사정은 더 말할 것도 없다. 지방 대학에 근무하는 최 교수도 "일단 장비가 없어요. 그러니까 할 수 있는 실험의 한계가 있어요"라며 탄식한다. 최 교수는 뇌신경과학에서 이미징을 연구하는데, 이를 찍을 고가의 현미경이 없어서 연구에 어려움을 겪고 있다고 말한다. 미국에서 오랜 연구 경험을 쌓은 최 교수에게 미국에서는 그런 장비를 손쉽게 구할 수 있었느냐고 질문하자 당연히 아주 쉽게 구할 수 있었다고 대답했다.

연구에는 실험실이라는 하부 구조뿐만 아니라 연구를 수행할 우수한 두뇌도 요구된다. 실험실을 가지고 있는 교수들은 연구를 관리, 감독하는 역할을 담당하며, 실질적인 실험은 주로 박사후 연구원('포닥')과 대학원생에 의해 수행된다. 우수한 연구는 반드시 우수한 연구 인력에서 나온다. 여기서 한국과 미국 간에 존재하는 연구 인력의 위계화와 트랜스내셔널 이동은 다시금 한국 연구자들을 괴롭힌다. 국내 박사학위 연구자 중 우수한 인력은 미국의 '빅 랩'(규모가 크고 명성이 있는 실험실)에서 포닥 과정을 밟는 경우가 많은데, 이는 한국에서 기른 인재를 미국에 빼앗기는 것이나 다름없다.

오 교수 한국의 포닥 퀄리티(박사후 연구원의 자질)가 그렇게 좋지는 않아요. 그래서 괜찮은 포닥들은 좋은 랩에 가려고 하니까. 미국에 일단 가고. 그리고 한국에서도 좋은 랩에만 가고 이러니까 신생 랩이나 이런 랩에는 포닥 분들이, 좋은 퀄리티의 분들이 잘 안 오시는 거죠.

과학에서 누적 이익cumulative advantage이라고 하는 '빈익빈 부익부' 현상이 잘 알려져 있는데, 이는 명성 있는 연구자나 실험실이 계속해서 이점을 얻고 그렇지 못한 연구자와 실험실은 도태되는 것을 의미한다. 포닥들은 위치 경쟁에서 살아남기 위해 수준 높은 연구를 수행할 수 있는 실험실을 선호하며, 이는 미국과 한국 간 연구의 글로벌 위계 속에서 작동한다. 가장 수준이 높은 학생들은 미국 대학의 '포닥'으로 빠지고, 그다음에는 국내 빅3 대학으로, 그다음에는 서열에 따라 선택된다.

수준 높은 연구 결과를 낸 교수라고 할지라도 한국에서 명성 있는 대학의 교수가 아니라면 연구 인력 때문에 심각한 문제에 부딪힌다. 우수한 연구 결과를 냈던 지방 대학의 장 교수는 과연 앞으로 몇 년을 살아남을 수 있을지 걱정할 수밖에 없다. 연구 시설도 문제지만 학생들의 수준이 기대만큼 높지 않아 연구의 속도와 질을 담보할 수 없다는 것이다. 영어 논문을 써야 하는데 학생들에게 맡길 수 없어 자신이 다 쓰고 있으며, 우수한 포닥이 없기 때문에 교수가 직접 반복해서 실험을 가르쳐야만 했다. 따라서 능력이 있는 교수들은 더 좋은 대학으로 자리를 옮기려고 한다.

인문사회과학자들도 분과에 따라 다르지만 경험 연구를 중시하면 할수록 연구 기반이 중요하다. 가령 질 높은 데이터를 활용하는 경제학이나 사회학은 질 높은 수준의 서베이나 자료를 요구하며, 이는 상당한 연구 지원을 필요로 한다. 경험 연구들은 곧 데이터 경쟁인데, 한국의 경우 전문화된 데이터의 요구가 미국보다 덜하다. 따라서 연구 지원의 필요성을

▪   Robert Merton, 앞의 책, pp.445~446; David Hess, *Science Studies: An Advanced Introduction*, New York: New York University Press, 1997, pp.59~64.

못 느끼며 첨단 연구를 따라갈 수 있는 기반이 부족할 수밖에 없다. 경제학을 전공하는 유 교수는 다음과 같이 말한다.

> **유 교수** (연구는) 결국 데이터 싸움인데 미국은 그런 데이터들을 대학에서도 그렇고, 펀드(연구비)를 통해서 데이터들에 대한 서포트(지원)가 굉장히 좋죠. 근데 우리나라 같은 경우 아직도 데이터에 대한 서포트가 부실하고 그것에 대한 펀드도 학교에서 많이 해주는 것 같지도 않고, 그 어려움이 제일 크죠.

인문사회과학계는 이공계만큼 연구 중심 대학이나 학과에 대한 전반적인 합의가 약한 것이 현실이다. '연구 중심'에 대한 확고한 방향과 정체성이 없는 상황에서 한국의 인문사회학과들은 미국의 명성 있는 학과들보다 연구의 집중도가 떨어진다. 인문사회과학계의 대다수 교수들은 '수업 부담'이 큰 편인데, 이는 연구에 집중하는 데 방해가 된다. 미국 연구 중심 대학의 경우 교수가 연구비를 따오면 수업을 면제해주는 바이아웃 buyout(수업 매수) 제도가 있어 연구에 집중하고 싶은 교수는 이 제도를 활용한다. 반면 한국의 인문사회과학계 교수들은 수업 부담과 행정 부담에 시달리며 연구에 집중할 수 없는 조직적 조건에 놓인다. 대부분의 인문사회학과들이 10여 명 내외의 교수로 구성되어 있는데, 이는 미국 연구 중심 대학의 학과에 비해 현저하게 적은 숫자다. 서울대, 연세대, 고려대 같은 인문사회 계열 TOP 3조차 인문사회 계열의 어떤 학과도 연구 중심이라고 내세우기 힘든 실정이다. 또한 인문사회과학 계열은 높은 수준의 연구에 대한 합의가 덜 이루어져 있고, 그 필요성도 이공계에 비해 덜하다. 따라서 많은 인문사회 계열의 연구들은 파편화되어 있으며, 이는 각 학문 분과의 전문화를 방해한다. 결과적으로 인문사회 계열에서 '우수한 연구자'에 대한 합의가 쉽게 이루어지지 않는데, 이는 앞 장에서 설명했듯이 인정 체계의 이원화와도 관련된다.

파편화된 인정 시스템: 논문 출판의 정치

논문 출판은 연구자에게 가장 중요한 작업이다. 이를 통해 대학에서 승진이 결정되고, 학문 공동체에서 인정을 받고, 연구비 신청의 중요한 밑천이 마련된다. 앞 장에서 설명했듯이 연구자들의 논문 출판은 영문 저널(SCI급 저널)과 국내 저널(등재지 저널)로 나뉘는데 이는 연구 출판의 글로벌 위계를 반영한다. 논문 출판의 파편화는 한국 연구자들에게 심각한 문제를 양산한다. 인문사회 계열에서 이 문제는 더 심각하여, 연구자들은 무엇보다 연구 결과를 영어로 쓸지 아니면 한국어로 쓸지를 고민한다.[•] 미국 유학파 교수들(특히 인문사회 계열)은 '양다리 전략'을 쓰는데, 영문 저널과 한국어 저널에 모두 출판하려고 애쓰는 것이다. 문제는 이 같은 '양다리 전략'이 연구의 집중력을 떨어뜨린다는 점이다.

　　미국 유학파 교수들은 전반적으로 국내 저널을 신뢰하지 않는다. 여기에는 여러 가지 복합적인 원인이 있는데, 우선 한국연구재단에서 관리하는 등재학술지가 국내 연구진의 수에 비해 너무 많다는 것이다. 개개의 학술단체는 자체적으로 발행하는 저널을 가지고 있다. 2014년 6월 통계에 따르면 전체 등재학술지는 총 2,089종이다.[•] 이에 비해 가장 흔히 사용되는 영문 저널 인덱스인 SCI급 저널은 8,613종이다. 등재지는 한국 연구자들이 출판하는 반면, SCI급 저널은 전 세계 연구자들이 출판한다는 점을

[•] 비서구권의 인문사회과학자들은 이러한 딜레마를 공통적으로 겪는다. 영문으로 출판하는 연구자들은 본국에 알려지지 않고, 자기 나라의 언어로 출판하는 사람들은 해외에 알려지지 않는다. 이런 상황에 대해서는 다음을 참조하라. Sari Hanafi, "University System in the Arab East: Publish Globally and Perish Locally vs Publish Locally and Perish Globally", *Current Sociology* 59(3), 2011, pp.291~309.

[•] 한국연구재단의 홈페이지(www.nrf.re.kr)에서 등재학술지의 수를 확인할 수 있다.

감안한다면 등재지는 상당히 많은 수다. 국내 등재지가 살아남기 위해서는 국내 연구진들의 논문이 많아야 하는데, 이는 수준이 낮은 논문이라도 학술지에 실어줄 수밖에 없는 상황을 초래한다. 남 교수는 이 상황을 "학술지는 많은데 낼 사람은 없고, 연구는 안 해도 되니 내달라고 서로 사정하는 게 생기고, 그런 거죠"라고 말하며 국내 학술 출판문화를 "때우기 문화"라고 명명한다. 이는 논문의 우수성이나 질에 상관없이 학술지의 생존을 위해서 억지로 논문을 만들어내야만 하는 상황을 일컫는다.

더 나아가 한국 연구자들의 '논문 평가 문화'를 이해할 필요가 있다. 먼저 연구자의 수가 많지 않기 때문에 논문에 대한 평가가 영문 학술지보다 엄격하지 않다. 또 해당 분야의 전문가가 부족하여 심도 있는 심사가 이루어지기 어렵다. 문 교수는 국내 논문에는 '쓰레기'가 많다고 지적하며 다음과 같이 말한다.

> **문 교수** 국내에서 출간된 논문들에 대해서 신뢰를 하지 않죠. 실제로 평가를 해봐도 대충대충 쓰는 게 많고. 그거는 제가 전공자도 신뢰 안 하지만 기본적으로 그럴 거예요. 그 전공에서 대표 저널에 있는 그거를 신뢰를 안 해요.

이 문제를 더 악화시키는 요인 중의 하나는 한국 교수들이 영문 저널과 국내 저널을 다른 질적 기준을 가지고 심사한다는 점이다. 예를 들어 기계공학 전공자인 추 교수는 SCI급 논문 평가는 "꼬장꼬장하고 엄격하게" 평가하는 반면에 국내 등재지의 경우 적당한 선에서 평가한다고 실토한다. 국내 논문에 대한 기대가 높지 않기 때문에 논문에 대한 평가를 SCI급 논문만큼 엄격하게 하지 않는다는 뜻이다. 이런 경향은 한국 학계의 거의 모든 분야에서 일어나고 있다.

'빨리빨리' 문화와 연결된 논문 성과주의 역시 논문의 질을 떨어뜨리는 주요한 원인이다. 인터뷰를 한 거의 모든 교수들이 한국 학계의 가장 심각한 문제로 양적 평가를 지적했다. 탁월한 연구는 충분한 시간과 고도의 집중력을 요구한다. 국내에서는 대부분 연구비를 받으면 짧은 시간 내에 논문을 출판해야 하기 때문에 시간에 쫓겨서 탁월한 연구 업적을 내기 힘든 실정이다.

> **박교수** 진정한, 세계적으로 대접받거나 이러려면 좋은 문제 풀고, 핵심적인 문제를 풀어야죠. 그러면 이제 논문을 많이 쓸 수가 없잖아요. 근데 한국은 논문을 많이 쓰라고 요구하기 때문에 그렇게 할 수가 없는 거죠. 그런 방향이 문제죠.

최근의 미국 유학파 교수들은 대부분 영문 논문을 출판한 경험이 있는데, SCI급 논문과 국내 등재지 저널 간의 질적 차이를 확실하게 인식하고 있었다. 영문 저널의 경우 『사이언스』, 『네이처』와 같이 심사가 빠른 몇몇 저널을 제외하면 심사를 받는 데 최소 수개월이 걸리고 논문의 투고에서 출판까지 수년이 걸린다. 이에 비해 국내 등재지는 심사가 단 며칠 사이에 끝나는 경우도 종종 있으며, 투고에서 출판까지 통상 수개월 안에 이루어진다. 트랜스내셔널 시공간성은 논문 출판에도 철저하게 적용된다. 성과주의는 연구자를 시간적으로 압박하며, 이는 낮은 질의 연구 결과물을 낳게 한다. 따라서 최근 국내 학계에서는 영문 저널에 논문을 내지 않으면 학자로서 인정받기 어려운 상황이 되었다. 사회과학자인 이 교수는 자기 분야 교수들이 자신을 '아류 학자'로 보는 '의심의 눈초리'가 있었는데 세계적인 영문 학술지에 논문을 발표했더니 '인정해주는' 인상을 받았다고 고백한다. 따라서 교수, 학자, 연구자로서 인정받고 계속해서 학계에서 살아남기 위해서는 지속적으로 영어 논문을 출판해야만 한다.

문제는 한국에서 영어 논문을 투고할 때 연구자들이 겪게 되는 장벽이 크다는 점이다. 이는 특히 인문사회 계열의 교수들에게 큰 영향을 미친다. 먼저 이들이 구사하는 영어 능력은 원어민 수준에 못 미치기 때문에 영어 글쓰기에 대한 부담이 항상 존재한다. 강 교수와 송 교수는 다음과 같이 말한다(각기 다른 인터뷰에서 발췌).

강 교수 항상 자신감이 없고⋯⋯ 프로페셔널 프루프리딩professional proofreading(전문 영문 교정)을 받아야 되니까 자신이 없죠. 그리고 또 미국인이 쓴 영어랑은 다르다는 생각을 하고, 잘 쓴 영어랑은 다르다는 생각을 하죠.

송 교수 조금 더 멋있게 쓰고 싶은데 정형화된 패턴으로밖에 쓸 수 없는 거에 갈등을 느끼죠.

영어에 대한 부담에 덧붙여서 인문사회 계열의 경우 주제가 한국적 맥락이기 때문에 미국 학자들이 이해하기 힘들거나 학술적 함의를 주기 힘든 경우도 많다. 가령 언론학을 전공하는 송 교수는 '냄비 저널리즘'에 대해 영어로 논문을 쓰려는 마음이 있었으나 이 개념을 미국 학자들에게 설득할 자신이 없어 포기했다. 사회학 전공인 남 교수도 한국적 맥락에서만 통용되는 개념을 미국 학술지에 싣는 데 대한 버거움을 토로한다. 다른 사회과학 전공자인 한 교수는 미국 저널에 논문을 투고했을 때 "한국 얘기인데 왜 미국 저널에 내냐"는 얘기를 많이 들었다고 고백한다. 인문사회과학 연구는 다분히 맥락 의존적이고, 나라마다 중요성과 의미가 다르기 때문에 한국적 내용을 미국 학자들이 관심을 보이는 경우는 드물다.

이공 계열의 경우 SCI급 논문과 국내 등재지는 확연히 구분되는 서열을 가진다. 국내 저널에 내는 것은 거의 업적으로 인정되지 않으며, 오히려 그 연구자의 명성을 깎아내리는 경우도 있다. 수학을 전공하는 박 교수는 국내 저널에 내는 연구자들을 "공부하진 않지만 논문을 해결해야만 하는" 사람으로 취급한다. 기계공학 전공인 추 교수는 데이터가 좋으면 SCI급으로 출판을 하고, 미흡하면 국내 등재지에 낸다. 이공계의 경우 영문 저널이 헤게모니를 완전히 장악하고 있기 때문에 논문을 영문 저널에 낼 것인가 한국어 저널에 낼 것인가에 대한 고민은 덜한 편이다.

국내 학계에서의 SCI급 영문 저널의 헤게모니는 학회 활동과 학술지 출판에 지대한 영향을 미친다. 최근 국내 이공 계열의 많은 학술지들이 SCI 저널을 만들기 위해 혈안이 되어 있는데, 이는 그 학회가 살아남기 위한 최선의 방책 중 하나다. 앞서 설명했듯이 국내 저널의 수는 상당히 많기 때문에 투고 논문이 필요한 상황에서 SCI 저널을 발행해야만 학회가 생존하고 번창할 수 있다.

> **추 교수** 공학 쪽에서는 SCI가 있으면 일단은 굉장히 그 학회가 잘될 수밖에 없죠. 수많은 사람들이 와서 논문을 실어달라고 아우성을 치고 있기 때문에…….

SCI급 영문 저널을 만들기 위한 노력은 이공 계열뿐만 아니라 인문사회과학 계열로도 점차 번져나가고 있다. SCI급 저널을 발행하는 학회가 명성을 얻는 경향이 있고, 학계에서의 가시성과 파급력을 인정받는다.

SCI급 저널을 만들기 위해서는 실질적이고 인위적인 전략이 필요하므로 이를 위해 한국의 연구자들은 고군분투하고 있다. 학계에서 그 학회나 연구 모임이 확실하게 살아남을 수 있는 가장 강력한 수단은 SCI급 영문 저널을 발간하는 것이다.

집중할 수 없는 연구 문화

우수한 연구자는 능동적인 동시에 수동적이어야만 한다. '능동적'이어야 하는 이유는 새로운 지식을 끊임없이 습득하기 위해 다른 연구자들과 교류해야 한다는 데 있고, '수동적'이어야 하는 이유는 연구에 집중할 수 있는 자기만의 시간을 보호해야 한다는 데 있다. 연구자의 수동성은 곧 집중할 수 있는 공간과 여유를 가지는 것을 의미한다.

　　미국 유학파 교수들이 경험한 미국과 한국의 연구 생활에서 가장 큰 차이는 한국 교수들이 '너무 바쁘다'는 것이다. 무엇보다 한국 대학에서는 '연구 중심'이라는 개념을 조직적, 문화적으로 실현시키지 못하고 있다. 미국 연구 중심 대학의 교수들은 1년에 통상 2~4개 과목을 가르치는데, 앞서 언급한 것처럼 바이아웃 제도를 통해서 이를 더 줄일 수 있다. 서울대, 카이스트, 포스텍, 이른바 이공계의 빅3 대학은 미국의 연구 중심 대학처럼 수업 부담을 줄여주고 있다. 이들 몇몇 대학을 제외하고는 대부분 교수들에게 과도한 수업을 부과한다. 사회과학 전공자인 이 교수는 1년에 통상 6~8개 과목을 가르쳐왔는데 이러한 수업 부담이 연구에 집중하지 못하는 큰 이유라고 말한다. 또한 이 교수는 지도 학생이 25명 정도인데, 이 학생들을 모두 세심하게 지도하는 것은 무척 어려운 일이라고 고백한다. 뿐만 아니라 여러 학회의 이사로서 해야 할 학회 일, 여러 프로젝트의 책임자로서 해야 할 관리적인 부분들, 정부의 각종 위원회 위원으로서 해야 할 서비스 등을 포함하면 그야말로 눈코 뜰 새가 없다.

다른 사회 계열의 한 교수는 특수대학원 수업까지 포함하여 1년에 통상 6개 과목을 가르친다. 그녀는 수업 외에도 각종 학교 행사에 시달린다. 한국의 대학은 행사가 너무나 많은데, 예를 들어 학부생 엠티, 현장 학습, 대학원 행사, 동문회 행사, 교수 모임 등등에 얼굴을 내밀어야 한다. 이 행사들은 대부분 '뒷풀이'를 하는데, 이 같은 잦은 회식으로 인하여 저녁 시간도 빼앗기고 다음 날 일정에도 차질을 빚게 된다. 수학을 전공하는 박 교수는 교수들끼리 갖는 잦은 술자리가 부담스럽다고 고백한다. 각종 학회, 학과, 프로젝트, 위원회에서 친분을 쌓게 된 교수들은 친목과 화합을 위해 술자리를 자주 가진다고 한다. 박 교수는 이런 바쁜 일상에서 벗어나 연구에 집중하기 위해 방학 때 미국에 머문다. 사회학을 전공하는 남 교수는 학생 지도, 학과 일, 수업, 학회 일들 때문에 "절대적으로 공부하는 시간이 적다"며 연구에 집중할 시간이 점점 더 줄어드는 것을 탄식한다.

한국 특유의 집단주의 문화는 연구만 하는 개인주의적 교수를 탐탁지 않게 여긴다. 학과 행사나 학회 행사에 얼굴을 내밀지 않는 교수는 '얌체'로 낙인찍혀 왕따를 당하는 경우가 허다하다. 동료 교수와의 인간관계는 무시할 수 없는 요소이며, 이는 연구 네트워크와 연구비 심사와도 간접적으로 연결된다. 연구 네트워크의 형성은 많은 경우 학연과 관계되며 이는 집단주의 문화와 연관된다. 연구를 활발하게 하는 교수들은 많은 연구 프로젝트에 참가하는데, 이런 활동은 도움이 되기도 하지만 종종 전문적인 주제에 대한 연구 집중을 방해한다.

우수한 연구는 시간의 집중뿐만 아니라 주제의 집중도 요구한다. 오랫동안 한 가지 문제에 천착했을 때 탁월한 연구가 나오는 법이다. 한국적 맥락에서 문제가 되는 것은 한국 연구자들이 유행에 민감하다는 것이다. 가령 사회과학에서 SNS에 대한 주제는 최근 수년 동안 관심을 끌었고, 많은 연구자들이 이 문제에 천착했다. 자연과학 분야에서는 줄기세포, 그래핀, 에너지 관련 분야가 유행을 주도했으며, 많은 연구자들이 자신의 영역을 뛰어넘어 이들 분야에 몰려들었다. 미국을 포함한 전 세계 연구진들도 유행에 민감할 수밖에 없지만 미국에서는 고전적이고 기초적인 연구들이 꾸준하게 수행된다는 점이 다르다. 한국 연구자들은 유행에 따라 연구 주제를 바꾸는 경향이 강하며, 이는 한 가지 문제에 끈기 있게 천착하지 못하는 결과를 낳는다.

> **강교수** 시류를 타면 언제 석학이 나오겠어요. 시류 안 타면 바보 되니까. 그렇게 인정을 안 해주니까 시류를 타는 거잖아요. 시류 타야 멋있고, 시류 타야 돈 나오고 그러니까 그 시류를 타는 거죠.

한국 연구자들이 시류에 더 민감한 이유는 또다시 이들의 트랜스내셔널 위치와 깊이 연관된다. 트랜스내셔널 미들맨 지식인들의 주요 전략은 미국의 연구 센터에서 생산되는 지식을 빨리 국내에 도입하여 선점하는 것이다. 자기만의 독창적인 분야가 없기 때문에 외국의 첨단 연구에 주목해야만 한다. 분야를 막론하고 미국 유학파 교수들은 미국에서 '핫' 한 것을 가지고 와야 주목을 받을 수 있고, 연구비를 지원받을 가능성이 커진다. 시류를 타면 이런 장점이 있지만 근본적인 질문을 던져서 답을 구하는 방식을 취해야 하는 심도 있는 연구를 수행하기는 어렵다. 석학은 유행을 타는 사람이 아니라 유행을 만드는 사람이다.

학문 공동체의 폐쇄성과 타율성

연구에서 학문적 에토스, 곧 규범의 역할은 매우 중요하다. 과학은 실력주의와 개방주의를 견지하며, 이는 학벌, 젠더, 인종 같은 특수주의적 요소들을 배격한다. 미국과 한국의 과학 공동체 내에 특수주의 요소들이 존재하지만 연구 활동에서 이것들을 경험하는 방식은 다르다. 미국 유학파 교수들은 미국에서의 연구 경험을 한국적 경험과 자주 비교한다. 이들이 말하는 한국 연구자들의 현실은 참담하다. 한국의 학계는 미국에 비해 매우 폐쇄적이고 신뢰할 수 없다고 입을 모은다. 이들이 말하는 학문적 규범의 취약성은 학벌주의, '칸막이' 문화, 연공서열의 문화로 요약할 수 있다. 이는 결과적으로 실력주의에 근거한 학문의 자율성보다는 연줄과 서열에 근거한 타율적인 학문 공간을 만든다.

한국에서 학벌은 연구 네트워크를 형성하는 데 매우 중요하다. 같은 대학 출신이면 심리적으로 편하고, 선후배 간의 위계와 조직에 기대어 연구를 추진력 있게 밀고 나갈 수 있다. 학벌은 사회적 자본이 되지만 폐쇄성을 띠고 있어 연구의 개방성과 충돌한다. 특정한 연구 주제는 공통된 전문성을 요구하는데, 같은 학벌의 사람들이 이를 모두 가지기는 대단히 어려운 일이다. 공학을 전공하는 도 교수는 학벌 때문에 전문적인 연구팀을 꾸리기가 힘들다고 말한다.

> **도 교수** 연구자 구성 자체가 어떤 특정 주제가 있으면 그 주제에 맞는 사람들이 모여야 되는데, 아까 말씀드렸던 대로 학연, 지연별로는 그 주제에 맞는 사람이 많지가 않잖아요. 서로 섞여서 모이면 전문가만 모이는데, 전문가만 모이는 게 아니지. 그러니까 아까 말씀드렸던 대로 연구 성과가 잘

안 나온다는 거지.

학계에 진입한 신진 연구자들은 이전 세대보다 개방적이지만 이미 구조적으로 형성되어 있는 학벌 중심의 네트워크에 종속될 수밖에 없다. 왜냐하면 신진 연구자는 학계에서 파워가 없고 연구를 위해 네트워크를 만들 수밖에 없는 처지이기 때문이다. 학벌 중심의 연구 관계는 다른 학벌을 가진 사람들을 소외시킨다. 이 교수는 모 대학 중심의 학회의 회식 자리에서 서로 형, 동생 하는 모습에 아연실색했다고 말한다.

이 교수 나만 이방인인 것 같고. 그렇지만 꾹 참았죠. 더럽더라고요. 회식 자리에서 느끼는 건 솔직히 말해서 남의 동창회에 괜히 껴서 앉아 있는 듯한 느낌이 있었지만 꾹 참고 앉아 있었던 거죠.

이 교수는 결국 이 연구 모임과 거리를 두었다. 이는 그 연구 집단에게는 손해가 된다. 왜냐하면 이 교수의 전문성을 충분히 활용할 수 없기 때문이다. 즉 네트워크가 개방적일 때 연구의 전문성과 생산성이 높아진다. 연구는 지식의 교류인데, 이 교류가 폐쇄적일수록 독창적인 지식 생산은 어려워진다.

한국의 학계는 학벌뿐만 아니라 학문 분과, 기관, 조직 등으로 잘게 나뉘는 '칸막이' 문화가 심한데, 이는 활발한 연구를 방해한다. 경제학 전공인 유 교수는 미국의 경우 대학, 연구소, 정부기관의 전문가들이 활발하게 협력하고 상호 간에 자리 이동도 많은데 한국은 그렇지 못하다고 개탄한다. 예를 들어 FRB(미국 연방준비은행)의 경제학자들과 대학에 재직 중인 경제학자들은 연구와 자리 이동이 매우 활발한 반면, 한국에서는

'칸막이' 문화로 인해 서로 협력하는 경우가 드물다. 유 교수는 '모빌리티' (이동)가 있어야만 경제학이 발전할 수 있는데 한국은 그렇지 못하다고 말한다.

기관뿐만 아니라 한국 학계에서 학문 분과 간의 장벽은 대단히 높다. 이른바 한국 학계의 순혈주의는 여러 다른 경험을 한 사람을 탐탁지 않게 여긴다. 미국에서는 학사 전공과 박사 전공이 다르면 그만큼 경험이 풍부한 것으로 긍정적 평가를 받는 반면, 한국에서는 부정적인 평가를 받는 경향이 있다.[•] 학문 분과 간의 첨예한 영역 싸움이 있기 때문에 비슷한 주제를 연구하더라도 한국 학계에서는 협력이 잘 이루어지지 않는다.

한국 학계의 유교적이고 권위주의적 위계질서는 개방적이고 비판적인 연구 활동을 방해한다. 미국 유학파 지식인들은 미국에서 경험한 자유분방한 분위기와 한국의 답답한 위계 문화를 자주 비교한다. 도 교수는 한국으로 돌아왔을 때 가장 힘든 점이 무엇이었냐는 질문에 이렇게 대답했다. "가장 중요한 건 인사를 잘 못해요. 한국 스타일 인사. 90도로 정중하게 인사를 잘 못해요. 유학 갔다 온 사람들이." 이런 일상적인 의례는 학문적 활동에서 중요하다. 위계질서가 몸에 밴 한국 학계의 아비투스는 학문의 개방성, 비판성과 충돌한다. 이것은 학회와 세미나에서 활발한 토론과 비판이 어려운 이유이기도 하다.

송 교수 자유롭게 자기 걸 (의견) 공개를 안 하니까 리액션도 제한적일 수밖에 없고. 심사평, 글로는 확실하게 하지만 대놓고 배려해주는 문화가 미국보다 강한 것 같고, 특히 나이나 직급에 관해서는 할 수 있는 얘기가 제한되어 있고. 문화가 많이 다른 거죠.

[•] 북미 지역의 교수 채용에 있어 다양한 전공과 경험을 한 사람이 좋은 평가를 받는다는 내용에 대해서는 허남린, 「융합 학문과 교수 채용」, 『교수신문』, 2014년 5월 27일을 참조하기 바란다.

송 교수는 비판적인 의견을 제시하기보다 "좋은 게 좋은 거라는 인식 때문에" 비판적인 토론이 어렵다고 말한다.

학문 공동체의 폐쇄성은 학문의 타율성을 낳는다. 자율성이란 학문 그 자체의 우수성에 의해 학계가 지배되는 것이라면, 타율성은 학벌, 연줄, 직위 같은 학문 외적인 요소들이 지배적인 원리가 된다는 의미다. 따라서 한국 학계에서는 사회적 지위와 학문적 명성 간의 불일치를 경험하는 경우가 많다. 가령 미국의 학회장이나 학술지 편집장은 연구 능력이 탁월한 사람이 맡으며 이들이 주류인 반면, 한국에서는 연구 능력보다는 네트워킹 능력이 중요하다. 주 교수는 한국 학계의 타율성을 매우 직설적인 어조로 비판한다.

> **주교수** 사람들이 연구한 거 보고, 그리고 학회 같은데, 국내 학회도 있으니까 가서 만나서 이야기해보고 하면 쟤는 건달이고, 얘는 학자구나, 구분이 된다고요. 건달이 많아요! (웃음)

연구는 하지 않지만 자신의 네트워크로 연구 수행을 하려는 사람을 주 교수는 '건달'로 지칭한다. 그는 나이가 들어갈수록 건달의 비율도 따라서 높아진다고 덧붙였는데 그 이유를 묻자, "편한 분위기에 그렇게 되는 거죠. 잘 먹고 잘살잖아, 교수면"이라는 말로 답했다. '학자의 건달화'는 유교적 위계 문화와, 연구를 높이 평가하지 않는 문화로부터 기인한다. 한국 대학에서 권위는 학문의 우수함보다는 나이와 직위에서 나오는 경향이 있는데, 이는 연구자를 실력으로 평가하는 문화를 저해한다. 8장에서 논의하겠지만 미국 교수들은 나이가 많아도 연구를 하지 않으면 철저하게 무시당한다. 학문의 자율성과 실력 위주로 학계를 재편해야 한다는 젊은 세대의 요구가 점차 거세지고 있지만, 한국 학계의 폐쇄성과 타율성은 여전하다. 토머스 쿤Thomas Kuhn은 패러다임의 전환은 이전 세대의 저항이 심해서 저절로 이루어지지 않고 그들이 죽어야 하는 것이라고 말했다.[•] 과학사의 통찰로 볼 때, 한국 학계의 자율성을 획득하기 위해서는 신진 세대와 구세대와의 갈등은 피할 수 없는 것처럼 보인다.

학문적 열정의 쇠락

학문은 감정적 작업이다. 감정적 투신 없이는 탁월한 작업이 나올 수 없다. 학문적 열정은 특정한 사회적 맥락 속에서 발생한다. 랜들 콜린스는 성공적인 학자는 기본적으로 두 가지를 갖추어야 한다고 말했는데, 그것은 학문자본과 학문에 대한 열정emotional energy이다.[•] 양질의 학문자본은 탁월한 선생으로부터 전수받아야 한다. 훌륭한 선생을 찾기 위해 한국의 인재들은 미국 유학을 간다. 3장에서 설명했듯이 미국의 연구 중심 대학에는 훌륭한 학자들이 많으며, 유학생들은 그들의 지식을 전수받는다. 대가는 뒤르켐이 말하는 하나의 '토템'으로 그 학문 집단을 상징하고 학문 집단에서 신성시되는 존재다.[•] 종교적 현상으로서의 대가는 존경과 열정의 감정을 불러일으키고, 탁월한 제자는 이들의 길을 따라간다. 이런 의미에서 성공적인 학자들은 맹목적이다. 그 길만이 최고라는 환상이 없는 학자는 성공하기 어렵다. 탁월한 선생 또는 대가와의 접촉은 학문자본의 전수뿐만 아니라 학문적 열정의 고양과 연결된다. 따라서 학문적 열정은 사회적 상호작용의 지속성 안에서만 유지된다. 즉 짧고 단기적인 만남보다 지속적인 만남을 통해서 계속해서 고양되어야만 한다. 이러한 '집합 흥분'

■ Thomas Kuhn, *The Structure of Scientific Revolutions*, Chicago: The University of Chicago Press, 1962, pp.150~151.

▪ Randall Collins, 앞의 책, 1998, pp.33~37.

▪ Emile Durkheim, *The Elementary Forms of Religious Life*, New York: The Free Press, 1995, p.121. 뒤르켐주의 문화사회학에 대해서는 최종렬, 「뒤르케임의『종교생활의 원초적 형태』에 대한 담론이론적 해석: 신뒤르케임주의 문화사회학을 넘어」, 『한국사회학』 38(2), 2004, 1~31쪽을 참고하라.

collective effervescence이 없는 '탁월한' 학문 공동체는 존재하기 어렵다. 곧 공부는 사회적인 것이다.

문제는 미국 유학파 한국 지식인의 학문적 열정이 트랜스내셔널 구조를 가진다는 것이다. 미국의 연구 중심 대학에서 고양된 열정은 한국으로 돌아왔을 때 급격히 쇠락한다. 저명한 경제학자인 조인구 교수의 에피소드는 이를 잘 말해준다.[*]

1986년 프린스턴 대학교를 졸업한 조 교수는 경제학 부문에서 가장 많은 노벨상을 배출한 시카고 대학 교수를 거쳐 서울대 교수로 부임했다. 하지만 한국에 온 지 1년 뒤인 1998년에 서울대를 그만두고 돌연 미국 대학으로 자리를 옮긴 일은 한국 경제학계에서 오랫동안 회자되었다. 2006년에 한국을 방문한 조 교수는 왜 한국을 떠나 미국으로 갔느냐는 기자의 질문에 즉답을 피했다. 조 교수는 노벨상을 받은 제임스 헤크먼, 게리 베커, 로버트 포겔 교수 등 시카고 대학의 교수들을 언급하며, 이들은 나이가 70대, 80대가 되었음에도 불구하고 새벽까지 공부한다는 간접적인 답변을 내놓았다. 조 교수는 미국 대학 교수들의 학문적 열정에 항상 지적 자극을 받는다고 말했다.

세계적인 수학자들과 연구해온 박 교수는 피부로 느낀, 한국 교수와 미국 교수의 차이점을 이렇게 말한다.

> **박교수** 미국에서 교수하는 사람들은 교수 직책이 좋아서 하는 게 아니라 연구하는 게 좋아서…… 근데 한국은 교수라는 게 저거잖아요. 조금 기득권층, 대접받는 게 좋아서, 그 맛에 교수를 하는 거거든요. 공부가 너무 사랑스러워서 교수를 하는 게 아니고.

[*] 조인구 교수는 이 연구의 면접자가 아님을 밝혀둔다. 이 에피소드는 국내 언론에 소개된 내용을 바탕으로 하였다. 「美선 80代 노벨상 교수도 연구실서 밤새」, 『조선일보』, 2006년 8월 9일(http://www.chosun.com/economy/news/200608/200608090446.html).

"공부가 너무 사랑스러워서 교수를 한다"는 말은 의미심장하다. '지혜에 대한 사랑'이라는 학문의 왕, 철학의 어원에서 방점을 찍어야 할 곳은 지혜가 아니라 사랑이다. 박 교수는 한국 대학에서 공부를 열심히 그리고 지속적으로 하는 사람은 드물다고 말한다. 또 연구에 대한 가치를 높이 평가해주지 않는다는 점을 지적하면서, "논문을 열심히 쓴다고 알아주는 사람도 많지 않다"고 말한다. 사회학을 전공하는 남 교수도 비슷한 견해를 내놓는다. 열심히 공부하는 교수의 비율이 한국보다 미국이 훨씬 높고, 더 탁월한 연구를 하려는 욕심 역시 한국 교수들은 적다고 말한다. 한국 교수들은 다른 사람보다 나아지려는 경쟁의식도 없고 연구를 통해 "블라섬하고(꽃을 피우고) 싶다는 욕망"도 없다는 것이다.

학문적 열정은 지속적인 사회적 상호작용을 통해서만 유지된다. 학문적 전념은 고도의 감정적 에너지를 요구하는데, 한국 학계에서 이것을 지속시키기는 너무나 어렵다. 학문에 대해 점점 냉담해지는 것은 트랜스내셔널 미들맨 지식인들이 공통적으로 갖는 집단적 감정 상태다. 한국 지식인이 미들맨인 것은 이들의 열정이 최고가 아님을 뜻한다. 학문의 길만이 최고로 가치 있는 일이라는 기이한 최면과 환상 없이는 진정한 학자가 될 수 없다.** 이러한 학문에 대한 종교적 맹목성은 감정적으로 충만한 학문 공동체 속에서만 배양된다. 곧 한국 대학에서 미국 대학의 헤게모니는 이 둘 사이의 지식 격차, 윤리적 격차뿐만 아니라 '열정(또는 감정)의 격차' 속에서 발생한다. 로고스는 에토스와 파토스 없이 홀로 설 수 없다.

** 이 점에서 막스 베버의 『직업으로서의 학문』의 한 구절은 인용할 가치가 있다. "오늘날 진실로 결정적이며 유용한 업적은 항상 전문적 업적입니다. 그러므로 말하자면 일단 눈가리개를 하고서, 어느 고대 필사본의 한 구절을 옳게 판독해내는 것에 자기영혼의 운명이 달려 있다는 생각에 침잠할 능력이 없는 사람은 아예 학문을 단념하십시오. 이런 능력이 없는 사람은 우리가 학문의 '체험'이라고 부를 수 있는 것을 결코 자기 내면에서 경험하지 못할 것입니다. 학문에 문외한인 모든 사람들로부터 조롱당하는 저 기이한 도취, 저 열정, '네가 태어나기까지는 수천 년이 경과할 수밖에 없었으며', 네가 그 판독에 성공할지를 '또 다른 수천 년이 침묵하면서 기다리고 있다'고 생각할 수 없는 사람은 학문에 대한 소명이 없는 것이니 다른 일을 하십시오. 왜냐하면 열정을 가시고 할 수 있는 것만이 진정으로 가치 있는 일이기 때문입니다." 막스 베버, 앞의 책, 34쪽.

왜 한국에서 탁월한 연구는 드문가

한국 학계에서 상층부를 차지하고 있는 미국 유학파 교수들의 연구 경험 분석은 한국에서 탁월한 연구가 드문 이유를 잘 설명해준다. 탁월한 연구는 탁월한 학문적 구조와 문화 속에서 나온다. 연구 활동은 트랜스내셔널 구조를 지니는데, 한국과 미국 사이에 끼여 있는 모순적인 상태에서는 연구에 대한 고도의 집중을 유지하기가 어렵다.

우선 한국과 미국 사이의 지식 격차에서 오는 연구의 트랜스내셔널 시공간성으로 인해 한국 연구자는 미국 연구자를 쫓아가야 하는 상황에 놓이게 된다. 한국 대학의 연구 인프라가 미국 연구 중심 대학의 연구 인프라에 비해 훨씬 열등한 것 또한 미국 유학파 교수들이 지속적인 연구 생산성을 유지하지 못하는 주요 요인이다. 무엇보다 교수 직책에 다양한 요구가 부과되는 한국적 상황은 한국 교수에게 전문 분야의 연구자보다 두루두루 여러 일을 잘하는 '올라운드 플레이어'가 되기를 요구한다. '연구 중심'에 대한 개념 자체가 한국 대학에서는 드물기 때문에 더 가치 있게 여겨지지 않는 경향이 있다.

학문 공동체의 폐쇄성과 타율성은 경쟁적이고 자율적인 학문 활동을 위축시킨다. 학문의 가치를 인정해주지 않는 학문 공동체에서 학문적 열정은 냉담으로 바뀐다. 한국 대학과 학계의 인프라적, 조직적, 문화적, 심리적 조건들은 탁월한 연구를 위한 학문적 토대에 장애가 된다. 미국 유학파 교수들은 한국과 미국 사이에 '양다리'를 걸쳐야만 하는 학문의 트랜스내셔널 상황으로 인해 집중력을 상실한다. 따라서 이들에게 적합한 생존 전략은 탁월한 연구 업적을 내는 것이 아니라 미국에서 생산된 탁월한 지식을 한국적 맥락에서 재가공하여 로컬 지식인들에게 판매하는 미들맨의 역할을 담당하는 것이다. 이들은 학문적 탁월함과 생존 사이에서 끊임없이 왔다 갔다 하는 시계추 같은 운명을 받아들여야만 한다.

7

한국 글로벌 기업의
코즈모폴리턴 엘리트

한국 기업에서의 직장 생활

미국의 명문 대학에서 MBA 학위를 취득한 박 차장을 만나기 위해 그가 근무하는 을지로 A은행 본사를 방문했다. 제일 높은 20층의 'WM' 파트로 오라는 문자를 받았다. 1층 로비에 배치된 안전요원에게 20층으로 간다고 하니 다른 고객들과 달리 신원을 확인하지 않고 올려보냈다. 엘리베이터를 타고 20층에 도착했는데 홀에 있는 살바도르 달리의 진품 조각 〈시간의 숭고〉가 눈길을 끌었다. 달리 작품의 아이콘인 녹아내리는 시계 위에 왕관 모양이 장식되어 있고 시계 옆에는 나뭇가지, 밑에는 뿌리가 달려 있다. 시간의 지배와 생명력을 암시하는 것 같았다. 20층 안내데스크 앞에 황금빛으로 커다랗게 박혀 있는 'Wealth Management Group'이 눈에 들어왔다. 나는 그제야 'WM'이 무엇의 약자인지 알아차렸다. 단아한 정장 차림의 여직원이 박 차장님을 찾아왔냐고 확인한 뒤 나를 회의실로 안내했다. 15평 남짓한 회의실은 화려한 소파와 가구, 20여 개의 밝은 조명, 왕관 문양과 크리스털 장식이 화려하게 수놓아진 거울 등으로 꾸민 고급스럽고 특별한 방이었다. 멀리 남산의 서울타워가 눈에 들어왔다. 서울의 전경이 한눈에 들어오는 곳이었다.

이윽고 박 차장이 들어왔고 우리는 인사를 나누었다. 그는 "서울의 가장 중심지에, 가장 높은 곳에, 가장 전망이 좋은, 가장 좋은 시설의 방"이라고 말하며, 이 방은 한국에서 가장 부자인 고객들을 상대로 개인적인 금융 서비스를 해주는 곳이라고 설명해주었다. 중간에 회의실로 안내해준 여직원이 커피를 들여왔다. 커피잔은 로열 코펜하겐으로 덴마크 왕실에서 사용하던 본차이나였다. 박 차장은 나이에 비해 고속 승진을 한 엘리트 은행원이었고, 주로 한국의 부자들을 위해 금융상품을 만들고 컨설팅해주는 업무를 맡고 있었다. 한국의 부자들은 미국에 부동산 등의 자산을 가지고 있고, 자식들을 유학 보내고 종종 영주권을 가진 경우도 있다고 한다. 그의 명함에는 MBA 학위가 적혀 있었다. 부자 고객들은 그가 어떤 대학의 MBA를 나왔는지를 종종 묻는다고 한다. 그가 미국 명문 MBA 과정을 졸업했다고 하면 고객들은 대부분 반가워하고 신뢰하며 자연스럽게 라포르rapport가 형성된다고 한다. 2시간 동안의 인터뷰에서 박 차장은 한국 부자들의 관심과 투자 패턴을 알려주었고, 자신이 어떻게 부자들의 자산을 관리하는지를 상세히 설명해주었다. 인터뷰를 마치고 나와서 다시 달리의 조각을 힐끗 보았는데 흘러내리는 금빛 시계는 시간이 아니라 황금의 지배력을 뜻하는 것 같았다.

이 장에서는 미국 유학 후에 한국 직장에 취직하는 경로와 직장 경험을 살펴본다.﹡ 한국 기업들은 글로벌 시장을 개척하기 위해 '글로벌 인재' 확보에 전사적인 노력을 기울이고 있다. 이런 상황에서 미국 학위 소지자의 영어, 전문 지식은 기업의 글로벌화를 위한 중요한 문화자본이 된다. 한국에 글로벌 기업이 증가함에 따라 상당수 미국 학위 소지자들은 한국 직장을 선택한다. 이 장에서는 먼저 미국 학위 소지자들이 한국 기업에 채용되는 과정을 살펴볼 것이다. 한국의 글로벌 기업들은 명성이 있는 미국 캠퍼스를 직접 방문하여 유학생들을 선발하며, 선발된 학생은 국내에서 취업을 준비하는 사람들보다 간단한 절차를 거친다. 하지만 취업 후 한국과 미국 간의 문화 충돌을 경험한다. 미국에서 일시적으로 체화된 개방적인 리버럴 아비투스는 한국 기업의 폐쇄적인 조직문화와 마찰을 일으키지만, 시간이 지남에 따라 로컬 맥락에 적응하면서 자신의 글로벌 지식과 직장 환경 사이의 갈등을 조정해나간다. 이들은 글로벌 업무와 관계된 분야에서 활발하게 활동할 수 있는 기회를 가지는데, 이는 영어 실력과 관련된다. 미국 학위는 고객에게 신뢰감을 주며 엘리트 멤버십을 부여하는 기제로 작동한다. 특히 이들이 가진 미국 학위와 지식은 한국 엘리

﹡ 여기서 '한국' 직장이라 함은 한국 내에 위치한 직장을 말한다. 많은 글로벌 기업들이 '다국적' 기업이기 때문에 소유와 운영 방식이 초국가적이다. 9장에서 분석하는 '미국' 직장도 미국 내에 위치한 기업을 의미한다.

트 고객들의 미국 지향성과 친화적이다. 다른 한편 이들의 자신감, 글로 벌 매너, 자기 주도형 리더십, 커뮤니케이션 능력 등은 기업이 중요하게 여기는 글로벌 인성자본global personal capital이다. 또 미국에서 알고 지낸 다른 미국 학위 소지자들 간의 네트워크를 통해 업무를 확장할 뿐만 아니라 고급스러운 여가를 즐기는 등 라이프스타일을 공유한다. 미국 학위 소지자의 직장 경험은 한국 문화와 미국 문화 간의 갈등 속에서 자신이 가진 글로벌 문화자본을 로컬 상황에 맞게 적용시키는 과정이다.

이 장은 글로벌 위치 갈등론global positional conflict theory에 입각하여 급격하게 글로벌화되어가는 한국 기업에서 미국 학위 소지자들이 위치 경쟁에서 어떻게 선호되는지를 살펴본다. 글로벌 경제는 지식경제에 기반하며, 글로벌 기업은 고등 지식을 가진 사람들을 적극적으로 채용하려 한다. 이는 일종의 '위치 합의'positional consensus로서 높은 수준의 지식을 가진 사람이 높은 수준의 기술에 기반한 글로벌 기업과 매칭되며, 이들의 임금 수준도 높다는 점을 기업, 정부, 개인이 합의하고 있다는 것이다. 이들은 종종 '글로벌 인재', '창조 계급', '트랜스내셔널 엘리트' 등으로 호명된다.[*] 위치 합의론이 간과하는 것은 "개인과 사회 집단들이 자신들의 고용성을 높이기 위해 다른 사람들을 희생하는 대가로 행해지는 권력의 차이를 무시하는" 것이다.[*] 위치 합의는 기술과 직업의 매칭을 가정하고 있지만 실제로 기술 자체가 중요한 것이 아니라 특정한 학위나 문화자본이 다른 사람들을 배제하는 기제로 작동하는 역학이 중요하다. 같은 기술 수준을 가지고 있더라도 한 사람의 위치는 다른 사람에 대해 상대적이며 직업의 위계 안에서 이들은 경쟁하는 갈등 관계에 놓이게 된다.

한국의 글로벌 기업들이 글로벌 인재를 찾는 상황에서 미국 학위 소지자들은 국내 학위 소지자들이 갖지 못한 코즈모폴리턴 자본cosmopolitan

---

[*] 홍성현·류웅재, 「무한 경쟁시대의 글로벌 인재 되기: 글로벌 인재 담론에 대한 비판적 담론 분석」, 『커뮤니케이션 이론』 9(4), 2013, 4~57쪽; William Carroll, *The Making of a Transnational Capitalist Class: Corporate Power in the 21st century*, New York: Zed Books, 2010; Richard Florida, *The Rise of the Creative Class Revisited*, New York: Basic Books, 2012.

[*] Philip Brown and Anthony Hesketh, 앞의 책, p.22.

currency을 가짐으로써 위치 경쟁positional competition에서 유리한 고지를 점령한다. 지식 작업은 미리 정해진 기술을 그대로 적용하는 것이 아니라 기술적 내용들을 사람들과의 상호작용 속에서 실현하는 것이다.[■] 따라서 미국 학위 소지자들이 익힌 지식의 내용 자체보다는 이들의 커뮤니케이션 능력, 적극적인 태도, 문제 해결 방식이 직장 내에서 더 큰 영향력을 가지게 된다. 미국 학위 소지자들의 장점은 이들이 로컬 신용뿐만 아니라 코즈모폴리턴 신용을 동시에 가짐으로써 국내 학위자보다 업무 기회가 많고 영어와 미국 학위라는 후광효과를 누린다는 점이다. 하지만 이러한 위치 갈등은 문화적, 사회적 맥락 속에서 고려되어야 한다. 한 개인의 위치에 대한 평가는 다양한 문화적 가정들 속에 놓이게 되며 이 또한 사회와 집단마다 다르게 형성된다.

예를 들어 미국 학위 소지자의 영어 실력은 '미국'에서는 코즈모폴리턴 신용이 되는 것이 아니라 불완전하고 극복되어야만 하는 문화자본이다. 하지만 한국의 글로벌 기업에서 이들의 영어 실력은 높은 가치를 지닌다. 즉 위치 경쟁은 특정한 문화적, 사회적 맥락 속에서 이해되어야 한다.

글로벌 인재 전쟁

졸업을 앞둔 미국 유학생들은 통상 졸업 1년 전후로 본격적인 취업 준비에 들어간다. MBA와 이공계 학생들은 미국 및 한국의 회사들과 접촉하는데, 미국 회사에서는 인턴을 하는 경우가 많다. 취업의 채널은 개인적인 연줄, 기업의 공식 광고, 기업 홈페이지, 지도교수의 추천 등 다양하다. 미국 유학생들은 통상 한국과 미국 직장 모두를 알아보고 둘 사이의 조건

■   Harry Scarbrough, "Knowledge as Work: Conflict in the Management of Knowledge Workers", *Technology Analysis and Strategic Management* 11(1), 1999, p.7.

을 비교한다. 미국의 경우 뉴욕, 보스턴, 시카고, LA, 샌프란시스코(실리콘밸리를 포함한 베이 지역), 워싱턴 DC, 시애틀, 휴스턴 등 대도시에 있는 직장을 선호하며, 한국의 경우 서울을 중심으로 한 메트로폴리탄 지역에 있는 기업을 우선 고려한다.

한국 유학생들이 미국 직장을 잡는 데는 여러 가지 어려움이 따른다. 먼저 미국 직장에서 외국인을 고용할 경우 비자 문제를 처리해야 하는데 행정적, 금전적 비용이 든다. 또 한국인은 영어를 완벽하게 구사하지 못하기 때문에 직장 내에서 커뮤니케이션 문제가 발생할 수 있다. 따라서 미국 명문 대학을 졸업하더라도 굴지의 미국 대기업에 취직하기는 어렵다. 송 팀장과 이 팀장은 미국에서 MBA 학위를 취득하고 미국 기업에 취직하려는 한국 유학생들의 상황을 이렇게 설명한다(각기 다른 인터뷰에서 발췌).

송 팀장 (뉴욕에 있는 컨설팅 회사에) 지원을 했는데 어카운팅(회계)을 전공한 사람들이 많고, 어카운팅 전공한 사람 중에서도 비자 스테이터스visa status(비자 지위)가 안정적인 사람들, 그런 사람들을 먼저 뽑더라고요. 그리고 플러스 남자. 왜냐면 정말 3D거든요. 뉴욕에 있는 어카운팅 펌들(회계회사들)은 되게 연봉도 낮고, 그때가 5만 불을 줬던 것 같아요.

이 팀장 당시에 제가 인터뷰 가면 그런 사람들도 있었어요. "너 왜 미국에서 일하려고 하느냐, 한국 애가." 이렇게 이야기하는 사람들도 있었어요. 그게 심지어 굉장히 유명한 글로벌 투자은행인데도 불구하고…….

이들의 말대로 미국 기업에 지원한 많은 유학생들이 취업의 기회를 가지지 못하거나 가진다고 하더라도 한국의 글로벌 기업이 제공하는 조건보다 더 낫지는 않다. 송 팀장에 따르면 2000년대 중반 당시 자신이 지원한 뉴욕 회계회사들의 초임 연봉은 5만 달러 수준이었던 반면 한국의 대기업들은 6,000만 원을 제시했다고 한다. 통상 큰 금융회사, 세계적인 IT 회사, 미국의 큰 제조기업이 아니면 높은 연봉을 받기 어렵다. 미국 대학의 MBA를 수료한 황 차장은 미국 회사 두 군데에서 각각 연봉 4만 8,000달러와 5만 달러의 오퍼를 받았다. 한국 기업과 비교할 때 좋은 조건이 아니었고 회사도 작았기 때문에 불안했다고 한다. 따라서 많은 한국 유학생, 특히 MBA와 이공계 학위자들은 한국 기업을 선택하는 경우가 많다.

규모가 큰 미국의 명문 대학들에는 한인 학생회가 조직되어 있으며, 이들의 주요 활동 중 하나가 한국 대기업과 유학생을 연결시켜주는 일이다. 가령 미국 명문 Q대학의 한인 학생회 인터넷 홈페이지에는 한국 글로벌 기업의 방문 채용에 대한 정보가 큰 섹션을 차지하고 있다. 삼성, SK, LG, 포스코, 두산과 같은 기업은 미국 유학 중인 인재를 영입하기 위해서 본사의 인력 채용 담당자들을 미국 대학에 파견하여 현지에서 인터뷰를 실시하고 채용 결정을 내린다. 글로벌화의 후발주자인 한국의 기업들은 '글로벌 인재' 담론을 퍼뜨리는 장본인들이다. 한국 기업들의 사업이 해외로 급속하게 확장되는 상황에서 한국과 외국에서 동시에 교육받은 인재들은 매력적이다. 미국 현지에서의 직접 채용은 미국 학위자에게는 일종의 큰 혜택이다. 한국의 기업들이 국내의 특정 학교 학생들만을 대상으로 직원을 선발하는 경우는 드물다. 일반적으로 한국의 대기업은 미국 유학생을 선발하기 위해 서부, 중부, 동부를 순방한다. 한국 유학생이 많은 명문 대학을 직접 방문하거나 대도시의 호텔 같은 장소에서 채용 설명회를 개최한다. 졸업을 앞둔 유학생들은 이들 기업의 취업 설명회에 참가하여 인터뷰 약속을 잡고 담당자로부터 연락을 기다린다. 미국의 명문 대학에서 유학을 하고 있다는 사실 자체가 한국 기업에서 엘리트 코스로 인식되기 때문에 이들을 채용하는 과정은 의외로 간단하다.

> **현 과장** 어떻게 보면 메리트라고 할 수 있는 게 미국으로 오면 한국처럼, 삼성 같으면 SSAT(삼성직무적성검사) 보고, 면접 보고, 임원 면접 보고 그렇지 않습니다. 굉장히 심플해요, 어떻게 보면. 자기가 한 전공 같은 것, 자기가 배우고 있는 것, 연구하고 있는 것, 그걸 프레젠테이션 한 번 하고, 그 사람들이 궁금한 것 물어보고, 악수 한 번 하고 이 정도지, 시험을 본다거나 이런 게 아니고…….

현 과장이 말하는 '메리트'는 한국 기업들이 미국 유학생들에게 일종의 특권을 베푼다는 뜻이다. 한국의 글로벌 기업들은 직원들의 글로벌 역량을 높이기 위해 사내의 우수한 사원들을 대상으로 미국 MBA 과정이나 박사 과정을 지원해주는 제도를 갖추고 있다. 그런데 기업의 입장에서는 글로벌 인재를 사내에서 키우는 돈이 만만치 않기 때문에 이런 비용을 지불하지 않고 미국 학위 소지자를 채용하는 것이 상당히 매력적이다. 미국 명문 대학에 재학 중인 한국 학생들은 이미 여러 단계의 스크리닝screening(심사)을 거친 사람들로 인식되기 때문에 이들의 채용 과정은 국내 학위 소지자보다 간단하다. 그러나 기업이 미국 학위 소지자를 관대하게 선발하는 것만은 아니다. 이력서와 면접을 통해 전공, 전문 지식, 인성, 사회적 관계 등을 종합적으로 고려한다. 현 과장은 10여 군데의 한국 기업에 지원했고, 오퍼받은 세 기업 가운데 글로벌 전자회사에 입사했다.

한국의 대기업들은 경쟁력은 곧 사람이라는 글로벌 인재 담론을 유포했다. 이 담론은 기업의 구체적인 글로벌 기획인 동시에 미시적인 차원에서 자기계발의 담론으로 한국 사회에 광범위하게 확산되었다. 이 담론에 가장 적극적인 기업은 삼성그룹으로, 글로벌 인재 양성을 위한 다양한 프로그램을 기획했다. 삼성그룹은 이건희 회장의 리더십 아래 1997년 MBA 학위를 가진 20여 명의 외국인을 고용하여 회장 직속으로 '미래전략그룹'을 만들고 삼성그룹의 글로벌화를 추진했다.[*] 당시 이는 파격이었으며 삼성그룹의 직원들, 다른 국내 대기업, 그리고 한국 사회에 메시지를 던진 사건이었다. 이 프로그램은 수년이 지나 삼성의 성공적인 프로그램으로 정착했고, 여기서 근무한 외국인들은 각 계열사의 임원이나 매니저로 발령받아 여러 사업들을 주도하였다. 당시 파견된 외국인과 함께 일한 경험이 있는 면접자는 이런 시도가 신선한 충격이었다고 말한다. 2000년대 초까지만 해도 마케팅 기법이 전문적이고 세련되지 않았는데 외국 대기업 출신 외국인은 '선진 기법'을 들여와서 회사 조직과 전략을 재구성했다는 것이다. 한국의 대기업들은 외국 인재들을 직접 고용하는 동시에 인력의 글로벌화를 위해 직원들의 MBA 학위 취득을 지원하는 프로그램을 만들었다. 통상 미국 MBA 과정을 지원받는 직원들은 학비, 현지 생활비, 월급을 2년 동안 받기 때문에 회사에서 1인당 2억 원 안팎의 돈을 지원하게 된다. 이런 지원 규모가 시사하듯 한국의 글로벌 기업은 '글로벌 인재'를 확보하기 위해 많은 자원과 역량을 집중하고 있다. 기업의 후원을 받아서 미국 MBA를 받은 강 차장은 다음과 같이 말한다.

필자　회사에서 MBA를 보내는 취지가 어떤 건지 말씀해주신다면?

강 차장　회사 차원에서는 아무래도 글로벌 인재겠죠. 실제로 저희 회사가

---

[*]　김동재, 「Globalization of the Firm-Put People First: The Case of Samsung Global Strategy Group」, 『국제경영연구』 17(3), 2006, 95~119쪽.

해외에서 공부를 하고, 해외의 어떤 직장을 경험한 사람들을 경력자로 채용하고요. 그리고 내부적으로도 글로벌한 경험과 역량을 갖추기 위해서 계속해서 해외로 공부를 시키기도 하고…….

강 차장은 미국 MBA에 대한 회사의 투자가 지속적으로 이루어져왔으며, 이는 글로벌 인재의 육성을 목표로 삼는다고 말한다. '글로벌 인재'의 개념은 기업, 경영학계, 언론, 교육계에서 사회적으로 구성되며, 다양한 방식으로 정의된다.[*] 면접자들은 '글로벌 인재'는 글로벌 비즈니스 지식을 갖추고, 영어 및 현지어 사용 능력이 뛰어나며, 글로벌 비즈니스 마인드와 태도를 가진 사람들이라고 말한다. 또 '글로벌 인재'는 기술적, 도구적 지식뿐만 아니라 문화적, 사회적 지식을 포함한다고 말한다. 미국 유학은 글로벌 지식과 문화를 배우기 위한 것으로 자기계발과 투자의 가장 적극적인 형태 중 하나다.

이상에서 보았듯이 미국 학위 소지자들의 직장 선택은 위치 경쟁의 정치경제학 속에서 이해되어야 한다. 직장 선택은 한 개인이 가진 인간자본human capital뿐만 아니라 경쟁자들의 위치에 따라서 상대적으로 결정된다. 가령 한국 유학생은 미국에서 직장을 잡으려면 미국 인재들은 물론 여타 우수한 외국 인재들과 경쟁해야 한다. 한국 유학생의 완벽하지 못한 영어와 발음, 직장의 조직문화, 커뮤니케이션 능력은 미국인들보다 하등 나을 것이 없다. 반면 한국의 글로벌 기업은 한국 유학생들에게 특권적인 기회를 제공한다. 한국의 대기업들은 미국에서 공부한 인재들을 끌어모으기 위해 혈안이 되어 있고 국내 학위자보다 간소한 취업 절차를 제공하며 미국 기업과 대등한 연봉을 주기 때문에 많은 유학생들이 한국 기업을 선택하게 된다.

[*]   박소연·송영수, 「기업의 글로벌 인재육성(HRD)을 위한 글로벌 비즈니스 역량 분석」, 『인력개발연구』 19(3), 2008, 65~85쪽.

트랜스내셔널 문화 충돌

미국 학위 소지자들이 한국의 기업에 취업했을 때 이들은 적잖은 역문화 충격reverse cultural shock을 받는다. 한국의 직장 문화는 한국 사회의 문화를 반영한다. 미국에서 적응된 문화적 습관은 한국 직장에서 재조정되어야 한다. 미국인은 직장에서 통상 서로 이름을 부르며 캐주얼한 옷차림을 하는 경우가 많다. 이러한 문화적 충돌을 공 팀장은 이렇게 말한다.

> **공 팀장** 한국이나 미국이나 제 생각에는, 직장도 문화, 그니까 사회 문화를 그대로 반영한다고 보거든요. 한국은 군대 갔다 오고 그런 게 있잖아요. 윗사람 존경해야 되고 존칭을 써야 하고. 그런데 미국은 아무리 높은 사람이라도 이름 부르거든요. 파트너(회계회사의 임원을 미국에서는 파트너라고 부른다)라고 해서 상무님, 전무님 이렇게 부르는 게 아니고, 미국에서는 이름이 케빈이면 케빈, 션이면 션 이렇게 부르거든요. 거기에서도 차이가 많이 나고. 생활 자체가 그대로 반영된다고 봐야 될 거 같아요.

미국 학위 소지자에게 한국 직장은 격식에 얽매이고 드레스 코드를 지켜야 하며 눈치를 봐야 하는 곳이다. 처음 한국으로 돌아왔을 때 통제 중심의 직장 문화는 답답함과 '촌스러움'으로 여겨진다. B은행의 자금 운용을 담당하는 조 차장은 한국 직장의 통제에 충격을 받았다고 말한다. 하루는 회사 유니폼을 입고 밖에서 담배 피우는 것은 보기가 안 좋으니 담배를 피우지 말라는 지시가 내려왔다고 한다. 그뿐만 아니라 유니폼을 입고 주머니에 손 넣고 걸어 다니는 모습이 품위가 없고 회사 이미지에 좋지 않으니 하지 말라는 공문이 내려왔다고 한다. 조 차장은 "제가 손을 넣고 다니든 빼고 다니든 무슨 상관이에요. 그게 가장 큰 충격이었죠"라고 말하며, "이 회사에서 앞으로 어떻게 일을 하나 그런 생각이 드는 거예요"라고 말하며 허탈한 웃음을 지었다. 조 차장의 이야기는 줄줄이 나왔다. 그는 출근할 때 운동화를 신고 와서 구두로 갈아 신었다고 한다. 그런데 한 동료가 그에게 운동화를 신고 다니지 말라고 충고했다. 한국의 직장 문화는 집단주의적이고, '가르치려' 하고, 직원을 '훈육 대상'으로 본다고 조 차장은 진단한다.

한국인과 미국인은 커뮤니케이션 방식이 다른데, 미국인은 에둘러 말하지 않고 자유롭고 직접적인 커뮤니케이션을 하는 편이다. 그에 비해 한국 직장에서는 상사의 의견에 직접적으로 비판을 제기하는 것이 어려운데, 이런 커뮤니케이션 방식은 한국인의 인간관계에 배태되어 있다. 황 팀장은 미국에서 훈련받은 커뮤니케이션 스타일로 인해 유학 후 다시 시작한 직장 생활에서 어려움을 겪었다고 말한다.

> **황 팀장** 저는 직장 생활 한 10년 넘게 하다가 (유학) 갔다 왔음에도 불구하고, 원래부터 윗사람이 시키면 그거 하는 게 당연하다고 생각했는데, 갔다 오니까…… 특히 이거는 불필요한 관행인데 이렇게 생각이 드는 게 있으면 옛날 같으면 그냥 참고 했는데, 갔다 오니까 시각이 바뀌어서 그런지 몇 번 얘기했어요. "이런 건 불필요한 관행이다" 그랬더니 안 좋은 레퓨테이션reputation(명성)이 형성되는 계기가 되더라고요. 그래서 한동안 아주 힘들었습니다.

나는 황 팀장에게 '불필요한 관행'이 구체적으로 어떤 것인지를 이야기해달라고 했다. 그는 직장에서 업무 보고서를 만드는 경우가 많은데 미국에서는 간략하고 핵심적인 내용만 작성하는 반면 한국 직장에서는 보고서 양이 많아야 열심히 일했다는 근거로 활용된다고 했다. 내용보다 형식에 치우치는 경우가 많다는 것이다. 홍 차장은 미국 유학 후 한 기업의 국제협력실에서 일하게 되었는데 국제 콘퍼런스를 조직하는 일로 상사와 다투는 일이 많았다고 한다. 호텔을 배정하는 데 회의를 하기 좋은 장소를 선택하기보다는 형식에 치우쳐 특정 호텔을 배제하기도 하고, 행사 진행 과정에서 요식행위를 중요하게 여기는 상사와 신경전을 벌였다는 것이다.

한국 기업의 '빨리빨리' 문화와 업무의 '우발성'은 미국 학위 소지자들이 겪는 또 다른 어려움이다. 상당수는 상사의 요구가 많고, 갑자기 주어지는 업무를 처리해야 하는 일이 빈번하다고 토로한다. 미국 기업에서는 갑자기 업무가 떨어지는 일이 적으며, 업무가 좀 더 체계화되어 있다고 공통적으로 말한다.

> **공 팀장** (한국 기업에는) '빨리빨리' 문화가 있죠. 물론 모든 보고가 항상 듀데이트due date(마감일)가 있고 뭔가 푸시가 있고, 그렇게 보고를 해야 되기 때문에 그런 것 같아요. 사장님 보고, 경영진 보고, 지주사 보고들이 있고 그런 보고들의 일정을 맞추려다 보면 저희 같은 사람이 일주일에, 또는 2~3일에 하나씩 뭔가를 드려야 하거든요. 그러니깐 밤을 샐 수밖에 없는 거죠. 미국에서는 딱 정해진 업무만 하면 되죠.

한국 기업에서 업무의 우발성이 발생하는 것은 각 분야가 전문화되어 있지 않고 사업의 확충에 따른 다이내믹한 조직화 때문인 경우가 많다. 조 차장은 미국 월스트리트와 한국 금융가에서 일한 경험이 있는데, 한국 직장에서는 잡무가 너무 많아 자기의 전문적인 일에 집중할 수가 없다고 말한다.

조 차장 미국에서는 거의 제 일만 하는 것 같아요. 근데 한국에서는 친밀도에 따라서 다른 사람 일을 도와주기도 한다거나 그런 게 좀 있죠. 직장에서 요구하는 게 그게 달라요. 여기 같은 경우에는 제가 굉장히 많은 일을 하기를 원하죠. 제가 지금 퀀트quant(파생상품을 만드는 전문직) 일만 하는 게 아니에요. 다른 여러 가지 일도 하거든요. 외국 손님이 오면 제가 투어를 진행하기도 하고, 부장님이 요청하시면 제가 영어로 번역을 해서 드리기도 하고 작문을 해서 드리기도 하고. 그다음에 제가 컴퓨터에 대해서 많이 아니까 부서 컴퓨터 환경 같은 것도 제가 다 관리를 하고 있고. 사실 그런 잡무가 굉장히 많은데 여기서는 기본적으로 제가 일을 많이 하기를 원하는 거예요.

조 차장은 여러 잡무로 인해 자신의 능력을 충분히 발휘하지 못하는 것이 아쉽다고 말한다. 업무에 집중할 수 없기 때문에 좋은 금융상품을 설계하지 못하고 전문성을 개발할 시간이 없다고 말한다.

한국 직장이 미국 직장보다 요구가 다양하고 전문적으로 일이 분화되어 있지 않다는 점은 면접자 대부분이 지적하는 한국 직장과 미국 직장의 차이점이다. 공 팀장은 미국의 회계 컨설팅 회사와 한국의 회계 컨설팅 회사에서 일한 경험이 있는데, 전자가 후자보다 시장이 크고 더 전문화되어 있다고 말한다.

공 팀장 거기 사람들(미국 사람들)은 한국 애들처럼 이것도 할 줄 알고 저것도 할 줄 아는 사람들이 많지 않아요. 그니까 내가 IT 컨설턴트다 하면

IT 컨설팅만 평생 하는 사람이 많아요. 그리고 회계다, 그리고 회계에서도 파생상품, 특정 부분만 안다, 그러면 그 사람은 그것만 아는 전문가로 미국 전역을 돌아다니고, 헬스케어 전문가다 그러면 헬스케어만 하고 프로그램 베이스로 미국 전역을 돌아다녀요. 심지어 유럽도 가고 자기가 알아서 그렇게 살아요. 그런데 한국은 그걸 원하지 않는 거 같아요. 우리는 클라이언트 베이스로 움직이는 거 같아요. 클라이언트가 요구하는 것은 우리가 팀을 구성해서 어떻게든 하는 거죠. 그러니까 전문성보다는 제너럴리스트(일반적으로 두루두루 아는 사람)를 양성하는 것 같고, 그렇게 제가 일하는 직장에서 한국에선 그래요. 미국에서는 스페셜리스트를 원하고 스페셜리스트가 성공하고, 한국에선 제너럴리스트가 성공하고…….

한국과 미국의 기업 문화 충돌은 사람들의 태도, 습관, 가치관뿐만 아니라 기업이 작동하는 작업 환경 속에서 이해되어야 한다. 공 팀장이 말하듯 미국의 산업 시장은 한국보다 훨씬 방대하며 각각의 영역에서 고도의 전문성을 요구한다. 반면 한국은 시장이 상대적으로 작고, 고객의 요구에 맞추어 어떤 일이 떨어지든지 처리해야만 하는 일반적으로 두루두루 아는 사람을 원한다. 미국 학위 소지자들이 겪는 트랜스내셔널 문화 충돌은 각 나라의 산업이 요구하는 전문성의 정도와 업무 범위의 차이가 클수록 더 많이 일어나는 경향이 있다.

직장의 사다리, 영어

한국의 글로벌 기업에서 영어는 무엇보다 중요하다. 해외 시장에 진출한 기업들은 국내와 해외 업무가 서로 네트워크화되어 있기 때문에 영어를 필수로 여긴다. C전자에서 마케팅 업무를 맡고 있는 현 과장은 보고를 할 때 '파워포인트' 자료를 대부분 영어로 만들고, 한글 보고서에도 영어를 많이 사용한다. 미국뿐만 아니라 다른 나라로 출장을 가서도 대부분 영어로 대화를 한다. 그는 기업 업무에서 영어는 '기본'이라고 말한다.

> **현 과장** 영어는 기본이죠. 엔지니어들은 모르겠는데. 엔지니어들도 지금 많이 코워크cowork(공동 작업)를 하니까, 인도 사람들이 굉장히 많이 들어와서 일을 하고 있거든요, 영어를 많이 하지만. 마케팅 쪽은 그냥 기본이 깔려 있어야 돼요. 영어를 못하면 일을 할 수가 없는 거죠. 기본이죠.

현 과장이 말하듯 한국의 글로벌 기업에서 영어를 할 줄 모르면 일을 할 수가 없는 경우가 많다. 영어의 중요성은 기업의 글로벌화 정도에 따라 조금씩 달라지지만 업무 수행과 승진에도 영향을 미친다.

회계 컨설팅 회사에서 M&A(기업 인수 합병)를 담당하고 있는 공 팀장은 한국 대기업의 해외 진출을 전문적으로 상담해주고 있다. 해외 진출에 따라 영어를 구사하는 직원에 대한 수요가 늘어나며 작업 환경도 자연스럽게 영어를 많이 구사하는 방향으로 바뀌고 있다.

> **공 팀장** 저희 고객사가 영어 관련 딜을 많이 하거든요. 그니까 영어를 할 줄 아는 사람이 예전보다는 각광받는 시대가 된 거 같아요. 그러니까 변하게 된 거 같아요. 제가 한국말만 해가지고는 큰일을 할 수가 없는 거죠.

영어는 분명 '큰일'을 하는 데 필수적이다. '큰일'이란 기업의 해외 진출, 신사업 진출, 중요한 결정과 관련하여 외국 정보를 수집하고 여러 다른 소스를 통해 정보를 구하는 일을 말한다. 영어는 다른 직원들과 '차별화'되는 중요한 언어자본이라고 공 팀장은 말한다. 그는 국내 기업들의 해외 진출을 돕기 위해서 해외 출장을 자주 다니는데 영어를 못하는 사람을 데려갈 수는 없다고 말한다. 해외 출장 시 영어만이 아니라 미국 생활을 해보고 외국 사람들의 행동방식과 문화를 알아야만 미팅이 순조롭게 진행되기 때문에 영어를 잘하는 국내 학위자보다는 미국 유학파를 선호한다.

영어 숙련도는 개인차가 있지만 세대에 따라 확연하게 드러난다. 근래에 들어 영어 학습의 기회가 늘어나고 영어를 접할 기회가 많아졌기 때문에 새로운 세대가 이전 세대보다는 영어에 훨씬 더 능통하다. 글로벌 기업에 다닐지라도 영어 숙련도가 떨어지는 사람은 업무에서 소외되는 경우가 많다. 민 차장이 다니는 회사의 CEO는 미국에서 박사학위를 받은 사람으로 임원들에게 종종 『월스트리트 저널』이나 『파이낸셜 타임스』에 대해서 물어본다고 한다. 민 차장은 "CEO의 의지에 따라서 영어의 중요성이나 필요성을 임원급이나 실장급이 많이 느끼는 것 같아요"라고 말하며, 임원진들로부터 영어 공부를 어떻게 해야 하느냐는 질문을 종종 받는다고 한다. 외국계 기업에서는 종종 외국인이 CEO인 경우가 있으며, 영어를 못하면 인사고과에서 불리한 것이 현실이다. 외국계 기업에 다니는 송 팀장은 영어를 못하면 직장에서 소외되는 현실을 다음과 같이 말한다.

송 팀장 내가 상사라도 나랑 말이 잘 통하는 사람, 내가 알고 싶어하는 거를 바로바로 얘기를 해주고 잘 설명해주는 사람, 똑같은 현상에 대해서 잘 프리젠트present(발표)하고 커뮤니케이션하는 사람을 선호할 거 같아요. 그래야 업무도 더 추진이 잘되거든요. 그런 거랑 마찬가지예요. 아무래도 영어를 못하게 되면 그중에 외국인이 하나라도 있게 되면 자꾸 위축되고, 소극적인 그런 걸로 변하게 되거든요.

국내 글로벌 기업의 임원들은 영어를 중요하게 여기며, 영어 능력을 업무 평가의 중요한 척도로 사용하는 경우가 많다.

영어는 기업 내외부의 업무 기회에도 지대한 영향을 미친다. 미국 명문대에서 전자무역 석사 과정을 마치고 돌아온 민 차장은 누구나 맡고 싶어하는 국제 업무와 해외 출장 업무를 담당하게 되었다. 그녀는 무역업체들을 대상으로 하는 전자무역 부문을 총괄하고 외국 업체와의 커뮤니케이션을 담당하며 무역의 글로벌화에 따라 표준 규약 등을 만드는 일을 해왔다. 이 업무는 국가 간의 관세, 규약, 협력 등을 다루기 때문에 기업과 정부기관뿐만 아니라 초국가적 기관들의 업무와도 연계된다.

민 차장 제 부서는 외국에 출장을 간다든지, 해외에 있는 기관들, 해외에 있는 세관, 해외에 있는 업체, 아니면 해외에 있는 전자무역을 추진하는 기관들이랑 미팅을 한다든지, 아니면 표준이라는 것 때문에 국제기구랑도 많이 연관이 돼 있었거든요. 그래서 유엔이라든가, APEC 미팅 같은 것 참가하고, 아니면 정부에서 참가할 때 저희가 서포트를 하기 위해서 가고, 그런 건 사실 재밌는 경험이니까 다들 가고 싶어하잖아요. 그런데 저는 그때 과장이었지만, 제가 영어도 좀 하니까 국제 업무를 전담하도록 페이버 favor(호의)를 많이 받았어요. 그래서 해외 국제기구라든가 참관하는 경험은 많이 쌓았거든요.

중요한 국제회의는 부장급 이상의 임원진이 주로 참여하는 인기 있는 직무임에도 미국 학위가 있고 영어를 잘한다는 이유로 민 차장은 여러 국제 행사에 참석하는 혜택을 받았다. 미국 학위, 특히 MBA를 취득하면 기업의 해외 업무와 관련한 부서에 배치되는 경향이 있다.

한국의 글로벌 회계회사에서 M&A를 담당하는 공 팀장은 일반 회계 업무를 담당하는 직원들의 부러움을 사고 있다. 그는 해외 MBA와 미국 회계사 자격증을 가지고 있어 국내 회계사 자격증만 있는 직원들보다 더 많은 영역을 다룬다. 일반적인 회계 업무는 장부를 맞추고 영수증을 확인하는 '틀에 박힌 업무'를 많이 하기 때문에 대부분의 회계사들이 자신의 일을 지겨워한다. 반면 공 팀장은 기업 M&A를 담당하고 은행 직원을 만나고 해외 출장 업무를 담당하는 등 글로벌한 업무 영역을 맡고 있다. 동료 회계사들은 장부를 매일 맞추어야 하는 '피곤한 업무'에서 벗어나 공 팀장처럼 글로벌하게 활동하기를 원한다.

미국에서 MBA를 마치고 국내 기업의 관리자로 일하다가 이제는 같은 기업의 CEO가 된 강 대표이사는 영어 실력이 그의 권위와 리더십을 높여준다고 말한다. 외국 바이어들이 종종 회사를 방문할 경우 강 대표이사는 직원들 앞에서 회사 상황과 기술에 대해 영어로 설명한다. 그는 부하직원들이 "존경이라고 하면 좀 그렇지만 조금 직원들한테 경외를 하게 하는 부분이 있죠"라고 말하며 코즈모폴리턴한 CEO의 이미지를 갖추는 것이 중요하다고 말한다. 관리자와 임원일수록 영어에 능통해야 하며, 이는 글로벌 회사에서 리더십의 중요한 일부분이다.

미국 학위가 주는 엘리트 멤버십

한국 기업에서 미국 학위를 가진 사람은, 신뢰감을 주고 후광효과를 누린다. 이것은 기술적인 능력이라기보다는 문화적이고 상징적인 것이다. 한국 사회에서는 우수하고 어느 정도 경제적 여유가 있는 사람이 미국 유학을 다녀온다는 인식이 자리 잡고 있다. 미국 학위는 직장 내에서도 중요하지만 고객과 상호작용하는 데도 중요하다.

앞에서 소개했던 박 차장은 한국 최고 부자들의 자산을 운용하는 일에 있어 자신의 미국 MBA 학위가 고객들에게 신뢰감을 준다고 말한다. 고객 대부분이 미국의 부동산, 증권, 달러 같은 자산을 보유하고 있어서 미국에 친숙하다. 이들 부자들은 성격이 "굉장히 꼼꼼하고 자기 관리를 철저하게" 하며, 사업 경험이 많고 외국 상황에 익숙하기 때문에 그들을 상대하려면 전문적이고 신뢰감을 주는 인성과 풍채를 갖추어야 한다. 깔끔한 정장차림의 박 차장은 말투가 자신감이 있으면서도 친절하고, 품위 있고 절제된 태도를 지니고 있었는데, 그가 한국 부자들을 어떤 방식으로 대하는지 짐작할 수 있었다. 꼼꼼하고 치밀한 고객들에게 신뢰를 얻는다는 것은 힘든 일이지만 미국 MBA 학위는 고객의 마음을 여는 데 중요한 역할을 했다. 박 차장이 근무하는 은행에서는 통상 명함에 MBA 학위를 표기하지 않지만 고객에게 신뢰를 주는 차원에서 그가 표기를 요청했다.

박차장 비즈니스 스쿨(MBA)을 나왔다는 점은 분명히 메리트가 있기 때문에 그건 제가 (명함에) 넣을 수 있게 (회사에) 말씀을 드렸고요. 고객 분을 만나보면 아무래도 저희 고객군 자체가 오너(기업 소유주)시거나 보통 어느 정도 사회적인 위치가 있는 분들이기 때문에 MBA 학위를 받았다고 말씀을 드리면 어느 정도 신뢰성이 조금 있는 것 같고요.

박 차장의 고객들은 종종 그에게 어느 MBA 출신인지를 물어보고 그가 명문 MBA를 나왔다는 것을 알고 나면 친근감을 드러내는 경우가 많다고 한다. 미국 학위와 문화를 통한 고객과의 유대는 엘리트 멤버십의 공유로 이어진다. 고객들은 미국의 명문 MBA를 나온 엘리트 은행원에게 서비스를 받는다는 사실에 만족감을 느낀다.

한국의 엘리트 계층에게 미국 학위는 반드시 갖추어야 할 상징자본이 되고 있다. 예를 들어 강 대표이사는 세계적으로 유명한 CEO 협회의 한국지회 소속이다. 40대가 CEO 모임의 주축이며, 구성원들 대다수가 미국 학위를 가지고 있다.

강 대표이사 대부분 유학을 갔다 오신 분이, 거의 80프로 이상이 미국이고요. 그리고 미국도 아이비리그 정도 되는 것 같아요. 그게 없으면 이너 서클에 들어가기 상당히 버거운…… 제 아버님은 그래서 유학을 꼭 갔다 오라고 한 거 같아요. (웃음)

미국 학위는 한국 엘리트 집단의 배타적인 지위재이며, 이것이 없으면 강 대표이사가 말하듯이 '이너 서클'에 들어가기 어렵고 배제되거나 소외되기 쉽다. 강 대표이사가 속한 CEO 협회는 가입 심사 절차를 거치는데, 이는 사회적 인정과 선택의 과정이다. 강 대표이사는 가입 과정에서 '학벌이 안 좋아서' 탈락하는 CEO도 종종 있다고 귀띔해준다. 그 CEO 모임에서도 "유학을 안 갔다 왔다고 하면 왜? 하고 거꾸로 물어보죠"라고 말한다. 강 대표이사는 "CEO는 직원들하고 좀 달라야 하잖아요.

똑같은 레벨로 하면 안 되잖아요"라고 말하며, 미국 학위는 사회 집단 내에서 큰 '차이'를 만드는 중요한 수단이라고 강조한다. 즉 미국 학위는 한국의 젊은 CEO들에게는 엘리트 멤버십을 위한 필요조건이다.

한국 주요 기업들의 CEO나 임원에게 미국 학위는 필수적인 문화자본이 되어가고 있다. 경영 승계가 본격적으로 이루어지고 있는 재벌 후계자들의 학력은 이를 여실히 보여준다. KBS 뉴스 보도에서 경영 능력을 평가하기 위해 선정한 11명의 재벌 후계자 중 10명이 미국 유학파였는데, 그면면은 다음과 같다. 삼성 이재용(하버드대 경영학 박사과정 수료), 현대자동차 정의선(샌프란시스코주립대 경영학 석사), 롯데 신동빈(컬럼비아대 경영학 석사), 한진 조원태(서던캘리포니아대학교 경영학 석사), 두산 박정원(보스턴대 경영학 석사), 신세계 정용진(브라운대 경제학 학사), 금호 박세창(MIT 경영학 석사), 대림 이해욱(컬럼비아대 응용통계학 석사), OCI 이우현(펜실베이니아대 경영학 석사), 효성 조현준(예일대 정치학 학사).[■] 강 대표이사가 말하듯 미국 유학을 다녀오지 않은 젊은 CEO나 임원은 엘리트 멤버십에 문화적 하자가 있는 것으로 받아들여질 가능성이 크다.

하지만 상당수의 직장인들은 의식적으로 미국 학위 소유자라는 사실을 잘 드러내지 않는다. 한국 기업에서는 대체로 '학벌'이 사회적 네트워크에 큰 영향을 미친다. 미국 학위 소지자가 소수이기 때문에 이를 드러내는 경우 다양한 종류의 편견을 심어줄 수 있다. 고 차장은 직장에서 "웬만하면 MBA를 숨기는 편"인데, 그 이유를 다음과 같이 말한다.

고 차장 저를 왕따시킬까 봐 겁이 나는 거죠. 윗사람은 제가 뭔가 많이 배우고 재주가 많고 하면 좋아하죠. 밑에 직원들은 제가 MBA를 갔다 왔으면 많은 경험을 한 선배면 배울 점이 있으니까 좋아하지만, 동기들은 안 그렇

[■] 11명 중 유일하게 미국 학위가 없는 사람은 현대의 정지이였다. 그녀의 최종 학력은 연세대학교 신문방송학 석사이다. 11명에 대한 학력 조사는 네이버 인물 검색을 주축으로 하고 위키피디아를 보조적으로 이용했다. KBS 뉴스는 재벌 후계자 중 임원으로 승진한 지 5년이 되지 않은 사람은 제외하고 자산 규모 순으로 11인을 선정했다. 이 보도에 대해서는 KBS 뉴스, 「재벌 후계자 경영 성적표…1등은?」, 2015년 3월 10 일을 볼 것(http://news.kbs.co.kr/news/NewsView. do?SEARCH_NEWS_CODE=3033815).

대요. 경쟁자니까. "쟤는 뭔가가 하나 더 있네", 이렇게 되죠. 그러면 자기들끼리 뭉칠 수밖에 없는 거죠.

강 대표이사와 고 차장의 말은 주의해서 해석해야 한다. 미국 학위를 받은 사실을 밖으로 드러내는 것은 선택적으로 이루어진다. 강 대표이사의 경우 직장 내에서 관심을 받고 있으며 대내외적으로 기업을 대표하기 때문에 그의 학력은 누구나 다 아는 사실이며 그의 리더십과 권위를 공고히 한다. 반면 고 차장의 경우 선배와 후배들에게는 거리낌 없이 미국 학위를 드러내지만 같은 직급의 동료들에게는 숨기는 편이다. 이는 학위라는 상징자본을 자신의 위치 경쟁에서 유리 또는 불리를 고려하여 드러냄을 의미한다. 위치 경쟁에서 잠재적인 경쟁자들에게 자신의 학위를 드러내는 것은 적대감과 경계심을 불러일으킬 수 있으며, 사회적 네트워크에도 도움이 되지 않는다. 따라서 학위의 전략적인 드러냄/숨김은 당사자의 위치에 따라 다른 방식으로 나타난다.

글로벌 지식의 활용

미국 학위라는 명성자본을 넘어 그 과정에서 배운 지식은 얼마나, 어떻게 한국의 글로벌 기업에서 유용한가? 이는 개인과 기업의 위치와 맥락에 따라 다양하다. 우선 많은 사람들이 정보를 취급하고 다루는 방식에서 미국 자료의 활용도를 언급했다. 앞서 소개한 박 차장은 한국 부자들의 자산을 관리하고 운용하는 업무를 담당하고 있는데, 고객들이 미국의 주식과 부동산에 관심이 많아 매입을 컨설팅하는 경우가 적지 않다. 그는 그런 고객을 위해 미국 자료에 직접 접근하여 포트폴리오를 만들어준다.

> **박 차장** 미국에 상장되는 애플의 주식을 매입할 수 있느냐, 아니면 워렌 버핏이 운영하는 버크셔 해서웨이의 주식을 살 수 있느냐고 물어보는 고객이 있어요. 이런 것들은 일반 (은행) 지점에 가거나 증권사 지점에서는 상담해주기 어려운 주제거든요. (……) 제가 미국 회사 정보를 직접 구해서 간단하게 정리해서 드렸더니 고객분이 깜짝 놀라시더군요.

박 차장은 미국에서 MBA를 다니지 않았고 영어에 익숙하지 않았다면 미국 회사 정보를 구해볼 생각조차 하지 못했을 것이라고 말한다. 언론 등에서 보도되는 미국 회사들의 경제 소식은 단편적이고 깊이가 없어 거액이 걸린 투자를 위해서는 좀 더 신뢰할 수 있는 정보가 요구된다. 이러한 지식의 활용은 다른 직원들과 차별되는 것이며 고객들에게 신뢰를 주고 자신의 능력을 대내외적으로 드러낼 수 있는 중요한 수단이다.

민 차장은 미국 대학원에서 전자무역으로 특화된 과정의 학위를 전공하여 관련 분야의 전문적인 지식을 쌓은 뒤 한국 직장에서 전자무역을 담당하는 부서로 배치되었다. 민 차장은 전자 로지스틱스, 전자 공급 체인 등의 실무 사례를 도입하여 직장에서 능력을 인정받았다. 이 팀장은 미국 MBA 과정 중 세법에 관심이 많아 세법 분야를 전문적으로 공부한 후 현재 근무하는 D증권에서 유용하게 활용하고 있다. 이 팀장이 다른 직원들보다 특화된 분야 중 하나는 해외 조세피난처에 대한 지식이다. 그는 미국 학위 과정에서 세법에 대한 강의를 들었으며 이 수업 중 세금을 피하기 위해 돈을 역외에 두는 조세피난처에 대해 심도 있게 배웠다. 최근 '뉴스타파'는 조세피난처에 한국인들이 세운 페이퍼컴퍼니(유령회사)가

존재하며 상당수가 세금 회피, 비자금 조성 등을 위한 목적이라고 보도하
였다.[*] 이 팀장은 자기가 근무하는 은행에서 세운 페이퍼컴퍼니도 있다
며, 불법은 아니지만 애매한 회색 지대의 규정이 존재하기 때문에 그것을
이용하여 회사와 고객의 이익을 위해 페이퍼컴퍼니를 세운다고 말한다.
그는 한국 대학에서 개설되는 과목에는 "조세피난처에 대한 개념이 없다"
고 말한다. 미국 대학에서 배운 내용이 현재 근무하는 은행의 조세 전략을
수립하는 데 큰 도움이 되고 있다.

상당수의 사람들은 MBA에서 회사의 전반적인 운영 체계에 대한 이
해와 특정 분야의 직무에 관한 정확한 지식을 습득할 수 있었다고 말한다.
MBA 과정은 심도 있는 한 가지 주제를 다루기보다 다양한 주제를 실용
적인 견지에서 가르친다. 대부분 직장 경험이 있는 사람들이 MBA 과정
에 들어가기 때문에 기존에는 몰랐던 부서의 운영에 대해 알게 된다고 말
한다. 특히 고 차장과 이 팀장은 MBA의 효용성이 기업 전체를 바라보는
관점을 가지는 데 있다고 입을 모은다(각기 다른 인터뷰에서 발췌).

고차장 MBA를 가기 전에 항상 괴로웠던 게 제가 일을 하면서 이 일을 왜
하는지 몰랐어요. 왜 하지? 선배가 시켜서 하는, 인수인계받은 업무인데
내가 이 일을 하면 어떤 효과가 있고, 어떤 의미가 있고 회사의 이익이 왜
좋아지고, 전혀 모르는 거예요. 근데 6년 동안 회사의 상황, 상황마다 궁금
했던 점이 굉장히 많았을 것 아니에요? 그니까 MBA를 하면서 그런 게 많
이 풀렸어요. 아! 저래서 내가 저 일을 한 거구나! 아 이런 경우였구나! 내
가 저럴 때 이렇게 하면 안 되는구나!

이 팀장 MBA에서 마케팅도 가르치고 서플라이 체인 매니지먼트 등 여러

---

[*] http://newstapa.org에 들어가 검색창에 '조세피난
처'를 입력하면 자세한 내용을 확인할 수 있다.

가지를 다 가르치거든요. 그런데 저는 파이낸스 백그라운드만을 가지고 있었잖아요. 가서 앞으로는 쓸 일은 없겠지만 일반 제조업이라든지 '아 거기에서는 이런 생각을 하겠구나', 뭐 다른 사람들의 각도에서 회사 인사 팀이라든지 재무팀이라든지 애들이 무슨 생각을 할까, 혹은 클라이언트로 만나는 제조업체들은 무슨 생각을 할까, 다른 각도로 볼 수 있는 것을 많이 가르쳐준 것 같습니다.

이들은 MBA 과정을 통해서 회사 전체를 바라보는 시각을 가지게 되었고, 이것이 회사의 중간 관리자로서 일을 조율하는 데 도움을 주었다고 말한다. 회사의 경영은 한 부분에 대한 전문적인 지식을 가지는 것도 중요하지만 전체적인 흐름을 파악하고 해석하는 것이 중요하다는 것이다.

미국에서 배운 경영 지식을 한국에 적용하려는 관리자도 있다. 미국에서 MBA 학위를 받고 관리자로 근무하다가 CEO가 된 강 대표이사는 귀국한 직후 직원들의 업무 평가에 미국 기업에서 사용하는 BSC^{balance} ^{scored card} 도입을 시도했다. 직원을 종합적으로 평가하는 데 유용한 BSC는 재무, 프로세스, 고객, 학습의 네 가지로 나뉘며, 단기적인 성장뿐만 아니라 지속적인 성과 도출을 위해 개발된 지표다. 강 대표이사는 BSC 적용에 대해서 다음과 같이 말한다.

> **강 대표이사**   그걸 직원들한테 적용해서 퍼포먼스 시스템을 이걸로 하겠다고 했을 때 이해를 못해요. 그러니까 이 사람들은 아주 단순한 거예요. 내가 영업사원인데 올해 10억 원어치를 팔고 내년에 12억을 팔았으면 20프로를 해서 자긴 잘한 거다…… 근데 밸런스 스코어드 카드 시스템 자체가 뭐냐면 그냥 퍼포먼스만 보는 게 아니고 다른 고객 기반 활동은 뭘 했

냐, 아니면 내부 활동은 뭐 했냐, 그런 걸 종합적으로 보는 건데……. (직원들은) 단순한 잣대로 판단하길 원하지, 제가 복잡한 룰로 자꾸 얘기를 하면 일단 그분들이랑 이해하는 게 상당히 갭이 있더라고요.

강 대표이사는 미국에서 배운 경영학 지식을 직원들의 인식 변화 없이 바로 적용하는 것이 무리였다고 말한다. 그는 또한 기업을 수평적 구조로 만들기 위해 한국식 직함을 없애고 미국처럼 매니저 제도와 팀제로 개편하려고 했지만 연공서열이 확고한 "우리나라 정서에 아직 쉽지 않았다"며 시도를 포기했다. 현재 그의 회사는 BSC를 사용하고 있으며, 조직도 예전보다 수평적으로 변화되었다. 그는 미국에서 배운 지식을 현장에서 적용하는 데는 상당한 시간이 소요된다는 것을 깨달았다.

글로벌 인성자본: 직장 생활에서의 자기 주도성과 자신감

글로벌 기업은 직원을 채용하는 과정에서 창의성, 개척정신, 도전정신, 자기 주도성을 강조한다. 글로벌 경쟁에서 이기기 위해서는 주어진 과업을 달성하는 것뿐만 아니라 주도적으로 시장을 개척하고 확장해나가는 능력이 필요하다. 한국 기업의 조직문화에서는 연공서열, 유교주의 문화, 통제 문화가 강하며 직원들은 주어진 과업과 규칙을 잘 따르는 '관료적인 자아'를 중시해왔다. 하지만 최근 한국의 글로벌 기업은 열정적이고 창의적이며 개척정신을 가진 직원을 중시하는 경향이 생기기 시작했다. 개성이 가진 경제적 가치를 인성자본personal capital이라고 하는데, 이는 "고용주로부터 가치 있다고 평가받고 자본화할 수 있는 개인적 자질들의 집합"으로 이해할 수 있다.* 여기서 인성자본은 글로벌 인성자본과 로컬 인성자본으로 나눌 수 있는데, 미국 학위자들은 전자를 소유함으로써 후자만 소유하고 있는 국내 학위자보다 위치 경쟁에서 유리한 고지를 차지한다.

글로벌 기업들은 해외에 진출하기 위한 개척정신과 도전정신을 기업 자체적으로 체화한다. 기업은 이러한 자질을 직원들에게 요구한다. 세계적인 전자회사인 F사의 손 부장은 "우리는 프로액티브proactive(자기 주도적)라는 말을 많이 쓰는데 숙제는 당연히 해야 하고 그 이상의 플러스알파를 해야 하는" 점을 강조한다고 말한다. 프로액티브는 리액티브reactive와 대비되는 말로, 후자는 누가 시키거나 환경이 바뀌어 거기에 반응한다는 뜻이라면 전자는 스스로 알아서 일을 만들고 처리함을 뜻한다. '자기 주도성'은 기업이 원하는 강력한 추진력을 말하며, 성취와 성공을 위해 추가로 일을 해나가는 능력을 의미한다.* 같은 전자회사의 마케팅 부서에서 일하는 현 과장은 기업 임원들이 가지는 자질을 다음과 같이 말한다.

> **현 과장** 임원이 된 사람들을 보면 굉장히 과감한 사람들, 선뜻 "제가 이걸 하겠습니다"라고 외치는 사람들이 있어요. 저희 회사 회의를 가보면 "내가 잘났습니다"라고 이야기하는 사람은 없어요. "내가 이걸 해보겠습니다"라고 이야기하는 사람이 없어요. 근데 그 얘기를 하는 사람이 되더라고요. 용기 있는 사람. 그 사람이 용기가 있다는 건 그만큼 분석을 해갖고 들이대는 잣대로 하겠다는 것이지, 그냥 허영된 "나의 주장, 나의 의욕으로 하겠습니다"라고 하는 사람은 거의 없어요.

한국의 기업 문화는 고분고분하고 성실하며 상사에게 복종하는 상

* Philip Brown and Anthony Hesketh, 앞의 책, pp.34~35.

* Philip Brown and Anthony Hesketh, 앞의 책, pp.153.

명하복의 관료적 자아를 선호해왔지만 지금은 스스로 일을 해나가는 열정적인 자아를 요구하고 있다. 미국 학위 소지자들은 한국의 글로벌 기업에서 새롭게 요구하는 자질과 부합하는 인성을 미국에서의 학위 과정을 거치면서 가지게 된다.

이 팀장은 미국에서 MBA를 받은 사람들은 미국 학위를 따기 위해 다니던 직장을 그만두고 그 연을 매정하게 끊을 수 있는 과감한 결단력을 가진 사람들이라고 말한다. 또한 미국 학위 과정 중에서 겪는 어려움을 극복한 뚝심과 인내력을 가지고 있다고 말하며, 그런 특징을 가진 사람이 기업에서 성공할 수 있다고 말한다.

> **이 팀장** MBA를 했다는 것이 드러나는 것도 있지만 일단 맨땅에 헤딩을 해본 사람들이고 이역만리에서 멸시, 천대를 겪으면서 하다 보니 새로운 일을 전개하는 것에 대한 두려움이 없는 것 같아요. (……) 우연의 일치는 아니겠지만 실제로 MBA를 갔다 온 저희 동기들도 그렇고 배치되는 데 보면 신사업이라든지, 관리 형태보단 새로운 추진이 필요한 곳에 사람을 많이 집어넣었습니다. 그러니까 안에 있는 관리라든지 일상적으로 돌아가는 루틴들은 여기서 일한 사람들을 쓰는 거고, 새로운 비즈니스는 어차피 똑같은 처지라고 하면 도전정신이 있는 사람이 잘하거든요.

이 팀장이 말하듯 미국 학위자들은 '맨땅에 헤딩을 해본' 경험이 있기에 새로운 환경에 적응하는 데 '두려움이 없는' 인성을 갖춘다. 이 팀장은 MBA를 다녀온 사람은 "모험을 좋아하고 새로운 경험을 좋아하는 사람들"이라고 말한다. 자신과 같이 MBA를 준비했던 사람은 10명이 넘지만 실행에 옮긴 사람은 단 2명이라며, 다른 사람들은 높은 학비와 생활비,

즉 기회비용 때문에 포기했다고 한다. 그 자신도 전셋집에 살고 있었지만 전세금을 빼서 MBA 비용을 충당했다. 그는 MBA를 마친 사람들은 개방적이고 진취적이며 모험을 걸 수 있는 사람들이라고 말한다. 현 과장과 이 팀장이 언급하는 인성은 한국의 글로벌 기업들이 해외 진출을 하거나 신사업을 추진할 때 요구되는 소양이다.

특히 미국 대학원 과정은 한국 여성들에게는 자신의 주체성을 탈바꿈하는 계기가 되며, 이는 글로벌 기업이 요구하는 인성과 공명하게 된다.

송 팀장 저 같은 경우에는 한국에서 대학교까지 나오고 직장 생활 하면서도 여자로서 얌전해야 되는 그런 교육을 받고 자랐잖아요. (……) 만약에 제가 MBA 기간을 거치지 않았다면 분명 얌전하고 겸손하고 …… 여자들이 많이 그렇잖아요. 남자들은 안 그렇잖아요. 배짱도 있고, 못생겨도 자기 잘생겼다고 생각하는 그런 게 있는데. 특히 한국에서 교육받은 여자들은 그랬던 것 같아요. (MBA는) 그런 것에서 벗어날 수 있는 기회가 됐던 거 같아요. (사업 때문에 다른 사람을 만날 때) 제가 막 수줍어서 이렇게 하면 안 되잖아요. 그러니까 과감하게 물어보고 거기에 대해서 알려고 하고, 캐묻고, 이러면서 뭔가를 정리하고 그 사람을 이끌어서 결과물을 뽑아내는, 그런 거를 다 MBA에서 배웠던 것 같아요.

미국 유학을 가기 전에 송 팀장은 회사에서 "그냥 죽은 듯이 업무만 하고, 항상 따라가는 사람으로만 지냈던 것 같아요"라고 말한다. 한국 사회에서 길들여진 수동적인 여성적 주체에서 MBA 과정을 통해 적극적이고 진취적인 주체로 바뀐 것이다. 그녀는 미국 유학 경험을 통해 자신의 주체성을 반성적이고 비교적인 관점에서 재해석한다. 수동적이고 얌전한 여성보다는 외국인을 만나도 두려움이 없고 자신을 당당하게 표현할 수 있는 여성이 글로벌 기업이 요구하는 자질이며, 그래서 그녀는 MBA 과정을 소중한 경험으로 여긴다. 중요한 것은 지식이 아니라 지식과 사람을 대하는 '태도'인 것이다. 지식은 어디에서나 구할 수 있기에 그것 자체보다는 그것을 어떻게 조직화하는지가 비즈니스의 성패를 좌우한다고 그녀는 말한다. 송 팀장 역시 한국 사회에서 길러지는 여성상에 대해 비판적인 태도를 견지하며 좀 더 개방적이고 친근하고 다문화적인 서구 여성들에게 배울 점이 많다고 지적한다.

미국 학위자들의 동문 네트워크

미국 학위 소지자들에게 유학 시절 만난 사람들과의 사회적 네트워크는 매우 중요하다. 미국에서 명성 있고 규모가 큰 대학을 졸업한 사람들은 한국에 별도로 동문회를 조직하여, 동문이라는 연줄을 바탕으로 서로 돕고 협력한다. 와튼 스쿨(펜실베이니아 대학), 슬론 스쿨(MIT), 하버드 비즈니스 스쿨, 스탠퍼드 비즈니스 스쿨 등 명성 있는 MBA 과정의 졸업생들은 동문 네트워크를 활용하여 사업에 대한 정보를 얻거나 사업에 필요한 다른 인맥을 찾는다.[*] 이런 효용성 때문에 한국 엘리트들 사이에서는 미국 대학 동문회가 갈수록 성황 중이다.

강 대표이사는 미국 대학 동문회가 자신의 사업에 큰 도움이 된다고 말한다. 기업의 대표나 오너들끼리 정보를 교환하고, 회사 제품을 구매해주기도 한다. 해외 시장 진출 시 사람을 소개해주거나 정보를 알려주기도 하기 때문에 누구보다도 든든한 인맥이다.

---

[*] 「하버드 등 미국 명문대 졸업생 동문 모임 통해 '이너서클' 형성」, 『이코노미조선』 103호, 2013년 5월.

강대표이사　(미국 대학 동문회가) 사회생활 하는 데 큰 도움이 된다고 생각을 합니다. 그리고 아까 말씀드린 대로 어떤 모임에 갔을 때도 저한테는 큰 방패막이가 되기 때문에 사람들이 쉽게 무시하지 않는 게 있고…….

강 대표이사가 말하는 동문의 '방패막이'는 사회적 관계망에서 오는 든든함을 의미한다. 한국 사회는 다중의 학연으로 사회관계가 이루어지며, 미국 대학 동문은 사회적 엘리트가 많기 때문에 양질의 관계망을 확장하는 데 도움이 된다.

특히 같은 업종에서 일하는 미국 대학 동문은 정보를 공유하고 도움이 필요할 때 든든하게 의지할 수 있는 인맥이 된다. MBA 학위 취득자들의 상당수는 금융권에서 일하고 있다. 금융권 업무의 특성상 변화가 빠른 금융 시장에 대처하기 위해서 다른 회사의 전략을 알아내야 하는 경우가 많은데, 이때 MBA 동문의 도움이 큰 영향력을 발휘한다(각기 다른 인터뷰에서 발췌).

이팀장　(정보) 교환을 많이 하죠. 예를 들어 (모) 은행에 있는 친구는 포트폴리오 매니저라서 물건을 선택해서 팔 때 미리 담는 역할을 하는 거거든요. 이런 거 할 때 제가 지금 말씀드린 홍콩 예금을 갖다가 이렇게 패키지해서 주면 "이런 거 있는데 너 해볼래?" 하고, 거꾸로 그 친구가 저한테 "형, 혹시 그거 인디아 채권 좀 어떻게 패키징해줄 수 있어요?" 그러면 제가 인디아 채권 알아보고, 그런 식으로 일을 합니다.

고차장　제가 그쪽(금융 업무)에 관해 궁금한 일이 생겨서 전화하면 가르쳐주시는데, 모르면 알아봐주셔서 또 알려주고. 자기 네트워크를 돌려서.

이게 효과가 전혀 다르죠.

송 팀장 저 같은 경우 저희 회사가 퇴직연금을 도입한다, 그러면 (미국 대학 동문 중) 은행에 계신 분들, 증권회사에 계신 분들에게 전화를 돌려, '자료 좀 주세요' 하면 바로바로 자료가 오죠.

글로벌 기업에 종사하는 사람들은 업종의 동향 파악이나 신사업을 추진하기 위해 다양한 자료가 필요한 경우가 많은데, 미국 유학 동문들은 누구보다 빠르고 친절하게 자료를 구해주거나 정보를 전달해준다. 고 차장의 말에 따르면 동문에게 필요한 자료를 요청했을 때 그 동문이 정보가 부족한 경우 자신의 네트워크를 동원해 알아봐주기 때문에 정보 입수에 상당히 효과적이다. 송 팀장의 경우 금융권에는 유료 자료가 많은데 동문을 통해 그런 자료를 공짜로 얻기도 한다. 무엇보다 학교에서 만난 사람은 사회에서 만난 사람보다 친밀도가 높기 때문에 고민이나 어려운 점이 있으면 상의할 수 있다는 장점이 있다.

국내 네트워크뿐만 아니라 유학 시절 알았던 미국인 네트워크도 종종 유용하다. 민 차장은 자신이 몸담은 업계에서 정부와 공동으로 콘퍼런스를 조직하게 되었는데 유학 시절 알던 저명한 교수를 기조 강연자로 초청했다. 학계와 업계의 권위자를 초청하는 것은 긴밀한 사회적 네트워크가 형성되어 있지 않으면 어려운 일이다. 그녀는 이 콘퍼런스에서 영어로 사회를 보고 토론을 심도 있게 이끌었다.

민 차장 아무래도 그렇게 초청하고 어느 정도 성공적인 행사로 만들고, 진행도 제가 했었거든요, 사회도 보고 패널 토론도 하고 했으니까. 그게 당연히 저에 대한 평가에 플러스가 됐을 거라고 생각해요. 굉장히 잘 진행했다는 평가도 많이 받고 했기 때문에. 당연히 보스들의 저에 대한 평가에 긍정적인 영향을 미쳤을 것 같고요.

그녀는 국제 업무를 맡으면서 알게 된 싱가포르와 홍콩의 전문가들도 초청했다. 이러한 글로벌 네트워크는 유학을 다녀오지 않았더라면 불가능한 일이라고 말한다. 상당수의 미국 학위 소지자들은 국제 업무뿐만 아니라 유학 때 알게 된 외국 친구들과 연락을 하며 지낸다.

무엇보다 미국 대학 동문들은 연령대뿐만 아니라 고민도 비슷하고 동시에 코즈모폴리턴 생활방식을 함께하고 있다. 대부분 1년에 한 번 이상 동기 모임을 가지며 친목 도모를 한다. 이들은 페이스북이나 트위터 등 SNS를 통해 연락을 주고받으며 업무뿐만 아니라 개인적인 고민도 공유한다. 이들 중 상당수는 미국 유학 중에 만난 외국 친구들과 연락을 하고 지내며 그 친구들이 살고 있는 나라를 여행하기도 한다.

코즈모폴리턴 분할

미국 학위자들은 졸업 후 미국과 한국 기업에 지원하며, 연봉 조건, 가족 상황, 전문성 등을 고려하여 직장을 선택한다. 많은 경우 한국의 글로벌 기업은 미국 기업과 대등한 조건을 제시하며 미국 학위 소지자를 우대한다. 한국 기업들이 급속하게 글로벌화되는 상황에서 미국 학위자는 국내 학위자에 비해 트랜스내셔널 위치 경쟁에서 우위를 차지한다. 영어의 사용 빈도가 늘고, 외국인 파트너나 고객이 점점 더 많아지는 상황에서 미국 학위자에 대한 수요는 증가할 수밖에 없다. 미국 학위자들은 한국에 돌아와서 역문화 충격을 경험하며 여러 문화적 코드 사이를 항해하며 현실적으로 타협하는 과정을 거친다. 영어는 이들에게 더 많은 직업 기회를 부여하는 글로벌 문화자본이 된다. 미국 학위는 일종의 명성자본으로, 고객들에게 신뢰를 주며 한국 사회에서 엘리트 멤버십으로 기능한다. 미국 학위자는 미국과 외국의 자료에 대한 정보 접근성이 뛰어나며, 세계 시장을 분석할 수 있는 능력을 가진다. 다른 한편 미국 생활을 통해 변형된 아비투스는 자기 주도성과 자신감이라는 글로벌 인성자본으로 전환된다. 이는 직장 생활에서 국내 학위자들과 차별화되는 태도이자 글로벌 기업의 인적 자원으로서 요구되는 자질이다. 미국 학위자들은 미국 대학의 동문을 적극적으로 활용하며 다양한 방식으로 도움을 주고받는다. 이는 문화자본과 사회자본의 연결로 볼 수 있다. 한국 기업에서 미국 학위는 코즈모폴리턴 엘리트 멤버십을 부여하는 중요한 상징자본이다. 즉 미국 학위는 한국 기업에서 엘리트와 비非엘리트를 분할하는 상징적인 징표가 되고 있다. 결과적으로 미국 학위와 영어를 중심으로 하는 코즈모폴리턴 분할cosmopolitan divide은 글로벌 기업 문화의 주요 부분이 되고 있으며, 향후 한국 직장인들 사이에서 트랜스내셔널 위치 경쟁은 더욱 치열해질 것이다.

8

개인화된 기능적 이민 지식인

미국 대학에서의 교수 생활

인터뷰를 하기 위해 자동차로 하루 종일 달려 저녁 늦게 A도시의 호텔에 도착했다. 호텔 근처 작은 호숫가 옆에 있는 선술집에서 맥주를 곁들인 저녁을 혼자서 먹으며 "한 사람을 인터뷰하기 위해 이렇게까지 해야 하나"라는 생각을 했다. 심신이 지치면 만사가 귀찮은 법이다. 그러나 다음 날 오전 장장 네 시간이나 진행된 M교수**와의 인터뷰는 그런 회의감을 날려버린 매우 값진 것이었다. 세계 최고의 명성을 자랑하는 학과에 재직 중인 M교수는 해당 학과에서 최초의 한국인 정교수다. 사회과학자 중 미국 대학에서 이 정도로 높이 올라간 한국 태생 학자는 손에 꼽힐 것이다. M교수는 한국에서 온 초면의 사회학자에게 매우 겸손하고 진솔한 모습을 보여주었다. M교수는 자신의 분야에서 30위권 내외의 대학에서 박사학위를 받고 비슷한 수준의 다른 미국 대학에서 교수직을 시작했다. 이 대학에서 연구 업적이 가장 우수한 교수로 인정을 받아 1년 빨리 종신교수직을 받았다. 명성이 높은 학술지에 100여 편의 논문을 발표하여 몇 년 전에 150명이 넘는 교수진을 보유한 현재의 학과로 이직하여 정교수가 되었다. 세계적인 명성을 얻은 M교수는 17개국으로부터 초청을 받아 강연을 해왔지만 정작 한국으로부터 단 한 번도 초청받지 못했다. 한국 학계에서 여성인 M교수를 초대하지 않는 것은 학계의 유교문화 및 가부장적 젠더 질서와 무관하지 않을 것이다.

영어를 모국어로 사용하지 않는 아시아계 여성으로서 M교수의 교수 생활은 순탄하지 않았다. 처음 임용된 대학에서 교수 동료들과 학생들로부터 괴롭힘을 당해 상처를 받기도 했다. 학과 정치에서 아웃사이더였고 학생들로부터는 권위를 인정받지 못했다. 점수를 올리기 위해 시험 문제에 대해 일일이 바득바득 따지는 미국 학생의 행동을 유교문화권에서 자란 M교수는 이해할 수 없었다. 자신이 백인 남성 교수였다면 분명 달

■ 미국 대학의 한인 교수를 한국 대학 교수와 구별하기 위해 알파벳으로 가명을 사용한다. 같은 알파벳은 같은 교수임을 뜻한다. 미국 대학에 근무하는 한인 교수 15명과 함께 한국 교수 중 미국 대학 교수 경험이 있는 5명의 경험도 이 장에서 포함한다. 따라서 이 장은 총 20명의 면접을 바탕으로 한다.

랐을 것이라고 확신했다. M교수는 초기의 교수 생활에 대해 "그때는 삶이 없어요. 학교 일밖에"라고 묘사하며 어려운 상황에서도 밤낮으로 연구와 교육에 모든 시간을 쏟아부었다고 했다. M교수에게 권위와 지위를 부여한 것은 탁월한 연구 업적이었다. 그 학과에서 가장 우수한 연구 생산성을 가진 M교수를 놓치지 않기 위해 1년 먼저 종신교수직을 수여했다. 이후 M교수는 학과에서 자신의 목소리를 낼 수 있었고, 누구도 그의 권위를 함부로 건드리지 못했다. M교수는 계속해서 탁월한 연구 성과를 내었고 여러 대학으로부터 러브콜을 받았다. 미국 대학들은 우수한 교수를 유치하기 위한 경쟁이 치열하다. 한국과 달리 미국 교수의 지위는 속해 있는 학과의 명성과 거의 일치한다. M교수는 지금의 학과로부터 스카우트 제의를 받고 수락했다. 정교수가 된 이후에도 왜 그렇게 연구를 열심히 하느냐는 질문에 M교수는 '문화' 때문이라고 대답하면서, 연구를 게을리하는 교수는 철저히 무시당하는 미국 대학의 분위기를 언급했다. 열심히 연구하지 않는 교수의 말은 설득력이 없으며 대학원생도 오지 않는다. 연구 업적이 없는 교수는 실험실을 내놓으라는 압력에 시달리며, 수업을 더 많이 배정받는다. 성과주의 때문에 연구 실적에 따라 연봉 인상률이 해마다 달라진다. 미국의 주립대학과 공립대학은 연봉을 공개한다. M교수가 속한 대학과 학과도 연봉이 웹사이트에 공개되어 있었는데, 같은 정교수라도 연구 업적에 따라 월급이 두 배 이상 차이가 나는 것을 확인할 수 있었다.

인터뷰가 끝나고 나서 며칠 후 M교수가 『모리와 함께한 화요일』Tuesday with Morrie이라는 책을 숙소로 보내왔다. 인터뷰에 감사를 표하기 위해 드린 선물에 대한 화답이었다. 세계적인 베스트셀러인 이 책은 기자이자 칼럼니스트인 미치 앨봄Mitch Albom이 대학 스승인 모리 슈워츠Morrie Schwartz

가 병으로 죽어간다는 소식을 듣고, 16년 만에 그를 다시 만나 인생의 마지막 수업을 듣는다는 내용이다. 동부의 명문 브랜다이스 대학의 '사회학과' 교수인 모리의 이야기라는 점에서 M교수의 사려 깊은 배려를 느낄 수 있었다. 이 책을 읽고 나는 학생들에게 과연 어떤 선생인가를 스스로 물으며 깊이 반성했다. M교수에게 고마움을 전하는 전화를 했는데 뜻밖에 통화가 길어져 네 시간이나 이야기를 나누었다.

M교수에게도 나와의 인터뷰가 지난 20년 동안의 미국 생활을 돌아보는 계기가 되었던 것이다. M교수의 학문적 궤적은 분명 승승장구였다. 하지만 고독했다. 철저히 개인주의적인 미국 대학에서는 자신의 길을 벗어나지 않고 전문가로서의 사명을 다하는 것이 외국인으로서 생존할 수 있는 길이었다. M교수는 "내 의견을 이야기하지 않고 그냥 대세를 따르는" 삶을 살았다. M교수는 비정치적인 미국 시스템이 부과하는 전문가로서의 삶에 회의를 느끼고 있었다. 앞으로는 "변인變因 갖고 그렇게 싸우는 거 말고, 진짜 의미 있는" 연구를 하고 싶다고 했다. 사회적, 실천적 함의가 미흡한 서베이와 통계로 이루어진 자신의 연구에 대한 반성과 회의였다. 또한 한국인으로서의 정체성이 강한 M교수에게, 자신을 공동체의 일원으로 받아들이지 않는 미국에서의 생활은 "뿌리 없는 고아 같은 느낌"을 갖게 했다. M교수는 지금까지 너무 많이 울었다고 말하며 20여 년 동안 그 눈물이 배어 있는 베개를 차마 버리지 못하고 간직하고 있다고 담담하게 고백했다. 전화 통화 내용은 주로 소수자로서 미국 대학에서 교수 생활을 하는 어려움에 관한 것이었다. 공동 연구를 했을 때 관심은 항상 백인 남성 교수에게 집중되었고, 학생들은 M교수의 권위를 좀처럼 인정하지 않았다. 미국 대학에서 차별이나 무시가 없었냐는 질문에 M교수는 간접적으로 친분이 있는, 유색 인종으로서 미국의 장관까지 오른 공직

자의 말을 빌려서 자신의 입장을 밝혔다. "나는 너무 바빠서 그것을 알지 못했다."

이 장에서는 미국에서 박사학위를 취득한 한국인들이 미국 교수로서 어떤 삶을 사는지를 살펴본다. 북미 지역의 대학에 재직 중인 한인 교수는 현재 약 3,000~4,000명 내외로 추산되며, 최근 들어 그 수가 더 늘어나고 있다.* 이는 미국 박사학위만으로 한국에서 교수가 되기는 힘들어 박사학위 취득 후 바로 귀국하는 사람이 점점 줄고 있기 때문이다. 5장과 6장에서 보았듯이 한국 대학도 갈수록 연구 실적을 강조하는 분위기이며, 경쟁이 치열하다. 한국이든 미국이든 대학에서 살아남기 위해서는 연구 업적을 쌓아야 한다. 한국은 미국보다 연구 환경이 좋지 않기 때문에 상당수의 미국 박사학위 소지자들이 미국 대학에서 자리를 잡으려 한다. 또한 새로운 세대들은 이전 세대보다 영어를 잘하고 코즈모폴리턴 생활 방식을 지향한다. 이들은 굳이 한국으로 돌아가기보다는 미국을 비롯한 외국 어디서든 살 수 있다고 생각한다. 구체적으로 이 장은 한국 유학생이 미국 대학의 교수로 임용되는 과정, 종신교수직을 받기 위한 과정, 연구 경험, 강의와 행정 경험, 개인화된 기능적인 삶, 그리고 미국과 한국 사이에서의 기회와 갈등을 나누어서 다룬다.

미국 대학의 교수 시장은 매우 개방적이고 경쟁적이다. 그리고 미국 대학의 임용 과정은 한국 대학보다 심도 있고 치밀하다. 이러한 이유로 한국 대학과 대조적으로 임용을 둘러싼 교수들 사이의 알력이나 다툼이 적은 편이다. 미국 대학의 종신교수직(테뉴어) 제도는 한국과 대별되는 제도다. 미국 대학에서 조교수는 일종의 수습 교수로서 완전한 멤버십을 갖지 못한다. 테뉴어를 받고 부교수로 승진해야만 비로소 교수로서 완전한 지위를 획득하게 되고, 그렇지 못하면 그 학교에서 나가게 된다. 따라

* 이 숫자는 북미한인대학교수협회(2010)가 편찬한 『북미한인대학교수총람』과 이 자료를 책임지고 모은 김선웅 전 회장(위스콘신대학 교수)의 소견에 바탕을 둔다. 좀 더 정확한 통계는 후속 연구를 통해 밝혀져야 할 것이다. 유학을 가서 미국 교수가 된 사람들이 한인 이민자 2세 출신의 미국 교수에 비해 월등히 많을 것으로 추정된다. 한국인이 본격적으로 미국 이민을 가기 시작한 것은 1960년대 말부터다. 이민자 2세들이 태어나 서 교육을 받고 교수 자리를 잡는 데는 상당한 시간이 걸릴 것이기 때문이다.

서 종신교수직 획득 여부는 이들 인생에서 가장 중요한 사건 중 하나이며, 이들의 연구와 생활에 지대한 영향을 미치게 된다.

미국 대학에 재직 중인 한국인 교수들은 주로 연구에 강하며 언어 문제로 인해 강의를 부담스러워한다. 연구 경험에 대한 논의는 특히 연구 중심 대학에 재직 중인 교수들에게 초점을 맞춘다. 연구 지원 체계의 전문화, 연구에 집중할 수 있는 분위기, 성과주의, 연구를 장려하는 문화를 다룸으로써 이들이 어떻게 연구의 탁월함을 유지하는지를 밝힌다. 한국인 교수들은 언어 문제 때문에 강의를 부담스러워하며 학생들과 정서적인 커넥션을 유지하는 데 어려움을 겪는다. 그들은 행정 경험이나 학교의 주요 보직에서 소외되는 경향이 있으며, 자신의 의견을 적극적으로 피력하지 않고 대세를 따른다. 미국 대학의 한국인 교수들의 이러한 특징으로 볼 때, 이들은 개인화된 기능적 이민 지식인으로 이해될 수 있다. 이들은 미국 대학에서 생존하기 위해 학교와 집을 오가는 단조롭고 개인적인 생활을 영위한다. 이들은 대학에서 부여한 기능을 최대한 수행하기 위해 노력하는 반면, 학내외 정치에는 무관심하다. 때때로 보이지 않는 인종 질서를 경험하며 대학에서 은근한 무시와 차별을 겪는다.

많은 한국인 교수들은 한국 대학으로 자리를 옮기기도 한다. 미국 교수직을 수행하면서도 끊임없이 한국으로 옮길 가능성을 열어놓고 갈등하기도 한다. 이들은 다양한 방식으로 한국 학계와 연결되어 활동을 하고 있는데, 이 장에서는 이들의 트랜스내셔널 활동도 다룰 것이다.

미국 대학의 교수로 임용되기[*]

A교수는 미국 명문대의 사회과학 계열 정교수다. 그는 미국에서 박사학위를 받고 나서 교수직을 수행하다 한국의 어느 명문 대학의 교수로 임용되었다. 그는 한국에서 교수 생활을 하면서 몇 번의 후임 교수 임용 과정을 겪으며 '학을 떼었다'고 고백한다. 내정자를 정해놓고 진행되는 경우가 빈번해서 학과 선배 교수들과 고함을 지르며 싸우기도 했다는 것이다. 결국 A교수는 한국에서는 도저히 학문을 할 수가 없다고 판단하고 다시 미국 대학으로 떠났다. 이 사건은 그 학과와 분야에서 상당한 파장을 일으켰다.

B교수는 미국 명문대의 자연과학 계열의 부교수다. 몇 해 전까지 미국에서 조교수로 있으면서 한국 대학에 지원을 한 적이 있다. B교수는 총장 면접까지 올라갔는데 갑자기 일주일 안으로 면접을 보러 오라는 통보를 받았다. 그는 사비를 들여 비행기 표를 끊고 부랴부랴 귀국하여 총장 면접을 보았다. 그런데 면접이 끝나고 불과 10분 후에 지원한 학과의 교수로부터 탈락되었다는 소식을 들었다. 이미 내정자가 있는 상태에서 B교수는 '들러리'를 섰다고 볼 수 있는 상황이었다. B교수는 너무 화가 나서 다시는 한국 대학에 지원하지 않았다.

A교수와 B교수에게 미국 대학 교수의 임용 과정에 대해서 물었다. 한마디로 그 과정은 'so cool'했다. 내정자도 없으며, 임용을 둘러싼 파벌도 없다. 모교 출신이라는 사실은 전혀 중요하지 않다. 만약 지원자 중 모교 출신이 있다면 오히려 의심의 눈초리를 받는다. 특정 대학 출신을 밀지도 않는다. 조건을 갖춘 사람은 누구나 지원할 수 있다. 5명 내외로 구성된 교수임용위원회의 체계적인 절차와 토론을 거쳐 심도 있는 심사가

---

[*] 미국 대학의 교수 임용에 대한 실질적인 가이드라인은 Julia Vick and Jennifer Furlong, *The Academic Job Search Handbook*(4th edition), Philadelphia: University of Pennsylvania Press, 2008을 참고하기 바란다.

진행된다. 교수 임용의 과정과 결과에 불만을 토로하는 지원자는 거의 없다. 한국처럼 '지지고 볶는 드라마'는 연출되지 않는다.

　　많은 유학생들이 박사학위를 받은 후 미국 대학 교수직에 지원한다. 이공 계열의 경우 대부분 '포닥' 연구원 과정을 3~5년 정도 거친 후 지원하는 반면, 인문사회 계열은 대개 이 과정을 거치지 않고 바로 지원한다. 미국에서 박사학위를 받고 바로 한국으로 귀국하는 것은 장래를 보장할 수 없는 위험성을 내포한다. 연구 실적이 적을수록, 여성일수록, 이공 계열일수록 더욱더 그러하다. 한국으로 돌아가는 경우 연구원이나 강사로 경력을 시작할 가능성이 높기 때문에 차라리 미국에서 경력을 가지기를 원한다. C교수가 바로 귀국하지 않고 미국 교수직에 지원한 것도 그런 이유에서였다. C교수는 "한국도 뭐가 있어야 가죠. 그냥 맨땅에 헤딩하기는 싫고, 연구 환경도 한국보다는 미국이 더 나을 것 같기도 하고 그랬던 것 같아요"라고 말한다. 연구 업적이나 주요 경력 없이 한국에 들어가는 것은 C교수가 말하듯이 '맨땅에 헤딩하는' 가시밭길이다. 미국 대학 교수직은 유학생들에게 사회적 지위를 부여하며, 미래의 기회를 확장시켜주는 중요한 생애사적 사건이다.

　　미국의 교수 시장은 경쟁이 치열하다. 분야에 따라 다르지만 많은 경우 경쟁률이 수십 대 일, 드문 경우 수백 대 일이다. A교수와 B교수가 말하듯이 한국 대학과 미국 대학의 교수 임용 과정은 너무나 다르다. 5장에서 기존의 양적 연구들이 보지 못한 점은 교수 임용의 '과정'이라고 주장한 바 있다. 미국 대학과 한국 대학 모두 연구 실적, 학벌, 인성 등을 고려한다. 하지만 평가 '방식'은 매우 다르다. 임용을 둘러싼 학과 내 갈등이 어째서 미국 대학에서는 적고 한국 대학에서는 많은지, 왜 한국에서의 지원자들이 아카데미아의 비루함을 더 크게 느끼는지를 알기 위해서는 그 과

■　Henry Wilbur, "On Getting a Job", in A. Leigh Deneef and Craufurd Goodwin(eds.), *The Academic's Handbook*(third edition), Durham: Duke University Press, 2007, pp.123~135.

▪　이 통계는 National Center for Education Statistics 가 작성한 데이터다. 다음 웹사이트를 참조하라. http://nces.ed.gov/programs/digest/d12/tables/dt12_005.asp.

정과 맥락을 이해할 필요가 있다.

미국 대학의 교수 임용 과정은 장기간에 걸쳐 이루어진다.[•] 미국은 가을에 학기가 시작되기 때문에 임용되는 학기의 1여 년 전 가을학기에 모집 공고가 발표된다. 분야에 따라 약간의 차이가 있지만 지원자는 통상 자기소개서Cover Letter, 이력서Curriculum Vitae(흔히 CV라고 한다), 연구 계획서Statement of Research Interest, 강의 계획서Statement of Teaching Interest, 추천서Letters of Reference를 제출한다. 2010~2011년 기준으로 미국의 4년제 대학은 2,870개, 2년제 대학은 1,729개이며, 이 둘을 합치면 4,500개가 넘는 대학이 존재한다.[•] 따라서 교수 임용 시장이 매우 크다. 지원자는 한 해에 한 대학에만 지원하는 것이 아니라 적게는 여러 군데, 많게는 수십 군데 지원한다.

미국 대학은 한국 대학보다 기능적으로 더 분화되어 있고, 위계적이다.[•] 세계 최고의 명성을 가진 연구 중심 대학의 박사가 명성이 낮은 4년제 대학이나 교육 중심 대학으로 지원하는 경우는 드물다. 흔히 동료 대학peer institution이라고 일컬어지는 비슷한 수준의 대학군이 형성되어 있으며, 박사학위 소지자들은 자신이 졸업한 대학의 동료 대학에 지원하는 경우가 많다. 연구 중심 대학에서 박사학위를 받은 한국인 유학생들도 동료 대학 또는 그 아래로 분류되는 대학에 지원하는 경우가 많다.

5명 내외의 학과 교수들로 이루어진 교수임용위원회Search Committee는 선발하는 분야에 대해 비교적 잘 아는 전문가들로 구성된다. 이들은 지원서가 도착하면 학과에서 정해진 절차와 형식에 따라 지원자를 평가한다. 이 과정에서 논문 실적, 추천서, 강의 경험 등이 고려된다. 연구 중심 대학의 경우 제일 중요한 평가 기준은 연구 실적이지만 이 또한 해석의 여지가 있다. 한편 한국과 달리 학부 학벌은 전혀 고려 대상이 아니다. 대신 경우에 따라 박사학위 수여 대학의 학벌이 중요하게 여겨지는데, 이는 명성

[•] 미국 대학을 분류하는 기준은 여러 가지지만 '카네기 분류'라고 불리는 카네기 재단의 분류가 가장 많이 통용된다. 이 분류는 학위 수여 등급이 주요 기준이며 박사학위 수여 대학, 석사학위 수여 대학, 학사학위 수여 대학, 전문대학, 특수대학, 인디언 부족 대학의 여섯 가지로 나누어져 있다. 이 여섯 가지도 다시 세분화되는데, 가령 박사학위 수여 대학도 연구가 매우 활발한 대학(RU/VH, very high research activity), 활발한 대학(RU/H, high research activity), 박사학위 수여 대학(DRU) 세 단계로 나뉜다. 이 책에서 다루는 유학생들은 거의 대부분이 RU/VH에서 학업을 수행하였다.

이 있는 대학일수록 더 좋은 훈련을 받았을 것이라는 가정이 어느 정도 작용하는 것이다. 한국과 달리 미국 대학의 임용 과정에서 중요한 것은 지원자를 지도한 교수들의 추천서다. 한국 대학의 교수 임용 과정에서는 추천서를 요구하는 곳은 거의 없다. 하지만 미국 대학의 임용과 추후의 테뉴어 심사 과정에서 추천서는 매우 중요하다(각기 다른 인터뷰에서 발췌).

D교수 주로 레퍼런스 레터(추천서)거든요, 미국은. 그러니까 모든 걸 다 떠나서, 물론 퍼블리케이션 레코드(논문 실적)도 있어야 되겠지만 제일 중요한 거는 레퍼런스 레터, 이 사람이 얼마나 임팩트 있는 일을 했는가죠. 레퍼런스 레터는 그냥 흔히 주는 게 아니고 아주 정확하게 쓰죠.

E교수 저는 지도교수의 도움을 많이 받았던 거 같아요. 그래도 지도교수 연구팀이었다는 거를 인정해줬던 거 같고. 지도교수가 되게 고마운 게, 레커멘데이션 레터를 한 다섯 장 넘게 써줬었어요. (……) 연구팀 규모가 크고, 펀드도 많고, 퍼블리시publish(논문 출판)도 활발하게 하는 팀에 들어가면 어드밴티지(장점)가 많죠. 그 빅 네임(대가)이 갖고 있는 인플루언스influence(영향력)도 우리나라 이상으로 큰 것 같고.

서류 심사를 거친 후에는 1단계 인터뷰가 진행된다. 최종 캠퍼스 인터뷰 후보자(통상 3~4인)의 2~3배에 해당하는 지원자들과 전화 인터뷰(위원들과 지원자 사이에 이루어지는 콘퍼런스 콜) 또는 '스카이프'를 통한 인터뷰가 이루어진다. 짧게는 20분, 길게는 1시간 동안 진행되는 이 인터뷰에서는 주로 지원자의 연구 경력과 교육 경력 등을 질문한다. 영어가 자신 없는 한국인 지원자들에게는 이 과정이 힘들게 느껴진다. 교수임용

위원회는 1단계 인터뷰를 거쳐서 최종 후보자 3~4인 정도를 선택한다.

2단계 인터뷰에 선발되면 지원한 대학의 캠퍼스를 직접 방문하게 된다. 보통 교수임용위원회 위원장이나 학과장이 마중 나온다. 이들이 바쁜 경우 택시를 보내거나 후보자 본인이 차를 렌트하는 경우도 있다. 캠퍼스 인터뷰는 2박 3일이나 3박 4일 정도의 일정으로 진행되며, 이때 연구 발표와 강의 발표가 이루어진다. 발표 시간 외에 30분씩 학과 교수들을 만나서 연구 관심사 등의 이야기를 나누는 시간이 배정되기도 한다. 또 교수들과 함께 식사하는 자리가 마련되어 후보자는 지원 대학의 교수진들과 집단적으로 이야기를 할 기회를 가진다. 한국인 지원자들이 가장 어려워하는 부분은 발표가 아니라 비공식적으로 이루어지는 대화social talk다.

> **F교수** 이 사람이 도대체 무슨 대화 주제를 끌고 들어올 건지, 스포츠 이야기를 할 건지, 풋볼 이야기를 할 건지, 아니면 자전거 타는 이야기를 할 건지, 가드닝 하는 거 이야기할 건지, 아니면 정말 밑도 끝도 없이 아프리카 한구석에 있는 나라, 시에라리온 이런 이야기를 할 건지…… 그게 감이 안 서니까, 그게 제일 힘든 것 같아요.

미국 대학의 임용 과정에서도 후보자의 인성을 본다. 후보자가 연구를 같이 할 수 있는 무난한 성격의 소유자인지, 자신의 것을 지나치게 고집하지는 않는지, 자신감 있게 의사를 표현하는지 등을 평가한다. 한국인 후보자들은 언어적, 문화적 장벽 때문에 인터뷰 과정에서 대화를 자연스럽게 이끌어가는 것에 어려움을 느낀다. 이 과정이 모두 끝나면 얼마 지나지 않아 합격 여부를 통보받는다. 후보자가 다른 대학에도 합격했다면 여러 조건들을 비교하여 더 나은 조건의 대학을 선택한다. 이후에는 연봉, 컴퓨터를 포함한 기술 지원, 사무실, 실험실 등을 협상을 거쳐 정하게 된다.

이렇게 장기간 여러 단계를 거쳐 검증되는 교수 임용 과정은 한국보다 훨씬 심도 있고 질적으로 높다. 논문의 편수도 중요하지만 한국처럼 철저히 정량화되어 평가되지 않는다. 후보자도 지원 학과의 사정을 묻고 살피는 쌍방향 커뮤니케이션이 일어난다. 미국에서는 박사학위를 받지 않은 사람(흔히 ABD라고 한다. all but dissertation. 박사논문 제출만 남겨놓고 모든 과정을 마친 후보자)도 지원이 가능하며, 한국보다 잠재성을 더 많이 평가한다. 이런 심도 있는 과정을 거친 후보자가 그런 과정을 거치지 않은 후보자보다 나을 가능성은 크다. 하지만 미국 대학은 후보자가 조교수로 임용된 후 기대에 미치지 못할 경우 재계약을 하지 않고 직위를 박탈할 수 있는 테뉴어(종신교수직) 심사 제도가 있다.

테뉴어를 향한 고군분투

한국 교수와 미국 교수가 확연히 다른 점 중의 하나는 테뉴어 제도다. 한국 교수는 부교수와 정교수로 승진할 때 연구, 강의, 서비스(봉사) 분야의 업적을 쌓아야 한다. 하지만 통상 중요한 요소는 연구이며, 대부분의 학교에서는 연구 실적에 대한 정량적인 기준을 정해놓는다. 대체로 논문 편수로 계산되는 이 정량적 기준을 통과하지 못하는 교수는 거의 없다. 따라서 한국에서는 한 번 교수로 임용되면 65세까지 정년이 실질적으로 보장된다. 미국 대학에서는 조교수를 임용한 다음 통상 6년 동안의 업적을 평가해서 종신교수직 수여 여부를 결정한다. 6년의 기간은 일종의 수습

■   Michael Dooris and Marianne Guidos, "Tenure Achievement Rates at Research Universities", Annual Forum of the Association for Institutional Research, Chicago, Illinois, May 2006(이 자료는 인터넷에 공개되어 있다). 이 10개 대학은 플로리다, 일리노이, 아이오와, 메릴랜드, 미시간, 노스웨스턴, 펜스테이트, 피츠버그, 러트거스, 위스콘신이다. 이 대학들은 모두 카네기 분류상 최상 등급의 연구 중심 대학(RU/VH)이다. 탈락 비율은 테뉴어 심사를 하기 전 대학을 옮기거나 떠난 사람들도 포함한다.

기간(프로베이션probation)으로 자신의 능력을 입증해야만 하는 시기다. 테뉴어 수여 비율에 대한 미국 전체 통계 자료는 존재하지 않지만, 10개의 연구 중심 대학을 조사한 자료는 테뉴어를 받는 것이 결코 만만치 않다는 사실을 보여준다. 이 자료에 따르면 10개 대학의 조교수들이 테뉴어를 받는 평균 비율은 53퍼센트이며, 그 비율이 가장 낮은 대학은 33퍼센트, 가장 높은 대학은 67퍼센트였다.[*] 테뉴어 수여 비율은 명성이 높은 대학일수록 낮은데 그 이유는 당사자에게 그만큼 더 높은 수준을 요구하기 때문이다.

미국의 테뉴어 제도도 한국과 마찬가지로 연구, 강의, 서비스 영역을 종합적으로 평가한다.[*] 문제는 테뉴어의 기준이 명확하지 않다는 데 있다. 한국과 달리 정량적 기준이 없고 질적 기준을 중심으로 정성적 평가가 이루어지는데, 명확한 기준이 없는 것은 조교수들을 오랫동안 불안하게 만든다.

> **G교수** 그게 가장 힘든 거죠. 앰비규어티ambiguity(애매함), 네뷸러스 어세스먼트nebulous assessment(모호한 평가). 대체적으로 "이런 식으로 하면 잘하는 거다"라고 얘기는 듣지만, 확신이 없으니까. 그냥 오랜 기간 동안 불안한 거죠. 그게 가장 힘든 거죠.

테뉴어의 정책과 기준은 학교마다, 또 학과마다 다르다. 어떤 학과에서는 정량적으로 매년 몇 편의 논문을 쓰라는 가이드라인을 주기도 하고,[*] 어떤 학과는 그렇지 않다. 이공 계열의 경우는 연구비의 수주가 테뉴어를 받는 데 매우 중요한 기준이 되지만, 인문사회 계열에서는 상대적으로 덜 중요하다. 인문사회 계열이라도 실험을 하거나 많은 연구비가 필요

---

[*] 테뉴어는 교수들에게 가장 중요한 문제 중의 하나이기 때문에 각 대학들은 대체로 이에 대한 가이드라인을 정해놓고 웹사이트 등을 통해 공개하고 있다.

[*] 이 정량적 기준도 한국처럼 명시적으로 되어 있는 것이 아니라 학과장이나 학장 등의 판단과 재량에 따라 정해진다.

한 분야라면 연구비의 수주도 대단히 중요하다. 인문사회 계열 내에서도 인문에 가까운 쪽은 책의 출판을 요구하고, 양적 연구 방법론을 사용하는 분야에서는 논문을 중요하게 여긴다. 테뉴어의 기준은 이처럼 아주 다양한데 통상적으로 그 학과에서 요구하는 수준이 있기 때문에 학과장과의 커뮤니케이션을 통해서 정보를 얻는 것이 중요하다. 미국 명문 대학에 재직하면서 테뉴어 심사 과정에 오랫동안 관여해온 A교수는 이렇게 설명한다.

> **A교수** 리서치 원 유니버시티Research I University(연구 중심 대학)에서는 절대 (수량화가) 없어요. 왜냐면 각 분야마다 전문가가 있으니까 그 분야에 적합한 그러한 수준으로 평가를 해라, 과에서도 그렇게 할 것이고, 과 위에 있는 스쿨(단과대)에서도 그렇게 할 것이고. 워낙 분야가 넓으니까 어떤 분야는 책 쓰는 분야가 있어요. 어떤 분야는 아티클(논문)만 쓰는 분야가 있어요. 그게 머저리티(대다수)고. 또 어떤 분야는, 가령 컴퓨터공학 쪽은 콘퍼런스에 발표한 포스터가 중요한 업적이에요. 그러니까 아티클이 꼭 그렇게 중요한 건 아니에요. 그 대신에 거기는 그랜트(연구비)를 많이 받아야 돼요. 그러니까 각 필드에 적합한 그러한 양과 질을 (내야 해요).

업적 평가는 매년 이루어지며 통상적으로 조교수 3년차에 중간 평가critical review가 이루어진다. 이 중간 평가는 대체로 테뉴어 수여 여부를 알 수 있는 중요한 잣대가 된다. 또 하나 중요한 것이 각계 전문가들로부터 받은 추천서다.[*] 연구 중심 대학은 통상 6인 내외의 추천서를 요구하는데 이는 자기 분야의 전문가들로부터의 승인을 의미한다. 따라서 자기 분야에서 다른 교수들과의 친분과 네트워크를 계속해서 쌓아야 한다.

---

[*] 테뉴어 후보자와 해당 학과는 각각 추천인 명단을 작성하게 되며 이 둘을 합쳐서 추천서를 요구한다. 보통 학과에서 작성한 추천인 명단에서 추천서를 더 많이 받는다. 후보자가 자신의 인맥을 이용하여 추천서를 더 많이 받으면 이는 객관적인 평가가 되지 못하기 때문이다.

테뉴어 심사는 학과, 단과대, 대학본부의 세 단계에 걸쳐서 진행된다. 명성이 높은 대학일수록 검증 절차가 까다롭다. 학과에서는 3~4인 내외의 테뉴어 심사위원회가 구성되며, 심사위원회는 후보자의 연구, 강의, 서비스, 잠재성을 평가한다. 이 평가 결과는 부교수 이상의 교수들에게 보고되며, 이들은 통상 투표로 학과에서의 통과 여부를 결정하게 된다. 이 투표는 50퍼센트만 넘으면 되는 것이 아니라 대다수가 찬성표를 던져야 단과대 심사에서 통과될 확률이 높아진다. 학과 심사뿐만 아니라 단과대 심사도 매우 중요하다. 학과에서 과반수를 얻지 못한다면 단과대에 올라갈 필요도 없다. 과반수 이상을 받았을지라도 절대 다수의 찬성이 아니라면 단과대에서 꾸려진 테뉴어 심사위원회는 후보자의 능력에 대해 좀 더 심도 있는 검증을 하게 된다. 학과에서 통과하였다고 해도 단과대에서 종종 탈락되는 경우가 있다. 대학본부에서는 대체로 학과와 단과대의 결정을 받아들이지만 이 경우에도 재정적 이유 등으로 대학본부에서 테뉴어를 수여하지 않을 수도 있다.

조교수에 대한 이러한 강도 높은 검증은 한국 대학에서는 찾아볼 수 없는 일이다. 미국의 연구 중심 대학은 새로 들어온 교수에게 많은 지원을 하는 동시에 철저한 검증을 실시한다. 미국 대학은 한국과 달리 정년이 없고 죽을 때까지 직책이 보장되기 때문에 대학의 입장에서는 상당한 미래 자원을 종신교수에게 투자하는 것이 된다. 따라서 강도 높은 검증은 대학의 미래를 위해서 당연한 것이다.

테뉴어를 받는 것은 인생이 걸린 문제이기 때문에 굉장한 스트레스를 동반한다. 특히 조교수로 임용된 후 첫 3년은 연구와 교육으로 무척 바쁘다. M교수는 자신의 첫 3년을 "계속 (논문을) 쓰다가 지쳐서 쓸 수 없을 때면 책상에 쓰러져 자고 그다음에 일어나면 또 시작하고. 그래서 그

땐 24시간이 그것밖에 없었던 것 같아요"라고 회고한다. 연구에 대한 압박과 더불어 강의에 대한 압박도 상당히 크다. 한국인 교수들은 원어민이 아니기 때문에 수업에서 학생들에게 꼬투리 잡히지 않기 위해 수업을 철저하게 준비한다.

테뉴어를 받기 위한 과정에 학과 교수들의 평가가 있기 때문에 교수들과의 관계는 대단히 중요하다. 한인 교수들은 그들과의 관계에 있어 행여나 실수를 하지 않을까, 언행에 조심한다. 문화적 차이를 잘 이해하지 못해서 상대 교수와의 관계가 불편해지는 상황이 발생할 수 있기 때문이다.

F교수 그 사람(교수)이 나한테 기분 나쁜 뭐가 하나 있으면 한마디라도 틱 던지지 않을까 하는…… 아무래도 이런 게 사람들 간의 관계에서 레코드를 뛰어넘는 뭔가 또 있잖아요. 그런 게 항상 스트레스 요인이 될 수 있더라고요. 그래서, 내가 실수한 게 없을까? 이런 것 때문에 고민하는 경우도 많고, 특히 시니어 교수 앞에서는. 되게 잘해주는데도 불구하고 그런 게 항상 조심스럽고 힘들고…….

다수의 미국 대학 교수들이 친절함에도 불구하고 한국인 교수들은 혹시나 실수할까 봐 노심초사하는 상황을 경험한다. 따라서 칵테일파티와 같이 사람들이 집단적으로 만나는 상황을 즐겨하지 않는다. 한국인 교수들은 자신들의 처지를 '벙어리', '시집살이', '아웃사이더' 등으로 묘사한다. 한국인 교수들은 자신들이 기댈 수 있는 것은 '오직 실력'이라고 말하며, 미국인 교수들보다 훨씬 많이 노력하는 것 외에 테뉴어를 받을 수 있는 길은 없다고 토로한다.

연구, 오로지 연구!

H교수는 세계적인 연구 중심 대학의 분자생물학과에 부교수로 재직 중이다. 그녀는 미국 국립보건원National Institute of Health에서 가장 따기 힘들다는 연구비(R01)를 여러 번 획득하고, 세계적인 저널에 논문들을 발표해왔다. 그 덕분에 재직하는 학과에서 1년에 단 한 과목만 가르치면서 연구에 거의 모든 시간을 쏟고 있다. H교수의 학과에서는 종신교수직을 받은 교수라 할지라도 연구비와 연구 실적이 없으면 1년에 4개 과목을 가르치기도 한다. 미국의 연구 중심 대학은 해마다 교수들의 연구 업적을 평가하여 강의와 서비스를 배분한다. H교수처럼 연구 업적이 탁월한 교수에게는 1년에 한 과목을, 그렇지 못한 교수에게는 4개 과목까지 가르치도록 배정하는 것이다.

이런 상황은 한국에서는 거의 불가능하다. 한국 대학은 연구를 잘하든 못하든 상관없이 과목 수를 동등하게 배분한다. 4개 과목을 배당받은 교수들의 불만이 없느냐는 나의 질문에 H교수는 미국의 연구 중심 대학에서는 연구를 많이 하는 교수를 존중하며 연구 업적에 따라 차등 대우를 하는 것을 정당하다고 생각하기 때문에 학과장의 결정에 이의를 제기하는 경우는 드물다고 말했다. 이는 다른 교수들과의 인터뷰에서도 크게 다르지 않았다. 미국 연구 중심 대학에서는 수업뿐만 아니라 월급, 서비스, 실험실 공간 등의 혜택이 연구 실적에 따라 차별적으로 주어지며, 교수 사회도 이를 당연하게 받아들인다는 것이다.

여기에서는 미국의 연구 중심 대학이 어떻게 최상위의 연구 역량을 유지하는지를 한국인 교수들의 경험을 통해 살펴볼 것이다. 연구를 중시하는 문화는 연구 지원 체계의 전문화, 연구를 둘러싼 극심한 경쟁, 그리고 연구를 조직하는 리더십으로 그 요소를 나누어볼 수 있다. 이러한 요소들은 미국 대학으로 하여금 글로벌 우위를 지키게 하는 '집중의 구조'와 연결된다.

　미국의 연구 중심 대학은 무엇보다 연구를 중시하며, 교수가 연구 실적을 낼 수 있도록 다양한 지원을 한다. 연구 실적이 곧 그 학과와 학교의 명성을 좌우하기 때문이다. 특히 미국의 연구 중심 대학은 연구를 위해 신임 교수를 철저하게 보호하는데, 이는 한국 대학과 상반되는 점이다. 미국 대학의 신임 교수는 강의와 서비스의 부담을 줄여주는 다양한 혜택을 받는다. 학교와 학과에 따라서 세부적인 제도는 다르지만 일반적으로 신임 교수에게는 강의 시수를 줄여주고 학교의 행정적 일을 되도록 시키지 않는다. 한국 대학에서는 조교수가 과중한 수업 부담과 잡다한 학교 행정 일을 맡는 것과 대조적이다. 유교적 가부장적 질서가 지배하는 한국 대학에서 조교수는 부려먹는 대상이지 보호해야 할 존재가 아니다. 미국과 한국 대학 모두에서 신임 교수를 경험한 I교수는 한국 대학은 신임 교수를 혹사시킨다고 불평한다. I교수는 미국의 연구 중심 대학에 있을 때에는 한 학기에 1~2개 과목을 가르친 반면 한국 대학에서는 4개 과목을 가르쳤다. 한국 대학에서는 수업 이외에 학과 엠티, 입시 채점, 대학원 행사 등의 행정적인 서비스를 하는 데 많은 시간을 보내야 했다. 미국의 연구 중심 대학에서 조교수는 테뉴어에 대한 압박을 느끼며 학자로 성장하기 위해서 연구에 집중해야만 한다. 수업도 적고 행정 업무도 많지 않기 때문에 자연스럽게 연구에 집중할 수 있다. J교수는 이 상황을 이렇게 말한다.

　J교수　공부 안 하면 할 게 없다, 그런 정도로 아주 집중이 가능하고 시스

템적으로 공부하라고…… 연구, 연구! 심지어 내가 다른 거 하려고 하면 "너 연구에 방해되지 않냐"고까지. 내가 나서서 애들 데리고 어디 가는 거 있었거든요. "괜찮겠냐"고까지 할 때도 있고 그러니까. 시스템이 아예 마인드를 그렇게 갖도록 하니 (연구)할 수밖에 없죠.

연구를 중시하는 문화는 연구 실적에 따라 교수를 차등 대우하는 결과를 낳는다. 앞서 설명했듯이 무엇보다 월급 인상이 달라진다. 어느 연구 중심 대학에서 학과장을 맡고 있는 A교수는 자기 학과에서 정교수의 월급이 8만 8,000달러에서 15만 달러까지 차이가 난다고 말한다. 수년 동안 연구 실적이 적은 교수는 월급 역시 거의 오르지 않았다는 것이다.[■] 우선 학과장인 A교수가 월급 인상폭을 정한 다음 학장과 상의해서 최종적으로 결정하는데, 연구 실적에 따른 인상 비율에 대해 지금까지 어떤 불만도 제기되지 않았다. 즉 연구 업적이 적으면 대우를 해주지 않아도 당연하게 받아들인다는 것이다. 한편으론 냉정하고 잔혹하지만 다른 한편으론 대단히 합리적이다. 이런 업적주의와 시장주의는 한국 대학에서는 불가능한 일이다. 가령 미국에서는 경영학과와 법대 교수는 사회학과 교수보다 월급이 두 배 이상인 경우가 많다. 한국에서는 경영학과 교수의 월급과 사회학과 교수의 월급은 동등하며, 연차가 올라감에 따라서 같은 비율로 월급이 인상된다.

또한 연구를 열심히 하는 교수에게는 수업과 행정 일을 줄여줄 뿐 아니라 연구비 지원과 실험실 공간의 확장 등 다양한 혜택이 제공된다. B교수는 연구 실적이 올라갈 때마다 실험실 공간을 더 받아서 현재의 학과에서 가장 많은 실험실을 사용하고 있다. 그리고 본인의 실험실에서 해결할 수 없는 실험 장비는 공동 실험실의 전문 인력이 돕는다.

■ 노조가 잘 조직된 대학이거나 좀 더 평등을 강조하는 문화를 가진 대학이나 학과에서는 비교적 균등한 월급 인상이 이루어진다.

B교수 학교가 크니까 웬만한 (실험) 서비스는 학교 내에서 다 돼요. 그러니까 모든 서비스가…… 그다음에 엑스퍼트expert(전문가)들도 많고요. 교수님들이라든지 장비나 이런 것들은 웬만한 거는 다 서비스가 되죠. 온-캠퍼스(캠퍼스 안)에서 모든 것이 충족되는 경우가 많죠.

B교수의 설명은 6장에서 소개한 한국 대학 교수의 연구 환경과 대비된다. 한국 최고의 대학에서도 실험 장비가 부족하여 다른 대학의 실험실에 의존하는 경우가 많다. 또한 미국 연구 중심 대학에서는 전문화된 인력들이 기계를 다루기 때문에 훨씬 효율적이고 속도가 빠르다. 이는 한국 과학자가 미국 과학자와의 경쟁에서 이기기 힘든 주요한 이유다.

미국 대학의 경쟁 문화는 연구를 추동시키는 주요한 요인이다. 학과 내 동료 교수들끼리, 실험실이나 연구 집단끼리, 비슷한 등급의 학과들끼리의 경쟁은 교수를 항상 긴장시킨다. 우선 종신교수직을 수여받았을지라도 계속 연구 실적을 내지 않으면 학과에서 철저하게 무시당한다. 연구 실적이 적으면 다른 교수보다 월급 인상이 적고, 강의를 많이 해야 하며, 대학원생들이 자기 밑으로 오지 않을 뿐 아니라 때로는 실험실을 내놓으라는 압박을 받기도 한다. 연구 실적이 우수한 교수들은 강의 부담이 적고 학생이 많으며 각종 영예가 주어진다. 세계적인 명성을 얻고 있는 사회과학 계열 학과에서 정교수로 재직 중인 M교수에게 왜 연구를 그렇게 열심히 하느냐고 묻자 다음과 같이 답했다.

M교수 이메일을 맨날 받거든요. 누가 이런 상 받았고, 누가 어디에 논문 냈고, 그런 걸 볼 때마다 자극받잖아요. 나도 저걸 해야 되는데. 왜냐하면 내가 하고 있는 건 그렇게 관심을 받을 게 아닌데 이 연구는 나에게 의미가

있는 건데. 그래서 계속 그런 내적 갈등을 느끼는 것 같아요.

학과 내 경쟁을 넘어 학과와 학교 사이의 경쟁도 치열하다. 고등교육 사회학의 창시자로 일컬어지는 버턴 클라크Burton Clark는 미국 연구 중심 대학의 특징을 '경쟁'이라는 단어로 압축하여 설명한다.[*] 앞서 설명했듯이 미국 대학 체제에는 동료 대학들peer institutions이 있으며 이 대학들은 더 높은 명성을 차지하기 위해 노력한다. 이는 학교와 학교, 학과와 학과 사이의 경쟁을 유발하며, 우수한 교수와 학생들을 끌어들이기 위해 다양한 유인책이 사용된다. 이러한 인재 쟁탈전으로 인해 능력 있는 교수는 더 나은 조건의 학교로 옮길 기회가 많다. 유능한 교수들은 이를 이용해서 월급 인상 등 각종 혜택을 기존 대학으로부터 얻어내려고 한다. 즉 스카우트 제의를 받은 대학의 조건을 현 대학에 알려서 그에 상응하는 월급 인상이나 혜택을 받아내는 것이다. 이러한 교수 시장의 자본주의적 경쟁과 협상은 한국 대학에서는 불가능한 일이다. 한국 대학은 교수 시장의 협소함, 학벌 체제, 폐쇄적 학문 문화 등으로 경쟁이 제한적이다. 특히 한국의 학벌 체제는 경쟁을 저해한다. 학벌 체제는 대학의 지위가 상징적 질서에 의해 고착된 것으로 경쟁에 의해 그 위계가 쉽게 깨지지 않음을 의미한다.

연구를 조직하는 리더십 역시 한국 대학과 대비되는 점이다. 미국 대학에서 학과장과 학장은 한국 대학과 달리 독립적인(또는 한 면접자의 표현에 따르면, '독재적인') 권한을 가진다.[*] 한국 대학에서 학과장은 순서대로 돌아가며 맡는 보직이며, 학장은 일종의 명예직이다. 미국 대학에서 학과장과 학장은 학과와 단과대의 비전과 전략을 세우고 실행하며 자원을 배분하는 실질적인 권력자다. 미국 대학의 학과장과 학장에게는 절대적인 권위가 주어지고 그만큼 책임을 묻는다. 이들은 학문적으로도 대단

[*] 미국 학과장은 임명이 아니라 선출에 의해 뽑히기도 하는데 이를 흔히 'head'와 구별하여 'chair'라고 한다. 하지만 이 두 용어는 혼용되기도 하며 대학에 따라 운용 방식이 다르다. 즉 미국의 연구 중심 대학들은 다양한 방식으로 학과장에게 권한을 부여한다.

[*] Burton Clark, 앞의 책, p.117.

한 성과를 낸 사람들인데 그렇지 않으면 이들이 사용하는 권력에 대한 정당성을 얻을 수 없을 것이다. 이러한 상황은 한국과 대조적이다. 한국 대학과 학계의 불행 중 하나는 학문적 권위와 사회적 지위 간의 불일치다. 즉 학과장, 학장, 학회장이라고 해도 학문적으로 탁월하지 않은 경우가 많다. 이때 한국의 아카데미아 구성원들은 그들의 의견과 결정을 존중하지 않는다. 한국에서는 보통 나이가 많은 교수가 학장과 학회장을 맡으며, 꾸준히 학문적 업적을 쌓아 권위를 인정받는 경우가 드물다.

미국 대학에서 행정보직을 오랫동안 맡았던 A교수는 강력한 리더십이 없으면 다른 학과와의 경쟁에서 이길 수 없다고 말한다. 학과의 철학, 비전, 전략은 존경받는 학문적 리더로부터 나온다. 리더가 없다는 것은 방향과 전략이 없음을 의미한다. 대다수 한국 대학의 리더십 부재는 연구의 방향, 철학, 전략의 부재를 낳는다. 한국 대학과 학계에 있어 리더는 학문적 리더라기보다는 특정 학벌이나 파벌의 리더일 가능성이 더 크다. 어떻게 보면 한국 대학에서 학문적 리더는 그다지 필요하지 않다. 왜냐하면 학문적으로 경쟁할 상대도 없고 경쟁해야 할 필요성도 느끼지 못하기 때문이다. 리더십의 부재는 학문적 역량의 미약함과 연관된다. 결과적으로 이는 학문적 경쟁을 추동시키지 못하고, 미국이나 유럽 학계의 학문적 리더십에 의존하는 경향을 낳는다.

영어 장벽과 사회적 소외

영어가 모국어가 아닌 한인 교수에게 영어는 평생의 골칫거리다. 그들은 상대적으로 연구에 강하고 강의에 약하다. 강의에 약한 한국인이 미국의 교육 중심 대학에 들어가면 더욱 괴롭다. 교육 중심 대학에서는 통상 한 학기에 3~5개 과목을 가르치고 연구 지원이 많지 않기 때문에 연구 업적을 내는 게 쉽지 않다. 그럼에도 불구하고 한인 교수들은 상대적으로 연구를 잘하는 점 때문에 많은 교육 중심 대학에서 다른 미국 교수들에게 견제를 받기도 한다. 한인을 비롯한 아시아계 동료 교수의 연구 역량이 올라감으로써 전체적인 기준이 상향되는 것을 경계하는 것이다. 교육 중심 대학이라고 할지라도 최근에는 연구를 강조하는 분위기가 역력하다.[•]

강의에서 한인 교수들은 자신의 한계를 인정한다. 친숙한 구어체를 사용하지 못하기 때문에 미국 학생들과 거리감이 존재하고, 문화적 코드를 완벽히 읽어내지 못해 농담을 하거나 부드러운 커뮤니케이션을 하는 데 어려움을 느낀다. 이런 상황에 대해 K교수는 다음과 같이 말한다.

> **K교수** (강의할 때) 하나는 내가 전달할 때 답답한 거, 그다음에 하나는 알아듣지 못해서 답답한 거, 이 두 가지인데, 그게 나는 큰 거 같아요. 그래서 그게 거의 나를 디파인define(규정)해버리는 거 같아요. 내가 퍼블리케이션(논문)이 (아주 좋은) 탑 저널이 있거든요. 거기에 있어도 내가 영어 버벅거리면 학생들은 내 퍼블리케이션이 뭔지 모르잖아요. 그러니까 내가 그냥 영어 버벅거리는 이상한 교수, 이렇게밖에 안 보이는 거예요.

또한 한인 교수와 미국 학생은 서로에 대한 문화적 기대가 다르다. 한인 교수들은 미국 학생들과 끈끈한 사제관계가 없는 것을 아쉬워한다. 유교문화에서 선생과 학생은 특별한 관계다. C교수는 미국 대학에서 학생과 교수 관계를 '그냥 주고받는 관계'라고 칭하며 자신은 스승이 되고 싶지만 한 번 가르친 관계로 끝나는 게 못내 아쉽다고 말한다. 베버가

[•] Ted Youn and Tanya Price, "Learning from the Experience of Others: The Evolution of Faculty Tenure and Promotion Rules in Comprehensive Institutions", *The Journal of Higher Education* 80(2), 2009, pp.204~237.

『직업으로서의 학문』에서 조금은 과장되게 표현했듯이 미국에서 대학교수는 돈을 받고 소비자들에게 물건을 파는 '채소장수'나 다름없는 것이다.[*] 이런 문화적, 정서적 기대의 차이는 한인 교수에게 교육에 대한 공허감을 불러일으킨다.

더 큰 문제는 학생들의 권위에 대한 도전과 괴롭힘이다. 영어를 잘 못하는 한인 교수들은 학생들에게 만만한 존재다. 수업시간 내내 떠드는 학생을 제지하지 못하거나, 학생들에게 전문적인 조언을 했는데도 받아들여지지 않는 것은 물론, 학생이 시험 문제를 일일이 따지거나 수업시간에 한 답변에 대해 권위를 인정하지 않는 등의 상황에 직면하게 된다.

한인 교수들은 강의와 더불어 학교의 행정과 주요 의사 결정에서도 소외된다. C교수는 학교 행정 일을 수행하는 것이 제일 힘들다고 고백한다. 미국 교수도 한국 교수와 마찬가지로 학내 서비스에 해당하는 여러 행정 일을 맡는다. 한인 교수들은 행정 업무에서 영어와 문화적 차이 때문에 구체적인 업무 사항을 파악하는 데 힘들어한다. 학교의 정책과 규제가 복잡한 경우 이를 이해하는 데 어려움을 겪기 때문에 이들은 학교 행정 영역에서 대개 소극적으로 활동한다. 혹시 잘못 알아들어 실수하지나 않을까 염려하기 때문이다.

그리고 이들이 가진 유교적 아비투스는 자신의 견해를 적극적으로 개진하지 않는 태도를 형성한다. 자기주장이 강한 사람에 대한 부정적인 인식이 몸에 배어 있는 한인 교수들은 대학 사회에서 적극적으로 목소리를 내지 않기 때문에 학과장이나 학장 등의 주요 보직을 거의 맡지 못한다. 보직을 오랫동안 맡아온 A교수는 아시아계 교수에 대한 정형화된 인식이 있다고 말한다. 아시아계 교수는 묵묵히 연구를 수행하고 자기를 잘 내세우지 않으며 대세를 따르는 사람이라는 고착된 이미지를 가지고 있

[*] 막스 베버, 앞의 책, 74쪽.

다는 것이다. 다른 미국 교수들도 아시아계 교수들에게 행정적인 일이나 주요 보직에 대한 역할을 기대하지 않는다.

사회적 소외는 한인 교수들이 자기 자신을 '마이너'(소수자)라고 여기게끔 한다.[•] K교수는 자신을 어디에도 '끼지 못하는 존재'라고 말한다. 학과나 대학에서 주류가 아니기 때문에 상당한 소외감을 느낀다고 한다. L교수는 학과 교수들과 친해지기 위해 노력했지만 성과는 그렇게 좋지 않았다고 고백하며 다음과 같이 말한다.

> **L교수** 저도 쓸데없이 여기에 동화돼야 하는 부담감이 있었어요. 하지만 시간과 노력을 들일 필요가 없고. 그렇게 될 수도 없고. 드디어 인정하기 시작했어요, 그렇게 되고 싶지도 않고, 그럴 수도 없고.

'드디어 인정하기 시작'했다는 말은 이전에는 주류에 끼려고 노력했지만 그렇게 될 수 없다는 것을 알고 체념했다는 의미다. 미국 교수 생활은 대단히 독립적이고 개인적이며, 한국 사람의 입장에서는 냉정하고 차갑다. 정해진 범위 안에서 자기 일만 열심히 하는 것이 이들의 삶의 방식이다. 상당수의 한국 교수에게 이러한 삶은 때때로 견딜 수 없는, 무미건조하고 정나미가 떨어지는 것이다.

개인화된 기능적인 삶

2단계 연구 기간 동안 면접자를 찾기 위해 서울에서 열린 어느 미국 대학 동문회에 참석한 적이 있다. 동문회원들은 미국에서 학위를 받고 한국 사

[•] 미국 대학의 소수자 교수가 겪는 다양한 어려움에 대해서는 다음을 참조하라. Caroline Turner, Juan Gonzalez, and J. Luke Wood, "Faculty of Color in Academe: What 20 Years of Literature Tells Us", *Journal of Diversity in Higher Education* 1(3), 2008, pp.139~168. 특히 아시아계 여성 교수들이 겪는 어려움에 대해서는 다음을 참조하라. Guofang Li and Gulbahar Beckett(eds.), "Stran-gers" of the Academy: Asian Women Scholars in Higher Education, Sterling, VA: Stylus, 2006.

회 각계각층에서 활동하고 있었다. 놀라운 것은 동문회에 참석한 미국 유학파 인사들의 화려한 사회적 성공이었다. 장관, 대학 총장, 언론사 사장, 정부조직의 단체장 등이 개회사와 축사를 맡았다. 이 중 대학교수 출신이 상당수였다. 한국 교수들은 대학에서의 직책을 넘어 다양한 사회적 영예를 가진다. 국회의원, 장관, 청와대 참모진 중 교수 출신, 특히 미국 박사 학위를 소지한 사람들을 어렵지 않게 발견할 수 있다. 미국의 특정 대학 출신들이 정부 요직을 차지하고 있다는 신문 기사는 흔히 볼 수 있다. 정부의 최상위급 직책은 아니지만 정부 출연 연구소 소장, 정부나 여러 단체의 각종 위원회의 위원, 교육과 관련한 여러 단체의 주요 직책 등에 교수 출신이 포진하고 있다. 사회적 공헌에 대한 의무감에서든 아니면 출세에 대한 개인적 야망에서 비롯된 것이든 한국 교수들에게는 이러한 정치적, 실천적 참여의 기회가 많이 열려 있다.

반면 미국에서 한국인 교수가 대학의 직책을 넘는 사회적 성공을 거두기란 쉽지 않다. 이는 사회적 위치 경쟁의 메커니즘 때문에 발생하는데, 앞서 말했듯이 위치 경쟁은 상대적인 것이다. 한인 미국 교수는 원어민 미국 교수에 비해 언어적, 사회적, 정치적 자본이 미약하다. 한인 교수의 당면 과제는 생존이며, 대학 일 이외에 다른 것에 신경을 쓸 여유가 없다. 그렇다고 이들이 다른 미국 대학 교수보다 주목을 받을 만큼 훨씬 뛰어난 무기를 가지고 있는 것도 아니다. 미국 연방정부 차원은 고사하고 주정부 차원에서조차 어떤 직책을 맡기 어렵다. 심지어 지역 언론에 자신의 연구가 소개되는 것도 쉽지 않은 일이다. 그만큼 미국 대학에는 한인 교수보다 뛰어난 사회적, 정치적 네트워크를 가진 전문가들이 많다. 종신교수직을 받았다고 할지라도 한인 교수들은 언어적, 네트워크적 약점 때문에 행정적, 사회적으로 적극적으로 참여할 기회가 제한된다. 이들의 당면 목표는 대학이 자신에게 부여한 기능을 충실하게 수행하는 것에 한정된다.

상당수의 한인 교수가 미국의 개인적이고 기능적인 삶과 한국에서 형성된 집단주의적 아비투스의 충돌을 경험한다. 물론 한국에서의 강도 높은 사회적 관계가 싫어서 미국 생활을 택하는 한인 교수들도 상당수 있다. 한국식 라이프스타일을 싫어하고 미국식 라이프스타일을 선호하는 사람들이 대부분 미국에 남는다. 그렇다고 할지라도 이들은 미국식 개인주의적 삶에 깊은 회의를 느낀다. 미국에서는 동료 교수들끼리 식사도 거의 하지 않는다. 저녁 회식은 없고 한국처럼 2차, 3차 술자리를 가진다는 것은 상상하기 어렵다. 개인의 생활과 시간은 존중되고 보호되어야 한다는 문화적 규범 때문에 한국처럼 허물없는 관계를 형성하기가 쉽지 않다. 따라서 다른 동료 교수들과의 관계는 한국인의 관점에서는 매우 차갑고 형식적이다. 이들을 지배하는 세계는 학교와 집이며, 이들은 이 두 세계를 왕복한다. 특히 이런 생활에 염증을 느끼는 한인 남자 교수는 기회가 있으면 한국 대학으로 자리를 옮기려고 한다. E교수는 재미없고 '마이너' 한 삶 때문에 한국 대학으로 왔다며 다음과 같이 말한다.

E교수 (미국은) 살기 안 좋죠, 남자한테는. 거기서 가정적인 생활은 할 수 있지만 재미있는 삶이 없고. "평생 책만 읽고, 학문적인 것만 하고 살겠다" 하면 모르겠지만. 저는 다른 사회생활도 하고 싶었고, 이미 직장 생활을 했었기 때문에, 그리고 영어도 잘 안 됐었고. 영어 안 되는 외국인이 거기서 사는 데 한계가 있잖아요. 그래서 <u>이왕이면 좋아하는 한국에 가서 메이저로 살자, 왜 여기서 마이너로 사냐</u>, 그렇게 생각했습니다. (밑줄은 강조 표시: 필자)

미국 명문대에서 박사학위를 받았고, 미국 대학 교수였다는 사실은 한국에서 '메이저'로 살기에 충분한 조건이다. 한국에서의 위치 경쟁에서 이런 좋은 학문자본과 사회자본은 매우 유리한 조건이 된다. 예상했듯이 E교수는 현재 한국에서 자기 분야에서 가장 촉망받는 교수 중 한 사람이자 학계에서 두각을 나타내고 있는 주류 중의 주류가 되었다. 물론 그런 주류는, E교수가 고백하듯이, 한국 교수들끼리의 잦은 술자리를 통해서 형성된다.

트랜스내셔널 학문 교류

미국에 머무는 동안 인터뷰 요청을 하기 위해 여러 명의 노벨상 수상자를 배출한 미국의 유서 깊은 대학의 자연과학 계열 학과에 재직 중인 하택집 교수에게 이메일을 보냈다. 하 교수는 해당 학과 최초의 한국인 정교수이며, 한국의 노벨상으로 불리는 호암상 수상자다. 하 교수는 연구와 강연으로 유럽에 체류 중이므로 여름방학이 끝날 때쯤 만나자는 친절한 답장을 보내왔다. 몇 주 후 인터뷰 준비를 하기 위해 구글링을 통해 하 교수에 대한 정보를 수집하던 중, 하 교수가 한국에 있다는 것을 알게 되었다. 저명한 단체의 초청을 받아 과학기술을 주제로 한 강연을 하기 위해 유럽에서 한국으로 날아간 것이었다. 며칠 후 유튜브를 통해 하 교수의 강연을 들을 수 있었는데, 무척 흥미로운 강연이었다. 수백 명의 한국인 청중 앞에서 유머를 곁들여가며 자신의 연구를 열정적으로 영어로 발표했다. 이 강연에는 하 교수뿐만 아니라 미국 명문 대학에 재직 중인 다른 한국인 스타 과학자들도 초대되었다. 국내 언론들은 이들의 방한을 조명했고, 이들은 한국의 과학 발전을 위해 조언을 아끼지 않았다.

　미국에서 성공한 한국인 교수는 한국을 방문하는 기회가 많다. 그들은 강연, 기고, 언론과의 인터뷰 등 다양한 트랜스내셔널 활동을 한다. 한국의 여러 단체들은 학문적 업적을 이룬 한인 교수에게 각종 상을 수여하고 다양한 지원을 한다. 한국 사회와 언론은 이들에게 관심을 쏟고 '선진 학문'을 배우기 위해 이들로부터 조언을 구하고자 한다. 이렇듯 미국 대학의 한인 교수가 받는 큰 관심은 미국에서는 좀처럼 받기 힘든 것이다. 하지만 하 교수의 경우는 이 장 처음에 소개된 M교수의 경우와 상반된다. 자연과학과 사회과학이라는 학문 분과의 차이, 남성과 여성이라는 젠더의 차이, 그리고 한국 내 사회적 네트워크의 차이에 따라 이들의 트랜스내셔널 기회는 달라진다. 필드와 시장이 큰 이공 계열일수록, 남성일수록, 한국 내 네트워크(동료, 제자, 협력자 등)가 많을수록 그 기회는 커진다.

　미국 대학에 재직 중인 한인 교수의 상당수는 한국에 있는 연구자들과 다양한 형태로 협력하고 있다. A교수는 한국인 박사 제자를 7명 배출했는데, 그들 중 대부분이 한국 유수의 대학에 교수로 재직 중이다. A교수는 한국에 있는 제자들과 공동 연구를 하고 있으며, 상당한 연구 성과를 거두고 있다. 자연과학 계열의 경우 각종 실험 물질들과 데이터의 상호 교류가 상시적으로 일어난다. 학문 자체가 글로벌한 활동이기도 하지만 지역 간의 연결을 통해서 서로의 장단점을 보완한다. 인터넷, 값싼 항공권, 저렴한 전화는 학문적 커뮤니케이션을 촉진하고 있으며, 한국과 미국 사이의 트랜스내셔널 관계를 확장시키는 데 기여하고 있다. 미국 대학 한인 교수가 한국에서 개최되는 국제 학회에 방문하는 일은 비일비재하며, 이들이 한국의 뛰어난 학생이나 박사를 대학원생이나 연구원으로 채용하는 경우도 빈번하다.

무엇보다 한인 교수들은 한국으로의 이직에 있어 상당한 갈등을 겪는다. 한국으로의 이직을 가로막는 가장 큰 원인은 가족이다. 특히 자녀의 교육 문제 때문에 쉽사리 이직을 결정하지 못한다. 또한 이직은 연구의 측면에서도 만만치 않은 일이다. 한국으로 돌아가면 연구 생산성이 떨어질까 봐 두려워하는 사람이 많다. M교수는 한국으로 옮길 수도 있지만 "미국에서 교수로 있던 분들도, 좋은 대학의 교수로 있던 분들도 한국에 가니까 논문이 안 나오더라고요"라고 말한다. 연구는 개인적인 역량 이외에 조직의 역량과 문화적인 측면도 상당히 작용하기 때문에 이들은 쉽사리 한국행을 결정하지 못한다. 하지만 상당수의 미국 대학 한인 교수들은 한국 대학으로 직장을 옮긴다. 미국 대학에서의 단조롭고 외로운 생활보다 다이내믹하고 다양한 사회적 활동의 가능성이 존재하는 한국을 택한다. '믿을 건 나밖에 없는' 미국보다는 '비빌 언덕'이 있고 가족이 있으며, 외국인이 아닌 주류로 살아갈 수 있는 곳은 한국이라고 생각하기 때문이다.

9

트랜스내셔널 이방인 엘리트

미국 기업에서의 직장 생활

세계 자본주의의 심장인 뉴욕 맨해튼에서 하루에 두 건의 인터뷰를 수행하는 8월의 바쁜 여름날이다. 점심에는 글로벌 회계회사에 다니는 준성과의 만남이, 저녁에는 글로벌 투자은행에 다니는 현민과의 약속이 잡혀 있다.＊ 숙소가 있는 뉴저지에서 버스를 타고 허드슨 강 지하를 관통하는 링컨 터널을 지나 맨해튼 타임스 스퀘어 근처의 포트 오소리티 버스터미널에 도착했다. 다시 지하철을 타고 맨해튼의 부촌 지역인 파크 애버뉴에 내렸다. 약속 장소인 커피숍에 도착했는데 자리가 너무 작고 좁아 뉴욕의 팍팍함이 피부로 느껴졌다. 눈치를 보며 어렵사리 자리를 잡았는데 이윽고 밝은 표정의 준성이 나타났다. 첫인상은 여유롭고 세련된 뉴요커였다. 준성은 한국에서 경제학 학사학위를 받고 뉴욕의 한 대학에서 MBA(경영학 석사)를 마친 후, 글로벌 회계회사의 빅4 중 하나에 취직해 6년째 일해오고 있다. 초봉 6만 3,000달러(6,300만 원)에서 시작하여 지금은 연봉 11만 달러(1억 1,000만 원)를 받고 있다.＊ 준성은 직장에서 능력을 인정받는 성공한 엘리트 회사원이다. 하지만 그의 취업 과정은 투쟁 그 자체였다. 졸업 후 직업을 잡기 위해 노력했지만 영주권이 없어서 여러 차례 퇴짜를 맞았다. 취직 인터뷰도 쉽지 않았다. 영어에 대한 부담감을 극복하기 위해 인터넷에 떠도는 인터뷰 질문과 답변을 모조리 외워 인터뷰에 임할 정도였다. 그런 그가 취직을 위한 중요한 계기로 꼽는 것이 인턴 경험과 인맥이었다. 특히 첫 번째 인턴 자리는 MBA 재학 시 미국 교수에게 적극적으로 부탁하여 겨우 얻은 것이었다. 두 번째 인턴 자리 역시 첫 번째 인턴 때 알게 된 미국인 상사가 추천해준 것이다. 다행히 그는 두 번째 인턴을 한 회계회사에서 오퍼를 받아 지금까지 근무하고 있다. 준성은 승진과 진로에 대해 고민하고 있다. 그의 직무의 80퍼센트는 미국 기업의 회

＊ 이전의 장(한국 대학, 한국 기업, 미국 대학)에서는 직책을 붙여 가명을 사용했지만 이 장에서는 이름(퍼스트 네임)을 가명으로 사용한다. 미국 기업에서는 한국 기업처럼 직책이 표준화되어 있지 않고 통상 직장에서 이름을 부르기 때문이다.

＊ 미국에서 임금을 결정하는 가장 중요한 요소는 학력이다. 2009년을 기준으로 가구당 연봉의 중간값median을 볼 때 고졸은 3만 9,647달러, 학사는 7만 5,518달러, 석사는 9만 1,660달러, 박사는 12만 873달러다. 가구당 인종별 연봉의 중간값은 백인이 6만 2,545달러, 흑인이 3만 8,409달러, 히스패닉 3만 9,730달러, 아시아인 7만 5,027달러다. 즉 아시아인이 가장 높은 임금을 받고 있는데 이는 아시아인의 높은 교육 수준 때문이다. 미국에서 대졸 이상(2009년 기준)은 전

계감사, 20퍼센트는 미국에 진출한 한국 글로벌 기업의 회계감사다. 그래서 그는 종종 한국 글로벌 기업의 주재원들과의 접점이 많은 편인데, 미국 파트 쪽은 아무래도 네트워크와 영어가 부족하기 때문에 높은 자리에 오를 가능성이 낮은 반면 한국 파트 쪽은 이 약점들을 커버할 수 있기 때문에 앞으로 전망은 밝지만 시장 자체가 한정되어 있어 갈등하고 있다.

준성과의 인터뷰를 마치고, 저녁에는 글로벌 투자은행인 P사의 본사에서 현민을 만났다. 그는 미국의 명문대에서 수학 박사학위를 받고 파생상품을 수학적으로 설계하는 퀀트quant, quantitative analyst로 일하고 있다. 수학, 물리학, 공학 분야에서 박사학위를 받은 많은 인재들이 퀀트로 일하고 있으며 월가에서 고액의 연봉을 받는다. 현민의 첫 직장은 미국계 글로벌 은행이었는데 뉴욕 금융가에서 일하는 한국인 대학 선배의 소개로 취직했고, 현 직장은 헤드헌터를 통해서 잡았다. 뉴욕의 한국인 퀀트들은 정보 교류와 인맥 확대를 위한 모임을 만들었는데 참가자는 50명 내외다. 현민과 같이 한국에서 대학을 졸업하고 미국에서 박사학위를 받은 사람이 대다수다. 수학, 물리학, 공학 분야에서 한국인뿐만 아니라 중국인, 인도인과 같은 아시아인이 많기 때문에 아시아인 퀀트 역시 많은 편이다. 퀀트가 아무리 수학적인 일을 많이 한다고 하더라도 직장에서 동료들과의 인간관계와 커뮤니케이션은 중요하다. 현민은 금융상품을 파는 트레이드들과 같이 이야기할 때 알아듣지 못하는 경우가 많으며, 중요한 미팅 때 발표를 능숙하게 하는 데 어려움을 겪고 있다. 실무자급 퀀트는 아시아인이 많은 반면 책임자급인 매니저는 백인이 많은 것도 그런 이유에서다. 현민은 고액 연봉자이지만 미국 사회의 주류가 되겠다는 생각은 접었다.▪ 미국 문화와 영어가 불편하고 직장에서 주도적인 인간관계를 맺지

체 인구의 29.5퍼센트이며 여기서 백인은 29.9퍼센트, 흑인은 19.3퍼센트, 히스패닉은 13.9퍼센트, 아시아인은 52.4퍼센트에 이르고 있다. 아시아인은 인종적 소수자이지만 학력 수준이 월등하게 높고 결과적으로 임금 수준이 높다. 이 통계에 대해서는 다음을 참조하라. U.S. Census Bureau, *Statistical Abstract of the United States: 2012*, Suitland, MD: U.S. Census Bureau, 2012, p.151, 453, 455.

▪ 미국에서 임금의 양극화 현상은 1970년대 이후 심화되어왔다. 특히 서비스 산업에서 고연봉자와 저연봉자의 비율이 크게 증가하였으며, 이는 임금 양극화에 결정적인 영향을 미친 요인이다. 석사와 박사학위를 받은 한국 유학생들은 주로 금융계, IT 산업계, 대학, 연구소 등 지식집약적인 고연봉의 서비스 산업에 종사하고 있다. 미국에서 직업과 임금의 양극화에 대해서는 Arne Kalleberg, *Good Jobs, Bad Jobs*, New York: Russell Sage Foundation, 2011의 3장을 볼 것을 권한다.

못하고 매니저급으로 승진하는 데 한계를 느끼는 그는 "제 신분이랑 상관없이 계속 전 이방인일 거 같아요"라고 말한다. 경제적으로는 성공한 아시아계 엘리트지만 사회적, 문화적으로는 미국에 편안하게 정착할 수 없는 낯선 존재인 것이다.

이 장에서는 유학 이후 미국 기업에 취직한 한국인들의 직장 경험을 분석한다. 구체적으로 미국 기업에 취직하는 과정, 미국 직장 문화에의 적응, 네트워크와 언어자본의 결핍, 한국인 커뮤니티를 지원하는 전문가들, 한국과 미국 사이의 트랜스내셔널 활동, 그리고 라이프스타일로 나누어 분석한다. 미국 기업에서의 경험은 앞에서 분석한 다른 직장들과 비교하여 지리적, 업무적으로 다양하고 이질적이다. 당연한 말이지만 뉴욕의 금융 투자회사와 실리콘밸리의 IT 회사의 업무는 크게 다르다. 이런 차이에도 불구하고 이들이 공유하는 경험들이 존재하는데, 이 장에서는 지역적, 문화적, 업무적 이질성들을 관통하는 공통된 경험을 중점적으로 분석한다.

기존 연구에서 글로벌 기업에서 일하는 전문가는 '트랜스내셔널 엘리트'라는 관점으로 분석되어왔다.[*] 미국과 유럽의 명문대를 졸업하고 영어를 자유롭게 구사하며 글로벌 도시에서 직업을 잡고 코즈모폴리턴한 삶을 누리는 것이 이들의 특징이다. 하지만 이 관점은 서구 중심적 또는 백인 중심적이다. 상대적으로 비백인, 비서구 전문가의 글로벌 기업에서의 경험은 연구되지 않았다.[**] 직장 내의 인종, 네트워크, 언어 질서에 있어서, 취업한 한국 유학생이 경험하는 열등한 위치와 기술적 지식의 우위는 매우 중요한 분석의 요체다. 경제적으로는 성공한 엘리트이지만 문화적, 사회적으로 소외되고 비주류로 살아간다는 점에서 나는 이들을

[*] Jonathan Beaverstock, "Transnational Elites in the City: British Highly-Skilled Inter-Company Transferees in New York City's Financial District", *Journal of Ethnic and Migration Studies* 31(2), 2005, pp.245~268; William Carroll, *The Making of a Transnational Capitalist Class: Corporate Power in the 21st century*, New York: Zed Books, 2010; Sarah Hall, "Educational Ties, Social Capital and the Translocal (Re)Production of MBA Alumni Networks", *Global Networks* 11(1), 2011, pp.118~138.

[**] 트랜스내셔널 한국 전문가 가족에 대한 김지훈의 연구는 이런 점에서 의의가 크다. Jeehun Kim, *Managing Intergenerational Family Obligations in a Transnational Migration Context: Korean Professional and Educational Migrant Families in Singapore*, Ph.D. Dissertation,

'트랜스내셔널 이방인 엘리트'로 이해한다.

미국 기업에 취직하는 과정

한국인 유학생들이 미국 기업에 취직하는 경로와 방식은 다양하다. 이들은 석사 또는 박사학위를 받은 후 한국보다 미국에서 경력을 쌓기를 원하는데, 이는 자신의 이력서를 좀 더 화려하고 세련되게 만들어주기 때문이다. 전공 분야에 따라 지원하는 회사는 다르지만, 유학생들은 대우가 좋고 명성 있는 기업에 취직하기를 원한다. 컴퓨터공학을 전공한 사람은 실리콘밸리의 IT 기업에, 경영학·회계학·건축학을 전공한 사람은 뉴욕에서, 제조업과 관련된 공학 분야 학위 취득자는 시카고나 남부 지역의 대도시에 취직하려 한다. 한국인들은 캘리포니아나 뉴욕 등 인종적, 문화적으로 다양한 대도시를 선호하는 경향이 있는데, 이런 곳은 코리아타운이 형성되어 있고 다양한 인종 문화가 공존하고 있어 소수자로서 살아가는 데 부담이 적기 때문이다.

　　미국 회사에 취직하는 경로는 크게 개인적인 인맥, 공고나 인터넷 등의 광고를 통한 직접적인 원서 지원, 그리고 헤드헌터나 학교의 커리어 센터 등과 같은 형식적인 기관의 도움으로 나뉠 수 있다. 예상과 달리 개인적인 인맥은 상당히 중요하다. 경제사회학자인 마크 그라노베터Mark Granovetter는 서베이를 통해 미국의 취업 경로 중 가장 중요한 것이 인맥(또는 네트워크)이라는 주장을 펼쳐 상당한 반향을 불러일으켰다.❚ 근대화된 미국 사회에서 인맥이 중요하다는 사실은 반직관적인 것으로, 이는 경제적 활

University of Oxford, 2009.

❚　Mark Granovetter, *Getting a Job* (2nd edition), Chicago: The University of Chicago Press, 1995.

동에 있어 사회적 배태성social embeddedness의 중요성을 확인해주는 것이다.*
이 장의 도입부에 소개한 준성과 현민 모두 인맥을 통해 직장을 구했다.

취직 시 활용되는 개인적 인맥은 다시 지도교수, 한국인 친구나 동문, 외국인 친구나 동문으로 나눌 수 있다. 학위과정의 지도교수가 산업체나 특정 직장과 관계가 있다면 이는 취업의 중요한 통로가 된다. 진우의 지도교수는 실리콘밸리의 세계적인 IT 기업을 컨설팅해온 전문가로, 진우가 현재 있는 직장의 보스인 매니저와 친분이 있었다. 세계적인 명성을 지닌 교수의 제자이며, 그 교수가 개인적으로도 아는 사이라는 점에서 진우는 상사의 신뢰를 얻었다. 강민은 교회에 다니는 한국 친구로부터 소개받아 이직을 결정했다. 흔히 리퍼럴referral(지인의 소개)이라고 부르는데, 이 경우 인사 담당자들은 다른 지원자들보다 눈여겨보거나 편의를 제공한다. 같은 학교나 직장에 있던 외국인 동료도 중요한 인맥이다. 같은 실험실에서 근무했던 외국인 동료가 뉴욕 금융가나 실리콘밸리로 옮긴 후 나중에 자리가 나면 리퍼럴을 해주는 경우도 종종 있다. 무엇보다 인맥이 중요한 것은 그 직장과 직업에 대한 정보를 얻을 수 있기 때문이다.

인터넷, 공고 등의 광고를 보고 직접 지원하는 경우도 많다. 이 경우는 학위가 상당히 중요하다. 실리콘밸리의 IT 회사에서는 명성 있는 대학의 공학 전공자를 선호하며, 인사 담당자가 학벌로 지원자를 걸러내기도 한다. 좋은 회사일수록 지원자가 많기 때문에 눈에 띄기 위해서는 좋은 학벌과 이력서가 중요하다. 분야에 따라 특정 학교의 학위가 특정 직장에 잘 알려져 있고, 그 대학 출신이 그 직장에 많을 수 있다. 가령 철강 분야에는 중부의 몇몇 대학 특정 학과 출신의 연구원을 선발한다.

헤드헌터, 대학의 커리어 센터 등과 같이 형식적인 기관을 통해서 취업하는 경우도 많다. 전문적으로 인재와 회사를 연결해주는 회사가 늘고

---

* 미국에서 인종이 취업 과정에서 어떤 영향을 미치는지에 대해서는 Steven Vallas, *Work*, London: Polity Press, 2012, p.113~132를 보기를 권한다. 아시아 인종은 높은 학력 수준을 지녔다는 점에서 좋은 인간자본human capital을 가졌다고 볼 수 있지만 백인 중심의 사회에서 문화적, 사회적 자본이 미약하다.

있으며, 이들의 역할도 중요해지고 있다. 리퍼럴과 공고만으로 적재적소에 필요한 사람을 찾기는 어렵기 때문에 이런 기관들이 중매자 역할을 수행한다. 명우의 경우 동부에서 일하다 헤드헌터를 통해 시카고의 산업단지에 취직할 수 있었다.

취직 과정에서 중요한 문제로 부상하는 것이 비자와 영주권이다. 유학생이 취직을 하려면 H-1B 비자를 받아야 하는데, 이는 기업에 행정 비용을 발생시킨다. 규모가 큰 회사일수록 비자와 영주권을 스폰서해주는 경우가 많은데, 유학생들도 이런 기업을 선호한다. OPT Optional Practical Training를 통해서 졸업 후 1년 동안 미국에 더 머물 수 있지만 한정된 시간이라는 제약은 직업을 구하는 유학생에게 상당한 부담으로 작용한다. 일할 수 있는 권리로서의 '시민권' 문제는 미국에 정착한 유학생들에게 심각한 문제로 다가오며 이를 해결하기 위한 물질적, 정신적 추가 비용의 지출이 수반된다. 기업에 취직한 후 영주권을 회사에서 전액 스폰서해주는 경우도 있고 당사자가 지불하는 경우도 있는데, 일반적으로 1만 달러(1,000만원) 내외의 변호사 비용과 수수료 비용이 든다.

인사 담당자는 지원자의 학위, 인성, 전문성, 직무 적합도 등을 종합적으로 고려한다. 미국 석사·박사학위는 외국인 유학생들이 취직하는데 하나의 입장 티켓으로 작용한다. 한국 명문대를 나왔다는 사실은 거의 통하지 않는데, 왜냐하면 인사 담당자에게 한국의 대학들은 대부분 듣지도 보지도 못한 이름이기 때문이다. 가령 실리콘밸리에서 고액 연봉을 받고 있는 효성은 인사 담당자에게 한국 대기업에 재직 중인 친구들을 소개해주었다가 한국 학위자라는 이유로 퇴짜 맞았다. 미국 명문대에서 공학 석사학위를 받은 효성은 그들의 실력이 자신과 차이가 없음을 강조하면서 미국 명문대 졸업장이 중요하다는 사실을 실감했다고 한다.

인성人性은 미국 직장에서도 중요시된다. 협동적이고 커뮤니케이션이 잘되는 사람을 뽑고 싶어하며, 지나치게 자기 일에만 몰두하는 사람은 선호하지 않는다. 인성의 중요한 기준으로 팀과 회사에 헌신할 자세가 되어 있는지를 평가한다. 준성은 인터뷰 과정에서 지원자를 평가할 때 "저는 100퍼센트 애티튜드attitude(태도)만 보는 거 같습니다"라고 말한다. 인터뷰 경험이 있는 대부분의 한국인들도 비슷하게 답한다. 기업은 대학보다 경쟁적인 분위기이며, 집단적인 작업을 함께 수행함으로써 기업에 헌신할 수 있는 사람을 원한다.

미국 기업에서 외국인을 뽑을 때는 그 사람이 미국인이 채워주지 못하는 강점을 가지고 있는지를 눈여겨본다. 기업은 무엇보다 이윤을 추구하기 때문에 영어도 못하고 영주권도 없는 사람을 뽑을 때는 회사에 도움이 될 것이라는 확신이 있어야 한다. 따라서 한국 유학생은 미국인과의 위치 경쟁에서 우위에 설 수 있는 분야를 선택하는 것이 유리하다. 수학과 공학 분야에 강한 아시아인들은 뉴욕의 회계회사나 실리콘밸리의 IT 기업에서 두각을 나타내는데, 이는 미국인만으로 유지되기에 그 인재풀이 작기 때문이다. 즉 언어적, 사회적 자본의 결핍을 만회할 수 있는 기술적 지식이 무엇보다 중요하다.

위치 경쟁에서 기술적 지식의 중요성*

취업을 앞둔 유학생들은 학위와 전공에 따라 다양한 진로를 선택하게 되는데, 최대한 학위와 전공의 장점을 살리려고 한다. 전반적으로 이공계 학위 소지자와 경영, 경제 관련 전공자에게 기회가 더 많으며 인문, 사회,

---

* 신경제, 지식경제, 글로벌 경제라고 불리는 현 경제 체제에서 소위 하이테크 직업에 대한 수요가 증가하고 있다. 이 점에서 공학과 수학에 강한 아시아계 전문가들은 더 좋은 직업 기회를 가진다. 신경제와 직업 기회의 변화에 대해서는 Stephen Sweet and Peter Meiksins, *Changing Contours of Work: Jobs and Opportunities in the New Economy*(2nd edition), London: Sage, 2013을 참조.

■ National Science Board, *Science and Engineering Indicators 2014*, Arlington, VA: National Science Foundation, 2014, p.O~4.

■ National Science Board, 위의 글, p.2~34.

예술 분야의 학위 소지자는 더 적은 직업 기회를 가진다. 예를 들어 한국 명문대에서 학사학위를 받고 미국 명문대에서 국제관계학 석사학위를 받은 민우는 미국의 정책연구소에 지원하였으나 취직이 되지 않아 통계학 쪽으로 석사학위를 하나 더 받았다. 그는 "한국에서 쌓아왔던 어떤 학벌에 대한 것들이 완전히 무시되는 상황에서 내가 가지고 있는 기술로 승부를 해야 하는구나, 그걸 좀 처절하게 느꼈던 것 같아요"라고 말한다. 이전에는 통계학을 공부한 적이 없지만 시장성이 있고 한국인이 잘하는 분야이기 때문에 전공을 바꾸었다. 그의 노력은 결국 결실을 맺었다. 민우는 현재 뉴욕의 공공기관에서 유능한 연구원으로 인정받아 승승장구하고 있으며, 『뉴욕 타임스』 등으로부터 업적을 조명받기도 했다.

 미국 경제에서 기술직의 공급은 유학생들에게 많이 의존한다. 미국 대학은 전 세계 인재들을 끌어모으는 역할을 하는데, 본국으로 돌아가지 않고 미국의 기업에 취직한 외국인 유학생들은 미국 경제에 기여한다. 미국의 기술지식 집약 산업knowledge and technology intensive industries(KTI)의 GDP 기여율은 40퍼센트로, 30퍼센트대의 한국, 유럽연합, 일본, 캐나다와 같은 선진국보다 그 비율이 훨씬 높다.■ 지식과 기술 중심의 경제가 급격하게 확장되는 상황에서 전문 인력의 공급은 미국 산업 전체에서 중요한 이슈가 된다. 과학기술 분야에서 1991년부터 2011년까지 20년 동안 미국에서 박사학위를 받은 유학생 가운데 중국(6만 3,000명), 인도(2만 8,000명), 한국(2만 2,000명), 타이완(1만 7,000명) 출신은 총 13만 명이다.■ 이 수치는 같은 기간 미국 전체 박사학위자(23만 1,000명)의 55퍼센트에 해당하며, 이들 중 상당수는 미국에 정착하였다. 곧 외국 유학생, 특히 아시아 유학생이 없이는 전문기술 인력을 미국 기업에 공급할 수 없으며, 미국 경제의 경쟁력도 보장할 수 없다.■

■　민병갑과 장소현은 아시아계 미국인이 과학기술계에 많이 종사하는 이유를 '선택적 이민'selective migration으로 이해한다. 미국은 기술직 이민에 우호적이며 과학기술 영역은 전문직 이민자들이 생존하기 적합한 영역이기도 하다. Pyong Gap Min and Sou Hyun Jang, "The Concentration of Asian Americans in STEM and Health-care Occupations: An Intergenerational Comparison", *Ethnic and Racial Studies* 38(6), 2015, pp.841~859.

실리콘밸리에서 일하는 공학자들 상당수가 한국, 중국, 인도의 아시아 출신이기 때문에 그들이 소수자라는 생각을 잊게 만든다. 마이크로소프트 본사가 위치한 시애틀 지역도 마찬가지다. 뉴욕 금융가에서 일하는 퀀트들 중 상당수가 중국인이기 때문에 동민은 때때로 "여기가 미국인지 중국인지 헷갈릴 때가 있어요"라고 말한다. 석사·박사 이상의 학력 소지자가 대부분인 기업의 연구소에서는 외국인을 흔히 접할 수 있다. 아시아 출신 가운데 수학과 공학 분야에 탁월한 인재들이 많으며 이들의 기술적 지식은 미국의 백인들보다 위치 경쟁에서 유리한 고지를 점령할 수 있는 부분이다.*

반면 경영, 경제 분야를 제외한 인문사회 계열의 졸업생들은 미국인들에 비해 강점이 적기 때문에 상대적으로 낮은 임금의 직장에 취직하며, 무척 힘든 직장 생활을 경험한다. 이런 분야는 상대적으로 외국인이 적고 영어가 중요하기 때문에 소수자로서의 경험이 강렬하다. 사회복지기관에 상담사로 취직한 선애는 직장에서 자신이 유일한 아시아인이었으며 영어 때문에 고생을 많이 했다고 고백한다. 영어도 완벽하지 못한 데다 미국 문화도 잘 모르는 '외국인 상담사'가 내방한 미국인의 고민을 깊이 있게 이해할 리 만무했다. 선애는 매일 울면서 직장을 다녔다면서, 직장에서 어떤 목표나 이상도 없었기에 어떻게 해서든 빨리 그만두고 싶은 생각밖에 없었다고 고백한다.

선애 제 목표가 낮았던 거죠. 사실 기회는 있었어요. 근데 제가 하기가 두렵더라고요. 그냥 저 스스로 안 했어요. 제가 로 어치브먼트low achievement 하는, 그래서 자신감이 낮았던 것 같아요.

---

* 아무리 우수한 기술과 지식을 갖추더라도 아시아인들은 여전히 미국 직장과 사회에서 백인 중심의 인종 질서를 경험한다. 아이와 옹은 중국계 미국인의 경제적인 부상에도 불구하고 그들이 여전히 인종 차별을 경험한다고 지적한다. Aihwa Ong, *Flexible Citizenship: The Cultural Logics of Transnationality*, Durham: Duke University Press, 1999, pp.87~109.

분명 선애의 직장에서는 일과 승진의 기회를 주었음에도 스스로 그 기회를 거부하는 상황이었다. 영어가 업무에서 중요할수록 한국인 직장인은 더 스트레스를 받고 직장에서도 소외감을 느낀다. 또 미국의 직장 문화는 한국인의 아비투스와 충돌을 일으키며 습성과 태도의 변화를 요구한다.

'착성겸'(착함·성실·겸손) 아비투스에 울다: 미국 직장 문화에의 적응

미국 기업에 들어간 한국인들은 미국의 직장 문화에 당혹스러워한다. 미국 직장은 상당히 독립적이고 개인주의적이다. 한국처럼 직장 선배가 일을 체계적으로 가르쳐주고 지시하지 않는다. 즉 인간관계 자체가 다른 경향을 지닌다. 흔히 한국에는 군대 용어로 '사수', '부사수'의 관계가 있으며, 이는 직장 선후배 간의 긴밀한 관계를 형성한다. 반면 이런 관계는 권위주의적, 강압적 직장 분위기를 만든다. 이에 반해 미국 직장에서는 각 회사원이 독립된 개체이며 상사가 친밀하게 업무를 가르쳐주지도 않는다. 신입 사원은 스스로 업무를 파악하고 정보를 수집하고 문제를 해결해 나가야 한다. 직종이나 기업 문화에 따라서 정도의 차이가 있지만 대체로 미국 기업에서는 직원들이 자기 주도적인 업무 방식을 택한다.

실리콘밸리의 IT 기업에 입사한 상진은 소속된 부서가 없고 아무도 일을 시키지 않아 무엇을 해야 할지 몰라 큰 고민에 빠졌었다. 회사가 자기를 왜 뽑았는지, 무엇을 기대하는지를 의아하게 생각하며 괴로워하던 그는, 스스로 사람들을 만나서 일을 해야 한다는 사실을 깨달았다. 누가

시켜서 일을 하는 것이 아니라 스스로 알아서 하는 방식이었다. 상진은 글로벌 부품 공급을 담당하는 일을 스스로 찾아냈으며 아시아 지역을 담당하고 있다. 그는 아시아 벤더들(공급자들)과의 시차를 맞추기 위해 새벽 2~3시까지 일할 때가 많다.

시카고의 산업단지에서 연구원으로 일하는 희열은 처음 입사했을 때 아무도 업무 훈련을 시켜주지 않아 적잖은 스트레스를 받았다. 특정 기술에 대한 프로젝트를 받았을 뿐, 이 일을 어떻게 처리해야 하는지 가이드라인을 전혀 받지 못했던 것이다. 희열은 스스로 관련 업무자들에게 연락을 하고 정보를 얻어내서 작업에 착수했다. 희열은 이런 작업 방식이 '한국 직장과 천지 차이'라고 말하며 집단 문화에 익숙한 한국 사람들이 처음에 흔히 겪는 어려움이라고 토로했다.

교육과 일하는 방식 모두 그 사회의 문화를 반영한다. 한국인들은 '자기 주도형 학습'에 약하듯이 미국 기업에서 요구되는 '자기 주도형 작업'에도 약하다. 개인적이고 독립적인 미국 직장에서는 오히려 인간관계와 커뮤니케이션 스킬이 더 중요하다. 한국의 직장에서는 상사와의 관계가 중요한 반면 미국 직장에서는 자신과 관계된 모든 사람들과의 관계가 중요하다. 즉 한국에서는 상사와의 '깊은 관계'가 요구되고, 미국에서는 동료들과의 '넓은 관계'가 요구된다. 미국 직장에서는 누구도 '떠먹여주지' 않기 때문에 '떠먹여주는' 교육을 받은 한국인들에게 이런 직장 문화는 심각한 도전으로 다가온다. 프로젝트를 완수하기 위해서는 스스로 직장 내에서 업무에 필요한 사람을 찾아 정보를 요청하고 그와 좋은 관계를 맺어야 한다. '미국식의 넓고 얕은 관계 맺기'에 한국인들은 상당한 어려움을 느낀다. 프로젝트가 시작하거나 끝날 때, 또는 동료가 이직할 때 가끔씩 가지는 '해피 아워'Happy Hour 말고는 저녁 회식이라는 것이 없다. 질

편하게 벌어지는 술자리가 없기 때문에 동료들과 빨리 친한 관계를 맺기가 힘들다. 미국 기업에서의 소셜라이징socializing(사회적 관계 맺기 또는 사교)은 주로 점심식사를 통해 이루어진다. 독립적인 개인주의가 강한 미국 사람들과 친해지는 데는 상당한 시간이 걸린다. 희열은 함께 일하던 미국 사람과 끈끈한 관계bonding를 맺는 데 5년이 걸렸다고 한다. 한국 같으면 몇 번 폭탄주 마시면 될 일이 이렇게도 힘들다는 것이다. 미국 직장에서 일을 잘하고 제때 승진하려면 동료들의 도움이 필요한데, 끈끈한 관계 맺기에 오랜 시간이 걸리기 때문에 한국인들은 어려움에 직면한다.

무엇보다 한국인은 스스로 자신을 드러내고 돋보이게 만드는 일에 취약하다. 유교적 권위주의 문화에서 교육받은 이들은 자기 자신을 내세우는 것이 미덕이 아니며 겸손하지 못한 것이라고 배워왔기 때문이다. 미국 직장에서는 묵묵히 열심히 일만 하는 사람을 알아주지 않는다. 한국인들에게는 이른바 '착성겸'(착함·성실·겸손) 아비투스가 있는데, 이는 미국식 '시장적 자아'marketable self와 충돌을 일으킨다. 한국인들은 '착하고 성실하고 겸손해야 한다'는 도덕적인 행동 정향을 지니고 있는데, 이를 극복하기는 상당히 힘들다. 민우는 미국 직장에서 살아남기 위해 자신이 어떻게 변했는지를 다음과 같이 말한다.

> **민우**　(제가) 변하게 된 것은 어떤 겸손에 대한 것, 순종에 대한 그런 것이, 적어도 일을 하는 데 있어서는 별로 중요하지 않다고 생각했기 때문이에요. 그렇다고 나댄다거나 하는 건 아니지만 제가 하는 일에 대해서는 확실하게 얘기를 하는 그런 성격으로 바뀌게 된 것 같고요. 그리고 착하다, 성실하다고 하는 것 자체가, 미국에서는 존재하지 않는다는 것을 알게 됐던 것 같아요. (……) 실력이 없이는 절대로 착한 것, 사람 좋은 걸로는 승

부를 걸 수 없기 때문에 정말 시간을 많이 들여서 새로운 기술이 나왔을 때, 새로운 논문이 나왔을 때, 굉장히 깊게 공부를 하고 나서 그것들을 사람들한테 프리젠트(발표)했던 것 같아요. (밑줄은 강조 표시: 필자)

민우는 자신의 성과물을 직장 동료들에게 적극적으로 알리고, 자기가 하는 일에 대해 좀 더 명확하게 커뮤니케이션하는 스타일로 바뀌었다. 한국식으로 에둘러 표현하는 것이 오히려 좋지 않다는 것을 경험했기 때문이다.

'착성겸' 아비투스의 대표적인 예는 미국 직장에서의 자기 평가self-evaluation에서 확인할 수 있다. 미국 직장의 평가 방식에는 자기 평가, 동료에 의한 평가, 상사에 의한 평가 등이 있는데, 자기 평가를 통해 직장인들은 매년 스스로 자신의 업적을 점수 매긴다. 글로벌 회계회사에 입사한 준성은 첫 번째 자기 평가에서 5등급(1등급이 최상위) 중 3등급을 매겼다. 준성에게 1등급을 주고 싶었던 미국인 상사가 오히려 곤란한 상황에 빠졌다. 결국 그 상사는 준성을 따로 불러 더 높은 점수를 주라고 충고했다. 이렇게 평가 등급에 차이가 발생하면 회사에 그 이유를 설명해야 하기 때문이다. 준성은 몇 년 후 승진을 하게 되었고, 이제는 아랫사람을 평가하는 위치가 되었다. 준성은 후배 한국인들 역시 일을 아주 잘하는데도 자신이 그랬던 것처럼 자기 평가에서 3등급을 매기는 것을 보고 놀라움을 금치 못했다. 반면 미국인들은 일을 못하면서도 자기 평가 점수를 1등급 또는 2등급을 부여하는 것을 보고 또 한 번 충격을 받았다. 이런 일은 자신을 드러내지 말고 겸손해야 한다는 유교식 교육이 낳은 결과다.

미국 직장에서는 자신의 의견을 표현하지 않고 묵묵하게 일만 해서는 살아남기 어렵다. 직장 생활을 하다 보면 다른 사람들과 갈등이 생길 수밖에 없는데 이때 미국인들은 적극적인 의사표현을 통해 문제를 풀고자 한다. 참는 것, 겸손한 것, 불만이 있더라도 표현하지 않는 것은 아무도 알아주지 않는다. 미국 직장에서는 많은 것들이 요구와 타협으로 이루어진다. 승진과 월급 인상을 적극적으로 요구하여 쟁취한 면접자들이 상당수였다. 희열은 수년이 지나도 진급이 안 되자 상사에게 항의했고, 그 후에야 승진할 수 있었다. 민우는 다른 동료들보다 월급이 적다는 것을 알고 수년에 걸쳐 몇 번씩 월급 인상을 요구하여 이전보다 훨씬 많은 월급을 받고 있다. 경쟁력이 있는 경력직이라면 다른 직장에 지원하여 높은 연봉을 제안받고 이직하거나, 그것과 비슷한 연봉을 현재 재직 중인 회사에 요구할 수 있다. 미국 기업에서 중요한 것은 요구와 타협 그리고 실력이며, 한국적 아비투스를 바꾸어야만 살아남을 수 있다는 것을 한국인들이 깨닫는 데는 상당한 시간이 걸린다.

영어, 영원한 아킬레스건

영어는 유학에서부터 직장 생활까지 한국인에게 영원한 아킬레스건이다. 아무리 업무가 테크니컬하고 수학적인 것이라고 할지라도 의사소통과 관계맺음은 필수적이다. 한국인은 언어 때문에 미국인들과 자연스러운 관계를 맺기가 힘들고 업무 처리에 시간이 더 걸리고 프로젝트를 수주하거나 발표할 때 불리하다. 한국 기업에서 미국 유학파들의 영어 실력은 코즈모폴리턴 문화자본이지만, 미국 기업에서 이들의 불완전한 영어는 능력 부족으로 인식된다. 같은 문화자본일지라도 장소와 사람들과의 관계에 따라 다르게 평가된다는 것이 '문화자본의 지정학' 개념이 강조하는 바다.

뉴욕의 글로벌 은행에 다니는 석희는 "벙어리 3년, 귀머거리 3년"으로 살았다고 말한다. 석희는 영어 때문에 미국인 동료를 사귀는 데 힘들고 농담을 못해 부드러운 관계를 맺지 못했다. 이는 다른 한국인들도 공통적으로 겪는 고충이다. 그는 "직장 생활하면서 많이 울었어요"라고 말하며 미국 기업에서 살아남기 위해 엄청난 스트레스를 받았다고 고백한다. 하지만 열심히 일한 대가를 인정받아 승진을 했다. 미국인 동료들이 초반에는 석희를 경쟁자로 보지 않다가 승진을 하고 인정을 받기 시작하자 견제를 많이 했다.

뉴욕에서 건축가로 일하는 소정은 직장 생활에서 "언어가 항상 제일 힘들었어요"라고 말한다. 미국 드라마 대사나 구어체 표현을 몰라 대화에 끼지 못하는 경우가 허다했다. 소정은 상사와 같이 점심을 먹으면서 하는 이야기도 "60퍼센트 정도는 못 알아듣는 것 같아요"라고 말하며, 영어 소통이 직장 생활을 하는 데 큰 어려움이라고 말한다. 언어자본의 결핍은 자신감을 떨어뜨리는 주요 요인이 된다.

직장 동료와의 원만한 관계는 필수다. 많은 한국인들이 직장에서 주최하는 미국식 칵테일파티를 못 견뎌하며, 그에 대해 상당한 불편함을 토로한다. 한국식 파티는 같이 모여 앉아 한 주제를 가지고 많은 사람들이 공유하는 형태이지만 미국식 칵테일파티에서는 여러 사람을 한 명 한 명 만나면서 다양한 이야기를 나눈다. 파티에서도 문화적 특징이 나타나는데 한국 파티에서는 대화가 깊고 집중적인 것이라면 미국식 파티에서는 대화가 얕고 넓다. 실리콘밸리에서 일하는 광규는 "파티에서 느끼는 무능력함, 불편함, 그리고 친구를 사귀고 싶어도 무슨 말을 해야 할지 모르는" 자신을 보면서 이민자 1세의 비애를 느낀다고 말한다.

엔지니어가 아닌 매니저급 한국인들은 더욱 한계를 느낀다. 직급이 낮을 때는 열심히 일하면 되지만 직급이 올라갈수록 여러 프로젝트들을 수주해야만 하는데, 이를 위해서는 네트워크가 필요하기 때문이다. 그러나 외국인으로서 양질의 연줄을 만들기는 쉽지 않다. 또한 자신이 책임지고 자료를 만들고 프레젠테이션을 해야 하는데 아무래도 미국인보다 영어가 완벽하지 못하다. 이 장의 서두에 소개한 준성의 경우 미국 일이 80퍼센트 정도이지만 승진 기회가 적을 것 같아 앞으로는 한국 기업과 더 많은 일을 하고 싶다고 말한다. 미국 기업과는 네트워크가 없는 반면 한국의 글로벌 기업과는 많은 네트워크를 만들어놓아 프로젝트 수주에 유리하기 때문이다. 곧 언어자본의 결핍은 사회자본의 결핍으로 연결되며 이는 한인 직장인들에게 큰 숙제다.

한인 직장인들의 네트워크는 크게 동문회, 교회, 그리고 같은 분야에 종사하는 한국인과 외국인들이다. 우선 동문은 미국 대학 동문과 한국 대학 동문으로 나누어볼 수 있다. 미국에서 같은 학교와 같은 실험실에 있던 친구들이 동일한 분야에 근무하고 있다면 좋은 네트워크가 된다. 미국의 유명한 공대를 나온 효성은 실리콘밸리의 미국 대학 동문회에 자주 참석한다. 비즈니스와 관계된 정보를 교환하고 필요 시 리퍼럴을 해주며 시장 동향에 대해 토론하기도 한다. 그는 명문 대학의 이점으로 동문회가 잘 조직되어 있고 고위직 사람이 많다는 점을 꼽았다. 한국에서 명문 학교를 졸업하고 미국에 유학 온 사람들은 한국 동문회에 참석하기도 한다. 가령 IT 기업에서 일하는 상진은 실리콘밸리에 고등학교 동문이 100명이 넘는다는 사실을 알고 크게 놀랐다. 그는 한국의 명문 고등학교인 S과학고를 나왔는데 이 동문 네트워크가 일하는 데 큰 도움이 되고 있다. 그리고 한국인에게 교회는 네트워크의 중요한 장소다. 교회 신자들 가운

■ 미국에서 한인 교회의 역할에 대해서는 Pyong Gap Min, "The Structure and Social Functions of Korean Immigrant Churches in the United States", *International Migration Review* 26(4), 1992, pp.1370~1394를 참조하라.

데 같은 직업을 가진 사람이 있다면 서로 정보를 교환하고 직장을 소개해 주기도 한다. 또한 한국인들은 같은 직종에 종사하는 사람들끼리 모임을 결성하여 네트워크를 형성하기도 한다. 이 장 처음에 소개한 현민의 경우 뉴욕에서 일하는 한인 퀀트 모임을 통해 서로 도움을 주고받는다.

　　직장에서 알게 된 미국인 동료들이 도움을 주기도 하지만, 한인 직장인들에게 더 중요한 네트워크는 한국인들이다. 우선 같은 언어를 사용하기 때문에 정서적으로 통하고 같은 이민자로서 서로의 처지를 잘 이해한다. 미국인은 개인주의적 성향이 강하기 때문에 한국인보다 친해지기가 어렵고 만남도 썩 편하지가 않다. 한인 직장인들은 사업을 하는 한국인들보다 단결력은 덜하지만, 생존을 위해 그리고 정서적인 만족을 위해 네트워크를 형성하여 도움을 주고받는다.

한인 공동체를 지원하는 전문가

많은 미국 유학생들이 석사·박사학위를 받은 후 변호사, 세무사, 사회복지사, 강사 등의 직업으로 한인 공동체에서 일을 하고 있다. 미국에 거주하는 한인은 2010년을 기준으로 단일 인종 구성으로는 140만 명이며, 한국인의 피가 섞인 혼혈까지 포함하면 170만 명에 이른다. 이들 중 한국에서 태어나 이민 온 1세 또는 1.5세는 100만 명 이상으로 추정된다.[*] 한국인들은 다른 소수 인종보다 사업을 하는 경우가 많으며, 이런 이유로 전문직이 제공하는 다양한 서비스를 필요로 한다.

　　한인들은 해결해야 할 중요한 문제가 생기면 한인 전문가의 서비스를 찾는다. 그렇지 않다면 굳이 변호사, 세무사, 사회복지사를 찾을 필요

[*]　Pyong Gap Min, "Growth and Settlement Patterns of Korean Americans, 1990-2010", Research Center for Korean Community, Queens College of CUNY, 2012, pp.4~5. 미국 내 한인에 대한 다양한 데이터는 http://www.koreanamericandatabank.org를 참조하기 바란다.

는 없는 것이다. 주로 사업을 하는 한인들에게 법률과 세금 서비스를 제공하고 있는 종수는 미국 변호사들이 있음에도 불구하고 한인들이 자신을 찾아오는 이유를 다음과 같이 설명한다.

> **종수** 보통 의사소통에서는 미국 사람하고 대화가 안 되는 건 아닌데, 백프로 의사 전달이 힘드신 거 같아요. 그리고 일단 마음이 편치가 않으신 거 같아요. 정서적으로 맞지가 않고. 1~2프로의 차이점도 저희는 다 이해를 하는데, (미국 변호사에게는) 그런 것들에 대한 의사 전달이, 이게 영어로 다시 풀어서 가다 보니까 그런 부분에 있어서 굉장히 마음이 답답하세요. 그래서 한인 변호사한테 많이 오시는 것 같아요.

한국에서 대학을 졸업하고 미국에서 MBA 과정과 로스쿨 과정을 이수한 후 변호사 사무실을 연 종수는 한국인들의 정서를 누구보다도 잘 이해하고 있다. 또한 같은 이민자이기에 그들이 미국 사회에서 부딪히는 여러 장벽에 대해서도 잘 알고 있다. 종수는 웃으면서 자신의 업무가 반은 법률적인 일이고, 반은 한국인 고객을 정서적으로 안심시키는 상담일이라고 말한다. 특히 사업을 하는 한인들은 송사에 휘말리는 경우가 있는데 본인에게는 생계와 인생이 달린 아주 중대한 문제인 데다가, 전문적인 지식이 부족하기 때문에 정서적으로 불안해할 수밖에 없다. 이런 상황에 대한 세심한 이해와 배려가 필요하며, 한인 변호사는 이 점에서 미국 변호사보다 비교 우위에 있다.

상기는 뉴욕의 한 학교에서 MBA 과정을 마치고 같은 학교의 선배가 운영하는 회계사무실에 취직했다. 2008년 경제 위기로 외국인들의 취업 기회가 급격하게 줄어드는 상황에서 인맥으로 직장을 잡은 것이다. 뉴욕·뉴저지 지역에는 사업을 하는 한인이 많은데, 이들은 주로 세금 문제를 해결하기 위해 한인 회계사무소를 선호한다. 돈이 걸린 민감한 이슈이기 때문에 많은 한인 사업가들이 정서적으로 편안한 한인 회계사를 찾는다. 상기는 한국계 직장에서 일하는 것이 결코 만만치 않다고 말한다. 대표가 한국 사람이고 일하는 방식도 한국식이기 때문에 야근이 잦고 회식도 많으며 월급도 미국 직장에 비해 박하다는 것이다. 한인 사업가 고객들은 별다른 방도가 없음에도 어떻게든 세금을 더 깎아달라고 억지를 부리기도 한다. 상기는 자신이 영주권이 없다는 것을 알고 대표가 혹사시키고 있다는 불평도 늘어놓는다.

미국 기업 가운데 한국계 직장은 대우와 작업 조건이 훨씬 좋지 않은 경우가 많다. 성철은 MBA 졸업 후 한국 굴지 은행의 미국 지사에서 일하고 있다. 한국의 큰 은행이라 한인들에게 신뢰를 받고 있으며, 고객 대부분이 한인이다. 은행에서도 주로 한국어를 사용한다. 그러나 성철은 연봉에 불만이 많다. 미국 은행에 다니는 사람에 비해 연봉이 60~70퍼센트 수준으로 대도시 생활이 힘든 상황이기 때문이다. 성철이 아니라도 그 지사에서 일하고 싶어하는 한국인이 많기 때문에 은행은 연봉 인상에 굉장히 인색하다. 야근이나 회식도 잦다. 성철은 "미국 직장이 아니라 한국 직장이에요"라고 말하며 회사가 자기의 유리 또는 불리에 따라서 어떤 때는 한국식, 어떤 때는 미국식으로 일처리를 한다고 불평한다. 미국에서 학교를 졸업하고 한국계 직장에 취직하면 통상 미국 현지인으로 분류된다. 한국 기업에서 파견된 사람들을 흔히 지상사(본사의 반대말로 지사 또는 상사) 직원이라고 부르는데 현지 직원들과 지상사 직원 간의 갈등이 존재한다. 지상사 직원의 연봉과 대우가 훨씬 좋고 현지인들은 상대적으로 박봉을 받는다. 지상사 직원들은 3년 정도 미국에 머물다 한국으로 돌아가기 때문에 애착과 열정을 가지고 일을 하는 경우가 드물다. 큰 문제를 일으키지 않고 한국 본사에 무리한 요구를 하지 않으면서 무난하게 그 기간을 보내고 귀국하면 된다. 즉 지상사 직원들이 미국 현지 직원을 위해 좋은 대우와 복지를 본사에 요구할 이유가 없는 것이다.

한인 커뮤니티는 상대적으로 잘 조직되어 있다. 한국인 이민자들의 정치적, 사회적 지위와 영향력 또한 높아졌다. 성공한 사업가들이 많고, 이들 중 한국과 한인 커뮤니티에 애착을 가진 사람들도 상당수다. 이들은 기부금 등을 통해 한인이 많이 거주하는 미국 대도시에 각종 사회복지기관을 설립하였다. 이런 기관은 뉴욕에만 150여 개가 있으며 교육, 상담, 취업 등 다양한 서비스를 제공하고 있다. 영향력 있는 한인 사회복지기관의 모금 갈라 파티에서 상당한 액수의 기금이 모이기도 한다. 이런 복지기관에 취직하는 유학생들도 많다. 사회복지, 교육, 심리, 상담 같은 분야의 전공자들은 한인 커뮤니티를 위해 일하는 경우가 있다. 저소득층 한인들은 폭력, 실업, 질병, 불법 체류 등 다양한 문제에 직면하면 신뢰할 수 있는 한인 전문가를 찾아간다. 미국 시스템에 어느 정도 익숙하고 영어를 잘하기 때문에 한인 전문가들은 자신의 지식을 활용하여 한인 이민 사회에 많은 기여를 하고 있다.

트랜스내셔널 연줄

미국과 한국 사이의 트랜스내셔널 연줄transnational ties은 점점 더 늘어나고 있다. 170만 명이나 되는 교민들은 수시로 한국을 방문하거나 친인척을 미국으로 초대하기도 한다. 과거에 비해 해외여행이 훨씬 수월해졌고 인터넷을 통해 양 국가의 소식을 실시간으로 접하는 것이 가능해졌다. 미국과 한국을 연결하는 다양한 종류의 전화나 '카카오톡' 같은 문자 메시지 서비스는 더욱 긴밀하고 빈번하게 한미 양국에 있는 사람들을 연결해준다. 대부분의 면접자들은 매일 인터넷을 통해 한국 소식을 접한다고 말한다. 이들은 한국 드라마와 영화를 인터넷으로 다운로드 받아서 본다. 여러 인터넷 매체를 통해 한국의 정치적, 사회적, 문화적 현상들에 대해 토론하기도 한다. 한류의 영향력도 트랜스내셔널 연줄을 확대시키는 역할을 하고 있다. 미국에서도 한국 드라마, 노래, 영화를 소비하는 계층이 늘고 있으며, 한류 스타들은 자주 미국의 대도시를 방문한다. 한국의 글로벌 대기업은 미국에 지상사를 두고 있으며, 많은 한국인 근로자들이 미국에 파견되어 근무하고 있다. 미국계 기업들은 한국계 기업과 긴밀한 관계를 갖고 일하고 있다. 이처럼 한미 간의 경제적, 사회적, 문화적 트랜스내셔널 연줄이 갈수록 확대되고 있다.

한인 직장인들은 다양한 방식으로 한미 간의 경제활동을 촉진시키고 있다. 실리콘밸리의 IT 기업에서 일하는 상진은 아시아 지역에서 공급받는 부품을 고르고 계약한다. 그는 거의 매일 아시아 지역의 벤더들과 전화 통화와 이메일을 한다. 그는 1년에 10회 정도 아시아 지역으로 출장을 가는데 그때마다 꼭 한국에 들른다. 비즈니스 겸 가족을 만나기 위해서다. 그의 아내는 한국에서 직장에 다니고 있다. 글로벌화된 상황에서 이런 종류의 트랜스내셔널 분리 가족transnational split family이 증가하고 있다. 상진 팀이 아시아 지역에서 공급받는 부품의 액수는 수조 원에 이르기 때문에 한국의 대기업 입장에서 그는 아주 중요한 사람이다. 그는 비록 미국 회사 직원이지만 "삼성이 성장한 것을 보면 한국이 정말 많이 크고 있구나, 그러면서 자부심을 느끼면서 정체성도 강해지는 것 같다"고 말한다.

이처럼 미국 회사에 근무하면서도 한국 기업과의 사업적 관계로 양국의 경제활동에 기여하는 사람들이 늘어나고 있으며, 이들은 한국인—미국인의 혼성적 정체성을 지닌다.*

흥미로운 점은 한국 엘리트 계층과 미국과의 접점이 증가하고 있다는 것이다. 7장에서 보았듯이 한국의 부자들 가운데 미국의 부동산과 주식을 사고 자녀들을 미국 학교에 보내는 사람이 늘고 있다. 한국의 미국 유학파 회사원들은 이들에게 다양한 종류의 금융, 법률, 문화 서비스를 제공해주고 있다. 그런데 이런 일은 미국 쪽에서 일을 봐주는 사람들이 있어야 가능하다. 한국에서 모든 절차와 서류를 해결하기 어렵기 때문이다. 시카고에서 변호사로 일하고 있는 종수는 한국 부자들의 미국 부동산 구입을 법률적으로 도와주고 있다. 1년에 수십 건을 처리하는데, 주로 자녀 교육을 위해 미국에 주택을 구입하려는 사람들이다. 한국 사람이 미국에서 집을 사려면 투자 명목으로 해야 하며 규제 사항이 복잡하다. 세금을 덜 내기 위해서 여러 가지 법률적 테크닉이 동원되는데, 종수의 전문적 지식으로 한국 부자들은 어렵지 않게 미국에서 주택을 구입할 수 있다. 실제로 6장에서 소개한 몇몇 면접자들은 미국에 주택을 소유하고 있었으며, 이때 한미 양국에 있는 한인 전문가들의 금융, 법률 서비스를 받았다.

많은 한인 직장인들이 한국으로의 이주를 고민한다. 여기서 가장 중요한 변수 중 하나는 가족인데, 자녀가 장성할수록 이주는 어려워진다. 미국에서 자란 자녀가 한국 교육 체제에 적응하는 것은 무척 힘든 일이기 때문에 한국행을 주저하는 사람이 많다. 한인 직장인들은 직업적 전망을 위해 종종 한국 직장으로 옮기는데, 앞서 설명했듯이 이는 미국 사회 내의 네트워크 부재로 인한 제한된 기회로부터 기인하는 것이다. 이런 경우 아이들과 떨어져 트랜스내셔널 분리 가족으로 살아가기도 한다.

---

* 미국에서 유학한 후 실리콘밸리에서 일하다 미국과 아시아 지역의 IT 산업의 발전에 기여한 공학자들은 꽤 많은 편이다. 애나리 삭세니언은 '두뇌 순환'의 관점에서 실리콘밸리의 아시아 공학자-사업가들을 분석했다. AnnaLee Saxenian, *The New Argonauts: Regional Advantage in a Global Economy*, Cambridge, MA: Harvard University Press, 2006.

아메리칸 라이프스타일

국내 모 대기업의 강 차장을 인터뷰하기 위해 서울에서 연락을 취했다. 강 차장은 며칠 후 저녁 7시 30분에 서울 시내에 있는 자신의 직장에서 보자고 했다. 일이 끝나는 시간이었다. 인터뷰 당일 강 차장과 회사 구내식당에서 대충 저녁을 먹고 인터뷰를 시작했다. 그녀에게 한국의 직장 여성으로서 힘든 점이 무엇인지를 물어보았다. 강 차장은 과도한 업무, 늦은 퇴근 시간, 잦은 보고, 일거수일투족을 관리하는 마이크로매니징이 그녀를 지치게 한다고 불평했다. 세 아이의 엄마이기도 한 그녀는 아이들을 돌볼 시간이 없어 항상 미안한 마음을 가지고 있다. 아이가 아파도 마음 놓고 퇴근하지 못한다. 윗사람의 눈치가 보여서다. 강 차장은 "직장에서 성공하려면 엄마로서의 이미지보다는 직장인으로서의 이미지가 중요하잖아요"라고 말한다. 한국에서는 상사보다 먼저 퇴근하는 것은 결례로 여겨지는 경우가 많다. '칼퇴근'을 할 수 없는 직장이 여전히 다수를 차지한다.[•]

미국 직장이 한국 직장과 가장 대별되는 점 중의 하나는 '칼퇴근'과 가족 중심의 생활일 것이다.[•] 앞서 말했듯이 미국 직장은 독립적이고 개인주의적이며 무엇보다 저녁에 회식이 없다. 회계사인 준성의 경우 세금을 국세청에 신고하는 봄 시즌에는 야근을 많이 하지만 바쁜 시즌이 끝나면 일찍 퇴근한다. 예외적인 경우를 제외한다면 미국 직장은 업종과 시즌에 따라 조금씩 다르지만 대부분 정시 퇴근이 보장된다. 곧 미국 직장인들은 한국의 직장인들이 바라는 '저녁이 있는 삶'을 누린다.

또 미국 직장은 가족 일에 관해서라면 매우 관대하다. 뉴욕의 글로벌 은행에 다니는 석희는 아이가 둘이다. 석희에게 강 차장과 같은 질문을

[•] 한국의 맞벌이 가구 비율은 2013년 기준 42.9퍼센트이며, 미국의 맞벌이 가구 비율은 2011년 기준 53퍼센트다. 한국 통계에 대해서는 통계청, 「2013년 맞벌이 가구 현황」, 2014년 6월 25일 보도자료 3쪽을, 미국 통계에 대해서는 U.S. Department of Labor, *Women in the Labor Force: A Databook*, Bureau of Labor Statistics report 1049(May), Washington: Bureau of Labor Statistics, 2014, p.3을 참조하기 바란다. 맞벌이 가정이 늘어남에 따라 직장과 가정의 관계는 대단히 중요해졌으며 직장 문화는 가족 생활에 큰 영향을 미치게 되었다.

하자, 그녀는 아이가 아프다고 하면 일찍 퇴근해도 되는 직장에 감사해했다. 그녀는 직장을 다니는 동안 두 번 임신을 했고 두 번 모두 긴 출산 휴가를 가졌다. 미국 직장에서도 고위직은 거의 남성이지만 석희는 자신의 처지가 한국 직장에 다니는 여성보다 훨씬 낫다고 말한다. 미국 생활은 직장과 집을 왕복하는 단조로운 삶이다. 남자들도 회식이 없으니 집에서 저녁을 먹을 수밖에 없고, 주말에도 직장에 나가지 않으니 가족과 함께 시간을 보낸다. 면접자들의 상당수가 이런 가족 중심적인 라이프스타일을 선호하기 때문에 한국에 돌아가지 않고 미국에 정착했다고 답한다. '라이프스타일 이민'은 최근 아시아 중산층 또는 엘리트들이 미국 이민을 택하는 중요한 유형으로 자리 잡았다.

미국은 한국에 비해 땅이 넓고 혼잡하지 않으며 무엇보다 여가를 즐길 수 있는 시설이 잘 갖추어져 있다. 대부분의 한인 직장인들은 미국의 중산층으로서 교외 지역의 (한국과 비교해서) 넓은 주택에 거주한다. 이런 교외의 주택들은 방 3~4개, 넓은 잔디와 나무가 있는 마당, 차고 등으로 이루어져 있다. 야구장, 축구장, 수영장, 공원 등의 시설이 가까운 곳에 있기 때문에 아이들과 여가 활동을 하기에도 용이하다. 특히 한국 여성들은 이런 삶에 대단히 만족스러워한다. 레크레이션 시설이 좋아 저렴한 가격에 레저를 즐길 수 있어 주말에 아이들과 놀아주는 아빠의 모습을 쉽게 볼 수 있다. 정시 퇴근이 보장되고 회식이 없는 직장 문화 덕분에 아내는 남편의 과음이나 일탈을 걱정하지 않아도 된다. 또한 스트레스의 근원 중 하나인 '시월드'라고 불리는 시댁은 태평양 건너에 있다.

전문가로서 높은 연봉을 받고 직장으로부터 여러 혜택을 받으며 저녁과 주말이 보장되고 교외에 집을 가졌다면 이는 소위 '아메리칸 드림'을 이룬 것이다. 하지만 미국 중산층으로서의 삶을 유지하는 것은 쉽지

◤ 여기서의 미국 직장과 한국 직장은 전문직, 기술직, 관리직을 고용하는 '좋은 직장'을 말한다. '좋은 직장'과 '나쁜 직장'의 구분은 논란의 여지가 있지만 '좋은 직장'이란 통상 높은 임금과 좋은 복지 혜택을 주며 일에 대한 자율성과 자기 통제 가능성이 높은 일을 제공하는 직장을 의미한다. 여기에 대해서는 Arne Kalleberg, 앞의 책, pp.9~10을 볼 것.

◤ Hiroki Igarashi, "Privileged Japanese Transnational Families in Hawaii as Lifestyle Migrants", *Global Networks*, forthcoming.

않다. 대부분 빚을 내서 집을 사며 원금과 이자를 갚느라 허덕인다. 자녀를 탁아소나 유치원에 보내는 비용은 한국보다 몇 배 비싸다. 자동차가 없으면 생활하기가 너무나 불편하기 때문에 많은 한인 전문직 가족들은 2대의 자동차를 가지고 있다. 이를 유지하고 관리하는 비용도 만만치 않다. 광규는 실리콘밸리의 첫 직장에서 10만 달러(1억 원)가 넘는 연봉 계약서에 사인을 하며 "이 많은 돈을 어떻게 쓸까?"라는 행복한 고민에 빠졌다. 하지만 높은 세금, 아파트 월세, 아이들의 유치원 비용을 비롯한 생활비 지출로 인해 오히려 적자가 났다. 광규는 수입과 지출의 균형을 맞추기 위해 상당히 힘겨운 시간을 보냈다. 연봉이 높은 전문가라고 할지라도 지출이 많아 항상 돈에 쫓길 수밖에 없다.

한인 직장인의 가장 큰 고민 두 가지는 한국의 직장인들과 마찬가지로 자녀 교육과 집이다. 한인 전문가들은 자신이 교육을 통해 성공했기 때문에 교육의 힘을 믿는다. 무엇보다 미국에서 소수 인종으로 성공할 수 있는 열쇠는 교육밖에 없다. 미국의 아시아인들이 사회경제적 지위socio-economic status상 백인과 비슷한 소득 수준을 유지할 수 있는 비결이 높은 교육열에 있다는 것은 사회적으로 합의된 사실이다. 세계 최고의 두뇌들이 모여 있는 실리콘밸리는 미국에서 학원 산업이 가장 발달한 곳 중 하나로, 자녀를 학원에 보내는 부모들은 주로 한국인, 중국인, 인도인이다. 미국 대학에서 수학으로 석사학위를 받은 진홍은 일찌감치 학원 강사로 경력을 쌓고 실리콘밸리 지역에 수학 학원을 열었다. 그는 많은 한국인 자녀를 가르치고 있으며, 한국인 부모들에게 교육 컨설팅을 해주고 있다. 한국에 실력 있는 대학생이나 대학원생을 알아봐달라는 부탁을 청할 정도로 실리콘밸리의 사교육 시장은 수요가 많은 반면 수학 강사는 부족하다. 그는 실리콘밸리를 '미국의 강남'이라고 부르는데, 학부모들의 교육열이 매우 높기 때문에 앞으로 학원 산업이 융성할 것이라는 장밋빛 전망을 가지고 있다.

한국인들에게 잘 알려지지 않은 사실 하나는 미국의 중산층도 자녀 교육에 대단히 신경을 쓴다는 것이다.[*] 부자일수록, 높은 계층일수록, 부모가 명성 있는 대학 졸업자일수록 자녀 교육에 더 적극적이다.[*] 뉴욕 맨해튼에서 30만 달러(3억 원)의 연간 가구소득을 올리는 소정 씨 부부는 아이를 사립 유치원에 보낸다. 사립 유치원 비용이 1년에 2만 5,000달러(2,500만 원)인데 이보다 더 비싼 유치원이 수두룩하다. 소정은 미국 학부모의 교육열에 혀를 내두른다. 미국의 부자들도 자녀를 좋은 학교에 보내기 위해 많은 비용을 투자한다. 미국 부모들은 아이들의 방과 후 활동을 위해 직접 차를 운전하여 아이들을 데려다주고, 자녀가 다니는 학교에서 봉사활동을 하고 사친회parent-teacher association(PTA)에 참가한다. 이들은 자녀의 활동을 체계적으로 조직하고 자녀의 성적 향상을 위해 다방면으로 노력한다.

주택 구입은 자녀 교육과 관련하여 무엇보다 중요한 이슈다. 학군이 좋은 동네일수록 집값이 비싸기 때문에 어떤 주택을 어느 시기에 얼마나 대출받아 살것인가는 한인 부모들의 가장 큰 숙제 중 하나다. 한인 직장인들은 교회나 친한 사람들을 통해 주택과 자녀 교육에 대한 정보를 교환하는데, 때로는 이것이 경쟁심을 불러일으키기도 한다. 한국 교회에서 자녀를 명문 대학에 진학시킨 부모들은 선망의 대상이 된다. 선애는 미국에서도 "아이의 학벌이 엄마의 계급"이라고 말한다.

한인 직장인에게 가장 큰 문제 중 하나는 사회적, 정서적 고립감이다. 미국에서 사업을 하는 사람들은 한인 단체를 결성하여 서로 협력한다. 반면 전문직 직장인들은 이들처럼 이권을 위해 단체를 만들 필요성을

[*] Annette Lareau, *Unequal Childhoods: Class, Race, and Family Life*(2nd edition), Berkeley: University of California Press, 2011.

[*] Shamus Khan, *Privilege: The Making of an Adolescent Elite at St. Paul's School*, Princeton: Princeton University Press, 2011.

잘 느끼지 못한다. 회사에서 자기 일만 열심히 하면 되기 때문이다. 따라서 이들의 사회적 네트워크는 사업을 하는 사람보다 제한적이다. 주로 이들은 한국 교회나 몇몇 친목 단체의 사람들과 제한된 접촉을 한다. 뉴욕의 중상류층에 속하는 소정은 "우리밖에 없고, 활동 반경도 크지 않다"며, 미국 생활의 외로움을 토로한다. 한인 직장인들은 미국의 정치적, 사회적 문제에 별다른 관심을 보이지 않는 편이다. 이민자로서 생존하기 위해 그러한 이슈에 관심을 기울일 여력이 없기 때문이기도 하지만, 다른 한편으로는 이들이 지닌 이방인이라는 정체성이 미국 사회에 깊숙이 뿌리내리는 데 걸림돌이 되기 때문이다. 경제적 성공을 거두었을지라도 인종적, 문화적 질서에 의해 이들은 한인 사회 중심으로 제한된 접촉을 하며 사회적, 정치적 소외를 느낀다. 이런 점에서 이들은 또 다른 종류의 모순적인 트랜스내셔널 미들맨이다.

Academia Immunda

학문은 더럽다(아카데미아 임문다Academia Immunda). 정치가 그러하듯이. 학문 지배의 글로벌 구조에서 열등한 위치에 있는 한국 지식인은 이 궁극적인 리얼리티에 직면하게 된다. 피라미드 구조인 학문의 세계에서 극히 소수만이 그 정점에 오를 수 있다. 민주적 이념을 가진 학문의 세계가 결과적으로는 가장 불평등한 세계인 것이다. 제아무리 진리와 초월을 꿈꿀지라도 학문은 어디까지나 '세계-내-학문'이다. 지식인은 누구보다 자존심이 강하고 사회적 인정을 갈구한다. 이들에게 학문적 배척은 곧 지옥이며 존재 이유의 상실이다. 그러나 이 지옥은 대다수의 한국 지식인들이 처절하게 경험하는 현실이다. 거들떠보지 않는 학벌, 인용되지 않는 논문, 인정해주지 않는 동료들, 그리고 수여되지 않는 사회적 지위. 피라미드의 정점에 있는 지식인들은 경외와 숭배의 대상이지만 학문자본이 미천한 지식인은 언제나 손쉬운 먹잇감이다. 이는 곧 지식인은 지식인에 대한 신이자, 지식인에 대한 늑대이기 때문이다.*

학문의 제도적 담지자인 대학은 진리의 전당일 뿐 아니라 호모 사피엔스의 등급을 분류하는 기계다. 학벌 인종주의로 물든 한국 사회에서 한국 엘리트들에게 최고의 지적 등급을 부여하는 곳은 미국 대학이다. 한국 대학과 비교도 되지 않을 재정, 수많은 유수의 교수진, 우수한 연구 시설, 학문에 집중할 수 있는 조직과 문화 등등 압도적인 비교 우위가 한국 지식인이 미국 대학의 글로벌 헤게모니에 종속되는 이유다. 이 트랜스내셔널 간극과 대학의 글로벌 불평등이 미국 유학 현상의 원인이다. 이것이 문제시되는 것은 교육을 통한 불평등이 한 국가를 넘어 재생산되기 때문이다. 미국 유학 지식인의 사회적 특권은 학문적, 사회적 폐쇄 속에서 작동하며, 이는 민주적이고 자유로운 경쟁을 막고 특정 집단의 이익에 봉사한다는 문제점을 안고 있다.

---

* 이 문장은 피에르 부르디외의 「강의에 대한 강의」에 나오는 구절을 바꾸어서 표현한 것이다(paraphrase). "The judgement of others is the last judgement; and social exclusion is the concrete form of hell and damnation. It is also because man is a God unto man that man is a wolf unto man." Pierre Bourdieu, *In Other Words: Essays Towards a Reflexive Sociology*, Stanford: Stanford University Press, 1990, p.196.

그렇다면 왜 한국 대학과 학계에서 미국 대학의 헤게모니에 대한 도전은 이루어지지 않는가? 현실적으로 이 같은 거대한 야망을 가진 한국 지식인은 몇이나 되겠는가? 헤게모니 이론을 정치인류학적 관점에서 세련화시킨 제임스 스콧 James Scott의 논변은 이런 점에서 시사하는 바가 크다. 그는 『약자의 무기』Weapons of the Weak라는 책에서 피지배층 농민들은 지주들에게 토지개혁을 요구하지 않는다고 밝힌다.[*] 아니 그것은 그들 머릿속에서는 상상 밖의 일이다. 이들은 현재의 계급질서를 무너뜨릴 혁명보다는 일상적인 저항을 통해 자신들의 조건을 조금씩 낫게 만들려고 한다. 한국 지식인들에게 한국 대학과 학계에서 미국 대학의 글로벌 헤게모니를 전복시킨다는 것은 '생각할 수 없는 일'the unthinkable일 것이다. 그들은 스콧이 묘사하는 약자들처럼 대학에서 좀 더 좋은 자리를 얻고, 강의 시수를 줄이고, 연구 시간을 늘리고, 학계와 전문가들로부터 인정받기 위해 좋은 논문을 쓰고, 만약 기회가 온다면 정계와 같이 더 큰 사회에 나가 기여하고픈 욕심을 가지고 있을 것이다.

　무엇보다 미국 유학파가 이 헤게모니에 도전할 가능성은 적어 보인다. 그들은 미국 대학의 글로벌 헤게모니에 지배받는 자이지만 한국 대학과 사회에서는 지배하는 자이기 때문이다. 즉 이들은 약자가 아니다. 이들은 자신의 '트랜스내셔널 위치성'transnational positionality을 사회적 지위 향상의 기회로 삼을 수 있다. 이들은 외국인 대학원생이라는 학문적 약자에서 출발하여 한국과 미국의 지식 엘리트로의 전환이라는 트랜스내셔널 궤적을 가진다. 국내 학위 소지자들이 이따금 담론적으로 이 헤게모니에 도전하지만, 그것이 어떤 변화를 가져온 적은 없다. 무엇보다 이들은 한국 대학의 개혁을 기획할 조직적 연대도 치밀한 전략도 없다.

　이 책의 목표 중 하나는 미국 대학의 글로벌 헤게모니에 대한 도전이

[*] James Scott, *Weapons of the Weak: Everyday Forms of Peasant Resistance*, New Haven: Yale University Press, 1985.

라는 '상상할 수 없는 것'을 '상상하게 만드는 것'이다. 적어도 한국 학계와 대학에서 말이다. 여기서 나는 베버가 『직업으로서의 학문』과 『직업으로서의 정치』에서 동시에 인용한 『파우스트』의 한 구절을 떠올린다. "악마 그는 늙었다. 그러므로 그를 이해하려면 너도 늙어야 한다는 것을 염두에 두어라." 그는 학문이든 정치든 간에 세계와 인간에 대한 가차 없는 시각을 가질 것을 요구한다. 즉 어떤 야심 찬 기획도 상상력과 열정만으로 부족하며 냉철한 분석, 노련한 전략, 그리고 집요한 근성 없이는 성공할 수 없다. 한국 대학의 개혁과 미국 대학의 글로벌 헤게모니에 대한 도전도 악마의 지혜와 의지의 낙관주의 없이는 이루어낼 수 없다.

요약하자면 이 책은 한국 엘리트 지식인의 탄생을 담론 중심이 아닌 지식 생산의 글로벌 위계 속에서 분석하였다. 곧 미국 유학 현상은 한국 대학과 미국 대학의 글로벌 격차 때문에 발생한다. 이 격차는 크게 구조적, 조직적, 문화적으로 나눌 수 있다. 즉 우리는 큰 그림(거시/글로벌 구조), 중간 그림(중시/조직), 작은 그림(미시/문화)을 동시에 보아야만 한다. 세계 최상층을 차지하는 연구 중심 대학 집단, 영어의 글로벌 지배력, 세계 최고의 연구 생산성과 영향력, 전 세계로부터 인재를 끌어모으는 견인력 등은 미국 대학의 글로벌 우위를 구조화시키는 요소들이다. 조직적 측면에서 미국 대학은 기능적으로 분화되어 있고, 우수한 시설을 갖추고 있으며, 연구에 집중할 수 있도록 지원한다. 학문적 리더십을 바탕으로 교수진을 끊임없이 검증하고, 우수한 연구진에게 차등적 보상을 제공하며, 다양한 방식으로 사회적 인정을 부여한다. 문화적인 측면에서 미국 대학은 합리적이고 개방적이며 경쟁적이다. 한국 대학과 달리 학벌 인종주의가 미약하고 파벌이 약하며 업적주의를 철저하게 견지하기 위해 노력한다. 무엇보다 이들은 헤게모니를 쥔 입장에서 유학파/국내파의 위계와 갈등이 존재하지 않는다.

이 책에서 거듭 밝혔듯이 미국 대학의 글로벌 헤게모니는 한국 대학의 구조적, 조직적, 문화적 취약함으로 인해 더욱 공고해진다. 이는 또한 미국 유학 지식인들이 한국 대학을 혐오하고 저평가하는 이유이기도 하다. 대학의 짧은 역사, 일천한 근대 과학의 전통, 열악한 재정, 학문 후발주자로서의 위치, 영어의 세계적 지배력 등은 한국 대학과 학계를 구조적으로 열등한 위치에 놓이게 만든다. 첨단 연구 시설의 부족, 연구 조직의 비전문화, 소규모의 교수진으로 이루어진 학과 구조 등의 특징들은 한국 대학의 조직적, 재정적 취약성을 보여준다. 이런 조직적 열악함으로 인해 많은 한국 대학들이 연구 또는 교육 중 어느 쪽을 중점적으로 지향할 것인가를 두고 정체성의 위기를 겪고 있다. 학문에 집중할 수 없게 만드는 행정 잡무를 양산하는 업무 체계, 젊고 유망한 학자를 부려먹는 조직문화, 철저하게 실력 검증을 하지 않는 교수 사회의 공모 등은 또 다른 조직적 취약점이다.

무엇보다 한국 대학과 학계의 천민성은 미국 대학의 헤게모니에 철저하게 종속하게 만드는 중요한 요인이다. 한국 지식인 집단은 정치사회와 시민사회에 민주화와 근대화를 거세게 요구해왔지만 정작 본인들은 비민주적이고 전근대적인 가장 모순된 집단을 이루고 있다. 학벌 인종주의, 남성 우월주의, 폐쇄적 파벌주의, 유교적 위계질서, 검증되지 않은 전문가, 상징 폭력symbolic violence이 난무하는 학계……. 이는 베버가 말한 비합리적 천민주의의 대학 버전이다. 이 점에서 미국 대학은 한국 대학의 변혁을 이끌어내는 해방자의 역할을 담당한다. 즉 미국 대학의 근대성은 한국 대학의 전근대성을 타파하는 문화적 전범이며, 몇몇 미국 유학파들은 이를 한국 대학에 설파하는 개혁가들이 된다.

그러나 한국 엘리트들은 미국 대학과 한국 대학의 엄청난 격차를 줄이려는 시도를 하기보다 이 격차에서 오는 이점을 활용하려는 전략을 택할 가능성이 크다. 즉 미국 유학을 통해 국내 학위 소지자들과의 문화적, 상징적 간극을 더욱 벌리려는 사람들이 계속해서 늘어날 것이다. 이러한 '코즈모폴리턴 구별 짓기' 전략은 다른 계층이나 집단이 진입하지 못하도록 하는 일종의 사회적 폐쇄social closure다. 무늬로서의 코즈모폴리터니즘cosmopolitanism은 결국 특정 집단이나 계층을 위한 편협주의parochialism로 전락한다.[*]

학벌 인종주의가 지배하는 한국 사회의 '교육시민전쟁'에서 미국 유학은 엘리트의 길을 위한 전략적 선택이자 필수 통과 지점이다. 계층과 교육의 상호 전환을 목적으로 한국의 엘리트 부모들은 다양한 방식으로 자녀의 미국 유학을 시도하고 있다. 한국의 엘리트 계층은 '코즈모폴리턴 양육 방식'을 채택하며 영어 과외, 어학 연수, 유학, 해외 여행 등의 기회를 자녀에게 제공한다. 이러한 양육 방식의 문화적 지배력이 확대될 것이며, 결과적으로 한국을 넘어 다양한 트랜스내셔널 교육 형태가 지속적으로 발생할 것이다.

이 책의 질적 종단 연구는 미국 유학의 효과를 여실히 증명한다. 멤버십, 실력, 시장의 조건에 따라 차이는 있지만 내가 인터뷰한 거의 대부분의 미국 유학 지식인이 한국과 미국에서 엘리트의 신분을 획득하여 살아가고 있었다. 유학 시절 보잘것없던 꿈 많은 젊은이들은 이제 대학의 교수로, 기업의 엘리트 직원으로 한국 또는 미국에서 일하고 있다. 10여 년이 지난 다음에 그들을 다시 만나서 이 놀라운 결과(또는 당연한 결과)를 마주했을 때 나도 모르게 근본적인 질문이 터져나왔다. "교육의 힘이 이렇게 강력한 것인가?!"

[*] 크리스토퍼 래시도 엘리트들의 코즈모폴리터니즘이 사회적 폐쇄로 이어지는 것을 경계한다. Christopher Lasch, *The Revolt of the Elite*, New York: Norton, 1995, p.47.

한국 대학의 전방위적 개혁은 멀고, 개인의 당면 현실은 가깝다. 한국 대학의 구조적, 조직적, 문화적 변혁을 기대하는 것은 극히 현실성이 없어 보인다. 어떤 지식인들은 이 상황을 숙명적으로 받아들일 것이다. 제국의 대학이 한순간에 세워진 것이 아니듯이 한국 대학의 부상도 하루아침에 이루어지는 것이 아니다. 우리는 역사적 사실에서 지금의 한국 대학이 처한 현실이 숙명이 아님을 알 수 있다. 버턴 클라크는 세계 연구 중심 대학의 비교 연구에서 19세기 말까지만 해도 미국 대학의 수준은 형편없는 것이었다고 말한다.[*] 이 때문에 미국의 진지한 연구자들은 유럽으로 유학을 갔는데, 그 수가 1만 명에 달했다. 이들 유학생들은 규모가 작고 수준이 낮은 미국 대학을 '모기떼'라고 비아냥거리며 언젠가 미국 대학이 유럽 대학처럼 '독수리'가 되기를 꿈꾸었다. 이후 여러 우호적인 역사적 상황들과 미국 지식인들의 기나긴 노력으로 미국 대학은 모기떼에서 독수리로 비상할 수 있었다. 이처럼 미국 대학이 2차 세계대전 이후에 유럽 대학으로부터 헤게모니를 빼앗아왔듯이 지식 생산의 권력 관계는 영원한 것이 아니다. 비록 전체적으로 미국 대학의 글로벌 헤게모니가 작동하지만 분야마다 대학마다 상황이 조금씩 다르다. 한국의 공학 분야가 세계 수준에 근접했고, 몇 개 대학은 연구 중심 대학으로 부상하고 있으며, 한국 대학의 상당수 연구진들은 중요한 글로벌 행위자로서 활약하고 있다. 연구 문화를 합리적으로 바꾸기 위한 노력들이 곳곳에서 일어나고 있고, 실력주의가 점차 자리를 잡아가고 있다. 물론 한국 대학이 독수리가 되어 비상하기까지는 아직도 많은 시간과 노력 그리고 인내가 필요하다.

따라서 숙명론적이고 비관적인 전망보다 냉철하면서도 긍정적인 안목을 가지고 꾸준히 매진하는 것 외에 길은 없다. 좀 더 나은 실험실을 세워서 연구에 정진해야 한다. 더 훌륭한 도서관을 만들고 밤낮으로 불을

밝혀야 한다. 연구 현장에서 좀 더 치열하게 고민하고 질 높은 연구 성과를 내어야 한다. 나아가 대학 문화의 전근대성을 극복하고 개방적이고 실력 위주의 학술 문화를 구축해야 한다. 학문 후속 세대를 위해 진지하게 고민하고 더 나은 환경을 만들어주어야 한다. 비록 이곳이 아무리 더럽고 열악하더라도, 아무리 학문의 글로벌 지배가 압도적이더라도 세계에 대한 호기심과 배움에 대한 열정은 꺾을 수 없다. 이 땅의 선학들은 어떠한 어려움 속에서도 공부를 최고의 가치로 여겼다. 이는 우리의 가장 자랑스러운 전통 중 하나다. 우리 이전에 진리를 탐구하기 위해 수많은 사람들이 이 땅에서 자신의 인생을 걸었다. 식민지, 전쟁, 산업화, 민주화로 이어지는 고된 여정에서도 한국의 지식인들은 배움과 탐구의 의지를 꺾지 않았다. 고로 여기서 학문을 할 수 있을 것이다. 왜냐하면 사람들이 여기서 학문을 해왔으니까.

참고문헌

강수택, 『다시 지식인을 묻는다: 현대 지식인론의 흐름과 시민적 지식인 상의 모색』, 삼인, 2001.

강정인, 『서구중심주의를 넘어서』, 아카넷, 2004.

구자순, 「여성교수의 지위와 현황을 통해 본 대학 사회의 성정치」, 『교육정치학연구』 14(2), 2007.

권해수, 「한국 행정학의 학문 후속세대 교육의 위기 구조와 대응방안 연구」, 『한국행정학보』 43(1), 2009.

김경일 외, 『우리 안의 보편성: 학문 주체화의 새로운 모색』, 한울아카데미, 2006.

김광기, 「'이방인'의 사회학을 위한 이론적 정초」, 『한국사회학』 38(6), 2004.

김동재, 「Globalization of the Firm-Put People First: The Case of Samsung Global Strategy Group」, 『국제경영연구』 17(3), 2006.

김명심·박희제, 「한국 과학자의 경력 초기 생산성과 인정의 결정 요인들: 대학원 위신과 지도교수 후광효과의 영향을 중심으로」, 『한국사회학』 45(5), 2011.

김용일, 「한국 교육학의 지배세력과 미국」, 학술단체협의회 엮음, 『우리 학문 속의 미국: 미국적 학문 패러다임 이식에 대한 비판적 성찰』, 한울, 2003.

김용학 외, 「과학기술 공동 연구의 연결망 구조: 좁은 세상과 위치 효과」, 『한국사회학』 41(4), 2007.

김일평, 「이승만 대통령과 인연…정일권 장군 도움으로 유학길 올라」, 『교수신문』, 2012년 8월 29일.

박소연·송영수, 「기업의 글로벌 인재육성(HRD)을 위한 글로벌 비즈니스 역량 분석」, 『인력개발연구』 19(3), 2008.

박인우, 『대학 교원 인사 체제 개선 방안』, 고등교육정책연구소, 2008.

박찬웅, 「여성 고학력자들의 취업: 생화학 분야 여성과학자 교수 임용 과정을 중심으로」,

『한국인구학』 29(1), 2006.

베버, 막스, 전성우 옮김, 『직업으로서의 학문』, 나남, 2006.

북미한인대학교수협회 편, 『북미한인대학교수총람』, The Korean-American University Professors Association, 2010.

손석희, 「하버드 나와서 미용사?⋯아동 행복지수 '꼴지'」, 『JTBC 뉴스룸』, 2014년 11월 4일.

안병민, 「우리나라 과학기술논문(SCI) 발표 현황」, 『KISTEP 통계브리프』 2, 2013.

유선영, 「식민지 근대성의 사회심리학: '이방인론'을 통해 본 식민지의 근대」, 『언론과 사회』 20(3), 2012.

윤상철, 「미국 사회학의 지적·인적 지배와 '한국적 사회학'의 지체」, 학술단체협의회 엮음, 『우리 학문 속의 미국: 미국적 학문 패러다임 이식에 대한 비판적 성찰』, 한울, 2003.

윤인진, 「디아스포라와 초국가주의 고전 및 현대 연구 검토」, 『재외한인연구』 28, 2012.

윤지관, 「영어의 억압, 그 기원과 구조」, 윤지관 편, 『영어, 내 마음의 식민주의』, 당대, 2007.

이은혜, 「대학교원의 박사학위 취득대학과 임용대학 간의 구조적 관계 분석」, 서울대학교 석사학위 논문, 2013.

이종욱, 『국내·외 박사학위 취득자의 연구환경 요인 분석을 통한 연구 성과 차이 분석』, 한국연구재단, 2012.

전현식, 「대학랭킹문화: 문화기술지적 탐구」, 경희대학교 석사학위 논문, 2014.

정병준, 『우남 이승만 연구: 한국 근대국가의 형성과 우파의 길』, 역사비평사, 2005.

조명석, 『강릉대 아이들, 미국 명문 대학원을 점령하다』, 김영사, 2007.

조혜선, 「마태 효과: 한국 과학자 사회의 누적 이익」, 『한국사회학』 41(6), 2007.

조혜선·김용학, 「과학기술자의 공동연구 네트워크: 성별 비교를 중심으로」, 『한국사회학』 39(6), 2005.

조혜정, 『글 읽기와 삶 읽기 1: 바로 여기 교실에서』, 또하나의문화, 1995.

진미석·이수영·윤형환·김나라·오호영, 『과학기술 분야 해외박사의 진로와 고급 인적자원 정책』, 한국직업능력개발원, 2006.

최샛별, 「상류계층 공고화에 있어서의 상류계층 여성과 문화자본: 한국의 서양 고전음악 전공 여성 사례」, 『한국사회학』 36(1), 2002.

최종렬, 「뒤르케임의 『종교생활의 원초적 형태』에 대한 담론이론적 해석: 신뒤르케임주의 문화사회학을 넘어」, 『한국사회학』 38(2), 2004.

통계청, 「2013년 맞벌이 가구 현황」, 2014년 6월 25일 보도자료.

한국교육개발원, 『2013 간추린 교육통계』, 2013.

한상연·김안나,「국내 박사학위 과정의 현황과 문제: 제도 개선을 위한 탐색적 분석」,『교육과학연구』40(3), 2009.

허남린,「융합학문과 교수 채용」,『교수신문』, 2014년 5월 27일.

홍성현·류웅재,「무한 경쟁 시대의 글로벌 인재 되기: 글로벌 인재 담론에 대한 비판적 담론 분석」,『커뮤니케이션 이론』9(4), 2013.

KBS 뉴스,「재벌 후계자 경영 성적표…1등은?」, 2015년 3월 10일.

Adams, James, "Is the United States Losing Its Preeminence in Higher Education", in Charles Clotfelter(ed.), *American Universities in a Global Market*, Chicago: The University of Chicago Press, 2010.

Adrian-Taylor, Shelley, Kimberly Noels and Kurt Tischler, "Conflict Between International Graduate Students and Faculty Supervisors", *Journal of Studies in International Education* 11(1), 2007.

Alatas, Syed, *Alternative Discourses in Asian Social Science*, London: Sage Publications, 2006.

Aspers, Patrik, "Knowledge and Valuation in Markets", *Theory and Society* 38, 2009.

Atkinson, Paul and Martyn Hammersley, *Ethnography: Principles in Practice*(second edition), Oxon: Routledge, 2007.

Beaverstock, Jonathan, "Transnational Elites in the City: British Highly-Skilled Inter-Company Transferees in New York City's Financial District", *Journal of Ethnic and Migration Studies* 31(2), 2005.

Bonacich, Edna, "A Theory of Middleman Minorities", *American Sociological Review* 38(October), 1973.

_____, "Making It in America: A Social Evaluation of the Ethics of Immigrant Entrepreneurship", *Sociological Perspectives* 30(4), 1987.

Bourdieu, Pierre, *Distinction: A Social Critique of the Judgement of Taste*, Cambridge: Harvard University Press, 1984.

_____, "The Forms of Capital", in John Richardson(ed.), *Handbook of Theory and Research for the Sociology of Education*, Westport: Greenwood Press, 1986.

_____, *In Other Words: Essays Towards a Reflexive Sociology*, Stanford: Stanford University Press, 1990.

Brown, Philip, "The Globalization of Positional Competition?", *Sociology* 34(4), 2000.

Brown, Philip, Andy Green and Hugh Lauder, *High Skills: Globalization, Competitiveness and Skill Formation*, Oxford: Oxford University Press, 2001.

Brown, Philip and Anthony Hesketh, *The Mismanagement of Talent: Employability and Jobs in the Knowledge Economy*, Oxford: Oxford University Press, 2004.

Burris, Val, "The Academic Caste System: Prestige Hierarchies in PhD Exchange Networks", *American Sociological Review* 69(April), 2004.

Carroll, William, *The Making of a Transnational Capitalist Class: Corporate Power in the 21st Century*, New York: Zed Books, 2010.

Clark, Burton, *Places of Inquiry: Research and Advanced Education in Modern Universities*, Berkeley, CA: University of California Press, 1995.

Clotfelter, Charles, "Introduction", in Charles Clotfelter(ed.), *American Universities in a Global Market*, Chicago: The University of Chicago Press, 2010.

Cole, Jonathan and Stephen Cole, *Social Stratification in Science*, Chicago: The University of Chicago Press, 1973.

Collins, Randall, *The Credential Society: A Historical Sociology of Education and Stratification*, New York: Academic Press, 1979.

_____, "A Micro-Macro Theory of Intellectual Creativity: The Case of German Idealist Philosophy", *Sociological Theory* 5(Spring), 1987.

_____, *The Sociology of Philosophies: A Global Theory of Intellectual Change*, Cambridge: Harvard University Press, 1998.

Current Research, Paris: Ecole Pratique des Hautes Etudes, Maison des Sciences de L'Homme, 1972.

Denzin, Norman and Yvonna Lincoln, "Introduction: The Discipline and Practice of Qualitative Research", in Norman Denzin and Yvonna Lincoln(eds.), *The Sage Handbook of Qualitative Research*(fourth edition), London: Sage, 2011.

Dooris, Michael and Marianne Guidos, "Tenure Achievement Rates at Research Universities", Annual Forum of the Association for Institutional Research, Chicago, Illinois, May 2006.

Durkheim, Emile, *The Elementary Forms of Religious Life*, New York: The Free Press, 1995.

Florida, Richard. *The Rise of the Creative Class Revisited*, New York: Basic Books, 2012.

Gramsci, Antonio, *The Antonio Gramsci Reader*, David Forgacs(ed.), New York: New York University Press, 1988.

Granovetter, Mark, *Getting a Job*(2nd edition), Chicago: The University of Chicago Press, 1995.

Guarnizo, Luis, "The Emergence of a Transnational Social Formation and the Mirage of Return Migration among Dominican Transmigrants", *Identities* 4(2), 1997.

Gubrium, Jaber, James Holstein, Amir Marvasti, and Karyn McKinney(eds.), *The Sage Handbook of Interview Research: The Complexity of the Craft*(second edition), London: Sage, 2012.

Hall, Sarah, "Educational Ties, Social Capital and the Translocal (Re)Production of MBA Alumni Networks", *Global Networks* 11(1), 2011.

Hanafi, Sari, "University System in the Arab East: Publish Globally and Perish Locally vs Publish Locally and Perish Globally", *Current Sociology* 59(3), 2011.

Hazelkorn, Ellen, *Rankings and the Reshaping of Higher Education*, New York: Palgrave Macmillan, 2011.

Hess, David, *Science Studies: An Advanced Introduction*, New York: New York University Press, 1997.

Hirsch, Fred, *Social Limits to Growth*, Cambridge: Harvard University Press, 1976.

Howard, Adam and Ruben Gaztambide-Fernandez(eds.), *Educating Elites: Class Privilege and Educational Advantage*, New York: Rowman & Littlefield Publishers, 2010.

Igarashi, Hiroki, "Privileged Japanese Transnational Families in Hawaii as Lifestyle Migrants", *Global Networks*, forthcoming.

Kalleberg, Arne, *Good Jobs, Bad Jobs*, New York: Russell Sage Foundation, 2011.

Khan, Shamus, *Privilege: The Making of an Adolescent Elite at St. Paul's School*, Princeton: Princeton University Press, 2011.

_____, "The Sociology of Elites", *Annual Review of Sociology* 38, 2012.

Kim, Jeehun, *Managing Intergenerational Family Obligations in a Transnational Migration Context: Korean Professional and Educational Migrant Families in Singapore*, Ph.D. Dissertation, University of Oxford, 2009.

Kim, Jongyoung, "Public Feeling for Science: The Hwang Affair and Hwang Supporters", *Public Understanding of Science* 18(6), 2009.

_____, "Aspiration for Global Cultural Capital in the Stratified Realm of Global Higher Education: Why do Korean Students Go to US Graduate Schools?", *British Journal of*

참고문헌

Sociology of Education 32(1), 2011.

_____ , "The Birth of Academic Subalterns: How Do Foreign Students Embody the Global Hegemony of American Universities?", *Journal of Studies in International Education* 16(5), 2012.

Kim, Jongyoung and Kibeom Park, "Ethnical Modernization: Research Misconduct and Research Ethics Reforms in Korea Following the Hwang Affair", *Science and Engineering Ethics* 19, 2013.

Kuhn, Thomas, *The Structure of Scientific Revolutions*, Chicago: The University of Chicago Press, 1962.

Kurzman, Charles and Lynn Owens, "The Sociology of Intellectuals", *Annual Review of Sociology* 28, 2002.

Lamont, Michele, *How Professors Think: Inside the Curious World of Academic Judgment*, Cambridge, MA: Harvard University Press, 2009.

Lamont Michele and Annette Lareau, "Cultural Capital: Allusions, Gaps and Glissandos in Recent Theoretical Developments", *Sociological Theory* 6(Fall), 1988.

Lareau, Annette, *Unequal Childhoods: Class, Race, and Family Life* (second edition), Berkeley: University of California Press, 2011.

Lasch, Christopher, *The Revolt of the Elite*, New York: Norton, 1995.

Lee, Keun-Ho, *A Traveler's Tale: The Experience of Study in a Foreign Language*, Ph.D. Dissertation, University of Alberta, 2005.

Levitt, Peggy and Naday Jaworsky, "Transnational Migration Studies: Past Developments and Future Trends", *Annual Review of Sociology* 33, 2007.

Li, Guofang and Gulbahar Beckett(eds,), *"Strangers" of the Academy: Asian Women Scholars in Higher Education*, Sterling, VA: Stylus, 2006.

Long, Scott, "Scientific Careers: Universalism and Particularism", *Annual Review of Sociology* 21, 1995.

Marginson, Simon, "Global Field and Global Imagining: Bourdieu and Worldwide Higher Education", *British Journal of Sociology of Education* 29(3), 2008.

Merton, Robert, *The Sociology of Science*. Chicago: The University of Chicago Press, 1973.

_____ , "The Matthew Effect in Science, II: Cumulative Advantage and the Symbolism of Intellectual Property", *Isis* 79(4), 1988.

Min, Pyong Gap, "The Structure and Social Functions of Korean Immigrant Churches in the United States", *International Migration Review* 26(4), 1992.

_____, *Caught in the Middle: Korean Communities in New York and Los Angeles*, Berkeley: University of California Press, 1996.

_____, "Growth and Settlement Patterns of Korean Americans, 1990-2010", Research Center for Korean Community, Queens College of CUNY, 2012.

Min, Pyong Gap and Sou Hyun Jang, "The Concentration of Asian Americans in STEM and Health-care Occupations: An Intergenerational Comparison", *Ethnic and Racial Studies* 38(6), 2015.

Murphy, Raymond, *Social Closure: The Theory of Monopolization and Exclusion*, Oxford: Oxford University Press, 1988.

National Science Board, *Science and Engineering Indicators 2014*, Arlington, VA: National Science Foundation, 2014.

O'Brian, David and Stephen Fugita, "Middleman Minority Concept: Its Explanatory Value in the Case of the Japanese in California Agriculture", *Pacific Sociological Review* 56, 1982.

Ong, Aihwa, *Flexible Citizenship: The Cultural Logics of Transnationality*, Durham: Duke University Press, 1999.

Oyer, Paul, "Initial Labor Market Conditions and Long-Term Outcomes for Economists", *Journal of Economic Perspectives* 20(3), 2006.

Parkin, Frank, *Marxism and Class Theory: A Bourgeois Critique*, New York: Columbia University Press, 1979.

Price, Derek, *Little Science, Big Science ... and Beyond*, New York: Columbia University Press, 1986

Ramsay, Sheryl, Michelle Barker and Elizabeth Jones, "Academic Adjustment and Learning Processes", *Higher Education Research & Development* 18(1), 1999.

Rouse, Roger "Making Sense of Settlement", *Annals of the New York Academy of Sciences* 645, 1992.

Saxenian, AnnaLee, *The New Argonauts: Regional Advantage in a Global Economy*, Cambridge, MA: Harvard University Press, 2006.

Scarbrough, Harry, "Knowledge as Work: Conflict in the Management of Knowledge Workers", *Technology Analysis and Strategic Management* 11(1), 1999.

Scott, James, *Weapons of the Weak: Everyday Forms of Peasant Resistance*, New Haven: Yale University Press, 1985.

Shin, Jung Cheol, Robert Toutkoushian and Ulrich Teichler(eds.), *University Rankings: Theoretical Basis, Methodology and Impacts on Global Higher Education*, New York: Springer, 2011.

Simmel, Georg, "The Stranger", in Donald Levine(ed.), *Georg Simmel: On Individuality and Social Forms*, Chicago: The University of Chicago Press, 1950.

Stevens, Mitchell, Elizabeth Armstrong and Richard Arum, "Sieve, Incubator, Temple, Hub: Empirical and Theoretical Advances in the Sociology of Higher Education", *Annual Review of Sociology* 34, 2008.

Sweet, Stephen and Peter Meiksins, *Changing Contours of Work: Jobs and Opportunities in the New Economy*(2nd edition), London: Sage, 2013.

Swartz, David, *Culture & Power: The Sociology of Pierre Bourdieu*, Chicago: University of Chicago Press, 1997.

Trice, Andrea, "Faculty Perception of Graduate International Students", *Journal of Studies in International Education* 7(4), 2003.

Turner, Caroline, Juan Gonzalez, and J. Luke Wood, "Faculty of Color in Academe: What 20 Years of Literature Tells Us", *Journal of Diversity in Higher Education* 1(3), 2008.

U.S. Census Bureau, *Statistical Abstract of the United States: 2012*, Suitland, MD: U.S. Census Bureau, 2012.

U.S. Department of Labor, *Women in the Labor Force: A Databook*, Bureau of Labor Statistics report 1049(May), Washington: Bureau of Labor Statistics, 2014.

Vallas, Steven, *Work*, London: Polity Press, 2012.

Vertovec, Steven, *Transnationalism*, Oxon: Routledge, 2009.

Vick, Julia and Jennifer Furlong, *The Academic Job Search Handbook*(4th edition), Philadelphia: University of Pennsylvania Press, 2008.

Wang, Jing, "A Study of Resiliency Characteristics in the Adjustment of International Graduate Students at American Universities", *Journal of Studies in International Education* 13(1), 2009.

Weber, Max, *Economy and Society*(2 Volumes), Guenther Roth and Claus Wittich(eds.),

Berkeley, CA: University of California Press, 1978.

_____, *The Protestant Ethic and the Spirit of Capitalism*, London: Routledge, 1992.

Wilbur, Henry, "On Getting a Job", in A. Leigh Deneef and Craufurd Goodwin(eds.), *The Academic's Handbook*(third edition), Durham: Duke University Press, 2007.

Youn, Ted and Tanya Price, "Learning from the Experience of Others: The Evolution of Faculty Tenure and Promotion Rules in Comprehensive Institutions", *The Journal of Higher Education* 80(2), 2009.

Zenner, Walter, *Minorities in the Middle: A Cross-Cultural Analysis*, Albany, NY: State University of New York Press, 1991.

Zuckerman, Harriet, *Scientific Elite: Nobel Laureates in the United States*, New Brunswick: Transaction Publishers, 1996.

찾아보기